やさしい
Basic
韓国語文法

李昌圭
Lee Changkyu

朝日出版社

はじめに

　本書は韓国語の基本文法を体系的に学びたい学習者のために作られたものです。文法とは言語を構成する仕組みや法則性のことをいいます。外国語を体系的に覚えるためにはその言語の仕組みと法則性に基づく文法を正しく理解しなければなりません。韓国語は日本語と同じ膠着語として文法構造に類似点が多く学びやすい言語ですが、類似点が多いからこそ陥りやすい誤用も多くあります。また日本語とは異なる様々な用法や活用があるので基礎の段階でその文法の基本をしっかり身に着けておく必要があります。

　本書はこのような観点から韓国語の基本となる文法をいかに効率的に学習できるかに留意して以下のように構成をしました。

> ・**韓国語の基本文法がわかる 200 項目以上の標題語を収録**
> 　韓国語を学習するに当たって基礎となるものを基本文法項目、助詞、語尾、慣用表現、発音編に分けてそれぞれ関連項目を詳細に取り上げています。詳細な目次と巻末の文法項目索引によって気になる項目は簡単に調べられます。
> ・**学習レベル別に段階的に文法項目を提示**
> 　文法項目はハングル検定 5 級と 4 級の出題項目にリンクして、学習レベルに合わせて提示しています。一度に難易度が混合された事項を覚えるのではなく学習レベルに合わせて必要な項目を段階的に覚えられます。
> ・**わかりやすい解説と実用的な用例文を多数収録**
> 　文法項目は接続と活用関係を図表で示し、豊富な用例文とともに学習者にわかりやすいように解説しています。
> ・**文法項目とリンクした豊富な練習問題を収録**
> 　関連項目ごとに練習問題を設けて、学習内容を確実に理解し、整理できるようにしています。

　外国語を学習する上で大事なことは、様々な文の仕組みと法則がわかる文法力と、興味を持って持続的に取り組む学習意欲です。本書が韓国語の学習に大いに役立つことを願っています。

李　昌圭

本書の構成と特長

構成

❑ 「基本文法編Ⅰ」と「基本文法編Ⅱ」で構成

「基本文法編Ⅰ」では入門期から初級前半にかけて覚えておかなければならないハングル検定 5 級レベルの基本文法事項を、「基本文法編Ⅱ」では初級後半で覚えておかなければならないハングル検定 4 級レベルの基本文法事項を取り上げ、詳細に解説しています。

❑ 「基本文法編」はそれぞれ 5 章で構成

「基本文法編Ⅰ」と「基本文法編Ⅱ」はそれぞれ次のような 5 章で構成されています。

- 1 章／6 章 **基本文法事項**：代名詞と数詞の用法、用言の活用の仕組みと過去形、現在形、未来形の作り方、ハムニダ体とヘヨ体などの丁寧形表現の作り方と区別、否定表現や敬語表現、連体形の作り方、不規則活用、補助用言の用法など、韓国語の基本的な文法事項をまとめてわかりやすく解説しています。
- 2 章／7 章 **助詞**：韓国語の助詞の役割による分類を紹介し、基礎段階で覚えておくべき主要な助詞を標題語として取り上げ、解説しています。
- 3 章／8 章 **語尾**：韓国語の語尾の役割による分類を紹介し、基礎段階で押さえておくべき主要な語尾を標題語として取り上げ、解説しています。
- 4 章／9 章 **慣用表現**：韓国語には助詞と用言、語尾と用言など二語以上が結合して一種の語尾のような役割をする慣用表現が多くあります。この慣用表現を理解して使いこなすことは非常に重要なことですが、この章では初級基礎段階の主要な慣用表現を取り上げ、解説しています。
- 5 章／10 章 **発音**：パッチムの発音、連音化、ヒウッ（ㅎ）の弱化・脱落、濃音化、鼻音化、激音化、流音化、口蓋音化、絶音化など韓国語の主要な発音規則を取り上げ、わかりやすく解説しています。

❑ 付録

- **語彙**：初級レベルの学習で覚えておくべきあいさつのことば、連語、慣用句、品詞別の語彙リストを覚えやすくまとめて収録しています。
- **索引**：本書で取り上げた文法項目を調べやすくまとめて収録しています。

特長

❏ **200 項目以上の基本文法の標題語を収録**
韓国語を学習するうえで必ず理解し、覚えておくべき基本的な文法項目を厳選して収録しています。

❏ **理解しやすいように学習段階別に分けて文法項目を提示**
各文法項目の技能と解説は一度にすべてを提示するのではなく、学習段階別に理解しやすいように初級前半レベル（ハングル検定5級レベル）と初級後半レベル（ハングル検定4級レベル）に分けて文法項目を提示しています。

❏ **ハングル検定の文法対策に完全リンク**
標題として取り上げた助詞と語尾、慣用表現はハングル検定5級と4級出題範囲のものに完全に対応しているので、検定の文法対策としても活用できます。

❏ **助詞と語尾、慣用表現の意味と活用関係をわかりやすく表で表示**
助詞と語尾、慣用表現の意味を簡単にわかりやすく解説し、接続関係もすべて表で示しており、活用と接続関係は一目で理解できます。

❏ **学習項目とリンクした豊富な用例文**
文法項目ごとに該当する豊富な例文を収録しています。基本的な意味や構文の作り方、類似表現との使い分けなどを例文とともに学習できます。

❏ **文法項目の複数の用い方や注意点がつかめる**
文法事項で複数の用い方や注意点がある場合は、参考 や 注意 を設け、わかりやすく説明しています。

❏ **学習項目とリンクした豊富な練習問題**
それぞれの文法項目とリンクした豊富な練習問題を収録しています。
意味と接続関係、用例文を通して覚えた文法項目の理解度をチェックし、定着度を確認することができます。

目次

基本文法編 I

第1章　基本文法事項（1）

- 01 代名詞 ··· 18
  - 1 人称代名詞 ··· 18
  - 2 指示代名詞 ··· 19

- 02 数詞 ·· 20
  - 1 漢数詞 ·· 20
  - 2 固有数詞 ·· 21
  - 3 単位名詞 ·· 23
  - 練習 01 ·· 24

- 03 用言の活用 ·· 26
  - 1 動詞と形容詞の基本形 ······················· 26
  - 2 動詞と形容詞の活用のしくみ ··········· 27
  - 3 語幹の形態 ··· 28
    - (1) 母音語幹と子音語幹 ······················ 28
    - (2) 語幹の最終音節の母音が「ト, ㅗ」か否か ······ 29

- 04 ハムニダ体とヘヨ体 ··· 30
  - 1 ハムニダ体（합니다体）··················· 30
  - 2 ヘヨ体（해요体）································ 32
  - 練習 02 ·· 36

- 05 時制 ·· 38
  - 1 過去時制（過去形の作り方）············· 38
  - 2 未来時制 ·· 42
  - 3 現在時制 ·· 43
  - 練習 03 ·· 44

- 06 脱落活用 ·· 46
  - 1 リウル脱落（ㄹ脱落）······················· 46

2　ウ脱落（으脱落） ……………………… 48
　　練習 04 …………………………………… 50

07　否定表現（1） …………………………………… 52
　　1　「아니다」否定 ………………………… 52
　　2　「안」否定 ……………………………… 54
　　3　「못」否定 ……………………………… 56
　　練習 05 …………………………………… 57

第 2 章　助詞（1）

08　助詞の分類 ……………………………………… 62
　　1　格助詞 ………………………………… 62
　　2　接続助詞 ……………………………… 64
　　3　補助詞 ………………………………… 64
　　4　助詞の語形の変化 …………………… 64
　　5　助詞と助詞の結合 …………………… 65

09　助詞（1） ………………………………………… 66
　　1　가 / 이① ……………………………… 66
　　2　같이 …………………………………… 67
　　3　까지 …………………………………… 68
　　4　는 / 은 ………………………………… 68
　　5　도 ……………………………………… 69
　　6　만 ……………………………………… 69
　　7　보다 …………………………………… 70
　　8　부터 …………………………………… 70
　　9　에① …………………………………… 71
　　10　에서 ………………………………… 72
　　11　서 …………………………………… 73
　　12　에게 ………………………………… 73
　　13　한테 ………………………………… 74
　　14　와 / 과 ……………………………… 74

15 하고	75
16 를/을	75
17 의	77
18 로/으로	77
19 요/이요(?)	78
練習 06	79

第3章　語尾（1）

10 語尾の分類 … 84
1 先語末語尾 … 84
2 終結語尾 … 86
3 連結語尾 … 88
4 転成語尾 … 89

11 終結語尾（1） … 90
1 - 겠 -① … 90
2 - 았 -/- 었 -/- 였 - … 91
3 - ㅂ니다/- 습니다 … 92
4 - ㅂ니까?/- 습니까? … 93
5 - 아요/- 어요① … 94
6 -(으)ㄹ까요① … 95
7 -(으)세요① … 96
8 -(으)세요② … 97
9 - 예요/- 이에요(?) … 97
10 - 지요(?) … 99
11 - 죠(?) … 100
練習 07 … 101

12 連結語尾（1） … 108
1 고 … 108
2 - ㅂ니다만/- 습니다만 … 109
3 -(이)라고 … 110

練習 08 ·· 111

第4章　慣用表現（1）

13　慣用表現（1） ·· 116

1　- 고 가다 / 오다 ·· 116
2　- 고 싶다 ·· 116
3　- 와 / 과 같다 ·· 117
4　- 와 / 과 같은 ·· 118
5　- 와 / 과 같이 ·· 118
6　- 이 / 가 아니다 ·· 119
7　-(이)라고 하다 ·· 119
練習 09 ·· 121

第5章　発音（1）

14　パッチムの発音 ·· 126

1　1文字パッチムの発音 ·· 126
2　2文字パッチムの発音 ·· 127

15　連音化 ·· 128

1　1文字パッチムの連音化 ·· 128
2　2文字パッチムの連音化 ·· 129

16　ヒウッ（ㅎ）の弱化・脱落 ·· 130

1　ヒウッの脱落（ㅎ脱落） ·· 130
2　ヒウッの弱化（ㅎ弱化） ·· 131

17　濃音化（1） ·· 132

18　鼻音化（1） ·· 134

練習 10 ·· 135

基本文法編 II

第 6 章　基本文法事項（2）

19　敬語表現 ……………………………………………………… 142
　　1　尊敬形の作り方 ………………………142
　　2　敬語動詞 ………………………………143
　　練習 11 ……………………………………146

20　否定表現（2） ……………………………………………… 148
　　1　「-지 않다」否定 ………………………148
　　2　「-지 못하다」否定 ……………………149
　　3　「-지 말다」否定 ………………………151
　　練習 12 ……………………………………152

21　連体形 ………………………………………………………… 154
　　1　動詞の連体形 …………………………154
　　2　形容詞の連体形 ………………………155
　　練習 13 ……………………………………158

22　補助用言 ……………………………………………………… 160
　　練習 14 ……………………………………164

23　不規則活用 …………………………………………………… 166
　　1　ティグッ不規則活用（ㄷ不規則）……166
　　2　シオッ不規則活用（ㅅ不規則）……167
　　3　ピウプ不規則活用（ㅂ不規則）……168
　　4　ル不規則活用（르不規則）……………170
　　5　ヒウッ不規則活用（ㅎ不規則）……171
　　6　ヨ不規則活用（여不規則）……………172
　　練習 15 ……………………………………174

24 代名詞の縮約 ……………………………………………………………………… 178
　練習 16 ………………………………………………………………180

第7章　助詞 (2)

25 助詞 (2) ……………………………………………………………………… 184
　1　가 / 이② ……………………………………………………184
　2　께 ……………………………………………………………184
　3　께서 …………………………………………………………185
　4　밖에 …………………………………………………………185
　5　에② …………………………………………………………186
　6　에게서 ………………………………………………………186
　7　한테서 ………………………………………………………187
　8　처럼 …………………………………………………………187
　9　(이)라도 ……………………………………………………188
　10　ㄴ ……………………………………………………………189
　11　ㄹ ……………………………………………………………189
　練習 17 ………………………………………………………190

第8章　語尾 (2)

26 終結語尾 (2) ……………………………………………………………… 194
　1　-(으)ㄹ게요 …………………………………………………194
　2　-(으)ㄹ까요② ………………………………………………194
　3　-(으)ㅂ시다 …………………………………………………195
　4　-(으)려고요 …………………………………………………195
　5　-(으)십시오 …………………………………………………196
　6　-(이)라서요 …………………………………………………196
　7　- 아서요 /- 어서요 …………………………………………197
　8　- 아요 /- 어요② ……………………………………………197
　9　- 거든요 ……………………………………………………198

10 - 네요 ··198
　　11 - 잖아요 ···199
　　12 - 겠 - ② ···199
　　練習 18 ··201

27 連結語尾（2） ·· 208
　　1 -(으)니까 ··208
　　2 -(으)러 ···209
　　3 -(으)려고 ··209
　　4 -(으)면 ···210
　　5 -(이)라도 ··210
　　6 -(이)라서 ··211
　　7 - 아도 /- 어도 ····································211
　　8 - 아서 /- 어서 ····································212
　　9 - 지만 ··213
　　練習 19 ··214

第 9 章　慣用表現（2）

28 慣用表現（2） ·· 218
　　1　가운데(서) ··218
　　2　때문에 ··218
　　3　중(에서) ··219
　　4 - 기 때문에 ··219
　　5 - 기 전(에) ···219
　　6 -(으)ㄴ 가운데 /- 는 가운데 ···············220
　　7 -(으)ㄴ 것 /- 는 것 ····························221
　　8 -(으)ㄴ 것처럼 /- 는 것처럼 ···············221
　　9 -(으)ㄴ 결과 ······································222
　　10 -(으)ㄴ 끝에 ······································222
　　11 -(으)ㄴ 다음(에) ·································222

12 -(으)ㄴ데/-는데 ·················223
13 -(으)ㄴ 뒤(에) ·················223
14 -(으)ㄴ 이상 ·················224
15 -(으)ㄴ 후(에) ·················224
16 -(으)ㄴ 사이(에)/-는 사이(에) ·················224
17 도 아닌데 ·················225
18 -(으)ㄹ 것이 아니라 ·················225
19 -(으)ㄹ 때에 ·················226
20 -(이)라고 하면 ·················226
21 와 / 과 달리 ·················226
22 와 / 과 마찬가지로 ·················227
23 -지 말고 ·················227
練習 20 ·················228

29 慣用表現（3） ·················232

1 밖에 없다 ·················232
2 -고 계시다 ·················232
3 -고 싶어하다 ·················233
4 -고 있다 ·················233
5 -(으)ㄴ 일이다 ·················234
6 -(으)ㄴ 적이 있다 (없다) ·················234
7 -는 중이다 ·················235
8 -(으)ㄹ 거예요 ·················235
9 -(으)ㄹ 생각이다 ·················236
10 -(으)러 가다 / 오다 ·················236
11 -(으)려고 하다 ·················237
練習 21 ·················238
12 -(으)면 되다 ·················242
13 -(으)면 안 되다 ·················242
14 -(으)면 어때요? ·················243
15 -(으)시겠어요? ·················243

16 -(으)시죠 /-(으)시지요 ······························243
17 - 아 / 어 가다 ··244
18 - 아 / 어 오다 ··244
19 - 아 / 어 계시다 ······································244
20 - 아 / 어도 괜찮다 ··································245
21 - 아 / 어도 좋다 ······································245
22 - 아 / 어도 되다 ······································245
23 - 아 / 어 보다 ··246
24 - 아 / 어 보고 싶다 ································246
25 - 아 / 어야 되다 / 하다 ··························247
26 - 아 / 어 있다 ··247
練習 22 ··248
27 - 아 / 어 주다 ··252
28 - 아 / 어 드리다 ····································252
29 - 아 / 어 주세요 ····································253
30 - 아 / 어 줘요 ··253
31 - 아 / 어 주면 좋겠다 ··························254
32 - 아 / 어하다 ··254
33 안 -(으)ㄴ 건 아니다 ····························255
34 - 이 / 가 되다 ··255
35 - 이 / 가 어떻게 되세요 ? ····················256
36 - 잖아요 ···256
37 - 지 마세요 /- 지 마십시오 ················257
38 - 지 말아야 하다 ··································257
39 - 지 말아 주다 ······································258
40 - 지 못하다 ···258
41 - 지 않다 ···258
42 - 지 않으면 안 되다·····························259
43 - 지 않으시겠어요 ? ····························259
練習 23 ··260

第 10 章　発音（2）

30 激音化 ………………………………………………………………… 266

31 鼻音化（2） ………………………………………………………… 268

32 流音化、口蓋音化 ………………………………………………… 270
 1　流音化 ………………………………………270
 2　口蓋音化 ……………………………………271

33 絶音化 ………………………………………………………………… 272

34 濃音化（2） ………………………………………………………… 274
 練習 24 ……………………………………………276

練習問題 解答編
練習問題の解答 ………………………………………………………… 280

付　録
 1. あいさつ・あいづちのことばリスト（1） ……………310
 2. あいさつ・あいづちのことばリスト（2） ……………312
 3. 基本連語リスト（1） …………………………………313
 4. 基本連語リスト（2） …………………………………315
 5. 基本語彙リスト（1） …………………………………319
 6. 基本語彙リスト（2） …………………………………328
 文法項目索引 1（韓国語） ………………………………340
 文法項目索引 2（日本語） ………………………………344

装丁
大下賢一郎

基本文法編 I

(ハングル検定5級レベル)

第1章　基本文法事項（1）　　17

01 代名詞
02 数詞
03 用言の活用
04 ハムニダ体とヘヨ体
05 時制
06 脱落活用
07 否定表現（1）

第2章　助詞（1）　　61

08 助詞の分類
09 助詞（1）

第3章　語尾（1）　　83

10 語尾の分類
11 終結語尾（1）
12 連結語尾（1）

第4章　慣用表現（1）　　115

13 慣用表現（1）

第5章　発音（1）　　125

14 パッチムの発音
15 連音化
16 ヒウッ（ㅎ）の弱化・脱落
17 濃音化（1）
18 鼻音化（1）

第1章

基本文法事項（1）
（ハングル検定5級レベル）

01 代名詞
02 数詞
03 用言の活用
04 ハムニダ体とヘヨ体
05 時制
06 脱落活用
07 否定表現（1）

01 代名詞

　代名詞とは名詞の代わりに、つまり特定または一般の名称を用いずに人や物事、場所、方向などを指し示す語をいう。対象によって人称代名詞、指示代名詞、疑問代名詞に分けられる。

1　人称代名詞

　人を指し示す代名詞を人称代名詞という。人称代名詞は①自分自身また自分自身を含む仲間を指し示す一人称、②聞き手を指し示す二人称、③話し手や聞き手以外の人を示す三人称、④はっきり特定できないものを示す不定称に分けられる。

①1人称	나：わたし・僕・おれ、우리：私たち・われわれ
	저：わたくし、저희：わたくしたち ※
②2人称	너：お前・君、너희：お前ら・君たち
③3人称	이분：この方、그분：その方、저분：あの方
	그：彼、그녀：彼女 ※
④不定称	누구：誰、아무：誰（も）・誰（でも）

※「저、저희」は謙譲語である。※「그、그녀」は文語としてのみ用いられる。

- **나**는 과일을 좋아해요.　　　　　私は果物が好きです。
  저는 학생이 아니에요.　　　　　わたくしは学生ではありません。
  우리는 지난달에 결혼했어요.　　私たちは先月結婚しました。
  저분이 누구세요?　　　　　　　あの方はどなたですか。

2 指示代名詞

指示代名詞は事物を指し示すもの、場所を指し示すもの、方角を指し示すものがある。話し手の領域（近称）、聞き手の領域（中称）、そのどちらにも属さない領域（遠称）、不特定の領域（不定称）に分けられる。

対象	近称		中称		遠称		不定称	
事物	이것	これ	그것	それ	저것	あれ	어느 것※	どれ
場所	여기	ここ	거기	そこ	저기	あそこ	어디	どこ
方向	이쪽	こちら	그쪽	そちら	저쪽	あちら	어느 쪽※	どちら

※韓国語の文法では「어느 것」、「어느 쪽」は連体詞「어느」に依存名詞「것（もの・こと）／쪽（〜方）」が接続したものとみて代名詞扱いをしない。

- **이것**이 제일 쌉니다. 　　　　これが最も安いです。
  그것은 **어디**서 팔아요? 　　それはどこで売っていますか。
  저것은 얼마예요? 　　　　　あれはいくらですか。
  무엇을 좋아해요? 　　　　　何が好きですか。
  어느 쪽이 좋아요? 　　　　　どちらのほうがいいですか。

☞参考1　特に疑問文で疑問を表す代名詞には次のようなものがある。

疑問代名詞	누구：誰	무엇：何	어디：どこ	언제：いつ

- 저 사람은 **누구**입니까? 　　あの人は誰ですか。
  주말에 **무엇**을 해요? 　　　週末に何をしますか。

☞参考2　代名詞だけでなく連体詞にも指示の機能をもつものがある。

連体詞	이：この	그：その	저：あの	어느：どの

- **이** 치마 어때요? 　　　　　このスカートどうですか。
  저 우체국 옆에 있어요. 　　あの郵便局の隣にあります。

02 数詞

韓国語の数詞は漢字語系の数詞（漢数詞）と固有語系の数詞（固有数詞）が併用されている。

1 漢数詞

漢数詞は年月日、値段、長さ、重さなどを表すときに用いられる。

1	2	3	4	5	6	7	8	9	10
一	二	三	四	五	六	七	八	九	十
일	이	삼	사	오	육	칠	팔	구	십
11	12	13	14	15	16	17	18	19	20
十一	十二	十三	十四	十五	十六	十七	十八	十九	二十
십일	십이	십삼	십사	십오	십육	십칠	십팔	십구	이십
30	40	50	60	70	80	90	100	1000	10000
三十	四十	五十	六十	七十	八十	九十	百	千	万
삼십	사십	오십	육십	칠십	팔십	구십	백	천	만

※「육」の発音の要領は p.269 を参照

- 37 (三十七) ➜ 삼십칠　　　64 (六十四) ➜ 육십사
  85 (八十五) ➜ 팔십오　　　200 (二百) ➜ 이백
  4200 (四千二百) ➜ 사천이백　72000 (七万二千) ➜ 칠만이천

☞注意　十、百、千、万の位が1で始まるとき、「일」を言わず単に「십、백、천、만」と読む。普通は「일십, 일백, 일천, 일만」とは読まない。

- 170 (百七十) ➜ 백칠십　　　1500 (千五百) ➜ 천오백
  13000 (万三千) ➜ 만삼천　　11111 (万千百十一) ➜ 만천백십일

☞**参考1** 「0」は単独では「영」、電話番号や車のナンバーのように数字が並んでいるときは「공」と読む。
- 0 対 1 ➜ 영대일、0.5 ➜ 영점오
  070-0102-9080 ➜ 공칠공에 공일공이에 구공팔공

☞**参考2** 漢数詞のハン検5級での出題範囲
① 漢数詞は1～99までの組み合わせが出題される。
- 23（二十三）➜ 이십삼   87（八十七）➜ 팔십칠
  65（六十五）➜ 육십오   93（九十三）➜ 구십삼

② 百、千、万の位も出題されるが、すべての組み合わせではなく、「이백」（200）、「삼천」（3000）、「구만」（90000）のように、いずれかの位の前に数詞が一つだけくっついた形のみで出題される。
- ○ 200、3000、90000 など
  × 210、3200、94000 など

2　固有数詞

固有語の数詞は99まで数えられる。時、年齢、個数、人数などを数えるときに用いられる。

1	2	3	4	5	6	7
一つ	二つ	三つ	四つ	五つ	六つ	七つ
하나	둘	셋	넷	다섯	여섯	일곱
8	9	10	11	12	13	14
八つ	九つ	十	十一	十二	十三	十四
여덟	아홉	열	열하나	열둘	열셋	열넷
15	16	17	18	19	20	
十五	十六	十七	十八	十九	二十	
열다섯	열여섯	열일곱	열여덟	열아홉	스물	

☞ **注意1** 1〜4、20の数字は連体形として用いられるときは形が変わる。

1	2	3	4	11	12	13	14	20
一つ	二つ	三つ	四つ	十一	十二	十三	十四	二十
한	두	세	네	열한	열두	열세	열네	스무

- 1個 → ×하나+개/○한+개　　　　2個 → ×둘+개/○두+개
- 3歳 → ×셋+살/○세+살　　　　　11歳 → ×열하나+살/○열한+살
- 20歳 → ×스물+살/○스무+살　　14名 → ×열넷+명/○열네+명

☞ **注意2** 固有語の数詞は20から90までは十単位ずつ読み方が違ってくるので組み合わせの際は注意しなければならない。

10	20	30	40	50	60	70	80	90
十	二十	三十	四十	五十	六十	七十	八十	九十
열	스물	서른	마흔	쉰	예순	일흔	여든	아흔

- 22 → ×둘열셋/○스물셋　　　　64 → ×여섯열넷/○예순넷
- 1 → 하나　　　　　　11 → **열하나**　　　　　22 → 스물둘
  33 → **서른셋**　　　　44 → **마흔넷**　　　　　55 → **쉰다섯**
  66 → **예순여섯**　　　77 → **일흔일곱**　　　88 → **여든여덟**
  99 → **아흔아홉**　　　45 → **마흔다섯**　　　55 → **쉰다섯**

☞ **参考** 固有数詞のハン検5級での出題範囲

固有語の数詞は1〜20までが出題される。連体形の「한, 두, 세, 네」、「스무」も出題範囲に含まれる。ハン検4級から漢数詞、固有数詞ともに制限なく出題される。

- 하나（一つ）-한 개（1個），둘（二つ）-두 개（2個），
  셋（三つ）-세 개（3個），넷（四つ）-네 개（4個），
  스물（二十）-스무 개（20個）

3 単位名詞

数量を表す数詞の後につけて、数えられるものの単位を示すものを単位名詞と言う。日本語では接尾辞の一つに扱われている「助数詞」に該当する。

（1）漢数詞に接続する単位名詞

년	번	분	엔	원	일	주일	층
年	番	分	円	ウォン	日	週間	階

・일 년（1年），삼 번（3番），십 분（10分），천 엔（千円），
 만 원（1万ウォン），육 일（6日），일 주일（一週間），오 층（5階）

（2）固有数詞に接続する単位名詞

개	권	달	마리	명	번
〜個	〜冊	〜か月	〜匹	〜人、〜名	〜回、〜度
분	시	장	번째		
〜名様	〜時	〜枚	〜番目、〜度目		

・한 개（1個），세 권（3冊），두 달（2か月），네 마리（4匹），
 다섯 명（5名），두 번（2回、2度），네 분（4名様），
 여섯 시（6時），열 장（10枚），두 번째（2番目、2度目）

☞参考1　漢数詞に接続するか固有数詞に接続するかは各単位名詞によって慣用的に決まっているのでその使い分けに注意して覚えなければならない。

☞参考2　時刻の読み方：固有数詞＋시（時）、漢数詞＋분（分）

・1時10分 → 한 시 십일 분，　12時39分 → 열두 시 삼십구 분
 10時20分 → 열 시 이십 분，　9時47分 → 아홉 시 사십칠 분

練習<01>　　　　　　　　　　　　　　　　　　☞ 解答は 280 ページへ

1 次の数字を漢数詞の読みで書いてみよう。　　　➡ 漢数詞は p.20 へ

(1) 53 ➜　　　　　　　　(6) 419 ➜

(2) 27 ➜　　　　　　　　(7) 8,301 ➜

(3) 41 ➜　　　　　　　　(8) 1,765 ➜

(4) 79 ➜　　　　　　　　(9) 54,318 ➜

(5) 123 ➜　　　　　　　(10) 12,091 ➜

2 보기 のように年月日の読みを書いてみよう。

보기　2018年 2月 9日 ➜ 이천십팔년 이월 구일

(1) 1945年 8月 15日 ➜

(2) 1950年 6月 25日 ➜

(3) 1960年 4月 19日 ➜

(4) 1979年 10月 26日 ➜

(5) 1988年 9月 17日 ➜

練習

☞解答は280ページへ

3 次の数字を固有語の数詞の読みで書いてみよう。　　➡固有数詞は p.21 へ

(1) 5 ➜　　　　　　　　(6) 68 ➜

(2) 7 ➜　　　　　　　　(7) 83 ➜

(3) 9 ➜　　　　　　　　(8) 17 ➜

(4) 16 ➜　　　　　　　(9) 54 ➜

(5) 52 ➜　　　　　　　(10) 29 ➜

4 보기 のように次の時刻の読みを書いてみよう。

> 보기 5：37 ➜ 다섯 시 삼십칠 분

(1) 6：08 ➜　　　　　　(6) 12：30 ➜

(2) 8：53 ➜　　　　　　(7) 2：43 ➜

(3) 1：49 ➜　　　　　　(8) 7：40 ➜

(4) 5：38 ➜　　　　　　(9) 3：20 ➜

(5) 4：06 ➜　　　　　　(10) 11：34 ➜

03 用言の活用

韓国語の用言には動詞と形容詞がある。動詞と形容詞はさまざまな意味と機能を持つ語尾と接続することによって語形が変化する。

1 動詞と形容詞の基本形

韓国語の動詞と形容詞は基本形（辞書形）が「語幹＋다」の形で終わるのが特徴である。形の上では動詞と形容詞の区別がつかないので意味を確認して区別する。

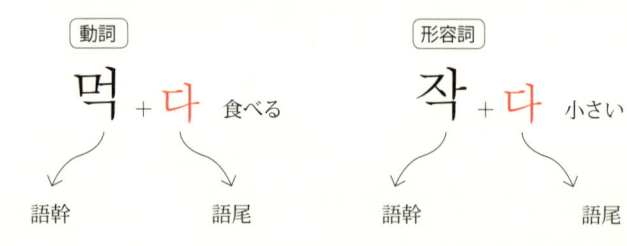

動詞 먹 ＋ 다 食べる
→ 語幹 / 語尾

形容詞 작 ＋ 다 小さい
→ 語幹 / 語尾

基本形		語幹	語尾
가다	行く	가	다
오다	来る	오	다
먹다	食べる	먹	다
웃다	笑う	웃	다
읽다	読む	읽	다
울다	泣く	울	다
쉬다	休む	쉬	다

基本形		語幹	語尾
크다	大きい	크	다
싸다	安い	싸	다
작다	小さい	작	다
좋다	良い	좋	다
없다	ない	없	다
높다	高い	높	다
길다	長い	길	다

2 動詞と形容詞の活用のしくみ

基本形の語尾「-다」のところに様々な意味と機能を持つ語尾を結合させて多様な表現が可能になる。このように様々な用法の語尾が結合して語形が変化することを「活用」という。韓国語の動詞と形容詞は基本形の形が同じだけでなく、活用もほぼ同じ形で行われる。

[動詞] 먹 + 다 食べる　　　　[形容詞] 적 + 다 少ない

語幹	語尾	語幹＋語尾	
먹 +	습니다	먹습니다 적습니다	食べます 少ないです
	지 않다	먹지 않다 적지 않다	食べない 少なくない
	지만	먹지만 적지만	食べるが 少ないが
	네요	먹네요 적네요	食べますね 少ないですね
	어요	먹어요 적어요	食べます 少ないです
적 +	어도	먹어도 적어도	食べても 少なくても
	으면	먹으면 적으면	食べれば 少なければ
	으니까	먹으니까 적으니까	食べるから 少ないから

第1章　基本文法事項(1)

27

3 語幹の形態

　用言はその語幹の最終音節が母音で終わっているか子音で終わっているか、また語幹の最終音節の母音が「ㅏ，ㅗ」かそうでないかによって接続する語尾の形態が異なってくる。

（1）母音語幹と子音語幹
　語幹の最終音節が母音で終わるものを母音語幹、子音で終わるものを子音語幹という。

❶ 母音語幹：語幹の最終音節が母音で終わるもの

　　　보다　見る　　일하다　働く　　기다리다　待つ

❷ 子音語幹：語幹の最終音節が子音で終わるもの

　　　먹다　食べる　　읽다　読む　　웃다　笑う

❸ 母音語幹か子音語幹かによって接続する語尾の形態が異なってくる。子音語幹に接続する語尾には発音をしやすくするための媒介母音「으」が挿入される。

　　母音語幹　　보러　見に　　　　사려고　買おうと
　　子音語幹　　먹으러　食べに　　넣으려고　入れようと

☞参考　名詞も母音で終わるか子音で終わるかによって接続する助詞の語形が異なってくる。

❶ 母音体言：개가（犬が），개는（犬は），개를（犬を），개와（犬と），
　　　　　　　나무로（木で），영화나（映画でも），대표로서（代表として）
❷ 子音体言：책이（本が），책은（本は），책을（本を），책과（本と），
　　　　　　　손으로（手で），책이나（本でも），사장으로서（社長として）

(2) 語幹の最終音節の母音が「ㅏ, ㅗ」か否か

語幹の最終音節の母音が「ㅏ, ㅗ」か否かによって「아」で始まる語尾か「어」で始まる語尾かのどちらかが選択される。

① 語幹の最終音節の母音が「ㅏ, ㅗ」の場合＋「아」で始まる語尾

찾다 ➔ 찾아도   놓다 ➔ 놓아요
探す　探しても　　 置く　 置きます

② 語幹の最終音節の母音が「ㅏ, ㅗ」以外の場合＋「어」で始まる語尾

먹다 ➔ 먹어도   읽다 ➔ 읽어요
食べる 食べても　　 読む　 読みます

☞参考　陽性母音と陰性母音

① 韓国語の母音はその語感によって陽性母音と陰性母音に分けられる。

陽性母音 (陽母音)	語感が明るくさわやかな感じを与える母音。 ㅏ, ㅗ, ㅑ, ㅛ, ㅘ, ㅚ, ㅐ など
陰性母音 (陰母音)	語感が暗く重い感じを与える母音。 ㅓ, ㅜ, ㅕ, ㅠ, ㅔ, ㅝ, ㅟ, ㅖ など

② 語幹の最終音節の母音が陽母音の場合は「아」で始まる語尾が結合するとの解説が多いが、陽母音であっても「ㅚ, ㅐ」の後では「아」ではなく、「어」で始まる語尾と結合するので正確な説明ではない。

・되다 (なる)　➔ ×되+아서　　○되+어서 (なって)

　개다 (晴れる) ➔ ×개+아서　　○개+어서 (晴れて)

③「아」で始まる語尾と結合する語幹の母音は「ㅏ, ㅗ」のほかに「ㅑ」もあるが、該当する用言は「얇다」1語のみである。

・얇다 (厚さが薄い) ➔ 얇아서 (薄くて), 얇아요 (薄いです),

　　　　　　　　　　　얇아도 (薄くても), 얇아야 (薄くてこそ)

04 ハムニダ体とヘヨ体

　韓国語には日本語の「です・ます」に相当する丁寧語の表現が二通りあり、対話の場面や聞き手との関係によって「ハムニダ体（합니다体）」と「ヘヨ体（해요体）」に言い分ける。

1 ハムニダ体（합니다体）

　日本語の「です・ます」に相当する改まった丁寧語の表現で、発表や会議、演説などの公的な場面で多く用いられる。格式体とも言う。

（1）

| 名詞 ＋입니다 | 名詞 ＋です |
| 名詞 ＋입니까? | 名詞 ＋ですか |

　「ハムニダ体」は、名詞で終わる平叙文では「名詞＋입니다」の形で用いられる。疑問文は「名詞＋입니까?」の形になり、必ず疑問符「?」を付ける。「입니다」は丁寧語として聞き手に対する敬意を表す。

- 학생**입니까**?　　　　　　　学生ですか。
- - 네, 학생**입니다**.　　　　　ー はい、学生です。
- 지금 몇 시**입니까**?　　　　 いま何時ですか。
- - 세 시 삼십 분**입니다**.　　 ー 3時30分です。
- 생일이 언제**입니까**?　　　　誕生日はいつですか。
- - 다음주 목요일**입니다**.　　 ー 来週の木曜日です。

（2）

| 用言 ＋ㅂ니다/습니다 | 用言 ＋ます・です |
| 用言 ＋ㅂ니까?/습니까? | 用言 ＋ますか・ですか |

　「ハムニダ体」は、用言で終わる叙述文では「用言＋ㅂ니다/습니다」の形で用いられる。疑問文は「用言＋ㅂ니까?/습니까?」の形になり、必ず疑問符「?」を付ける。「ㅂ니다/습니다」は丁寧語として聞き手に対する敬意を表す。

① 「ㅂ니다/ㅂ니까」は母音語幹に接続する。

母音で終わる語幹 +ㅂ니다			
오다	来る	오+ㅂ니다 ➡ 옵니다	来ます
만나다	会う	만나+ㅂ니다 ➡ 만납니다	会います
싸다	安い	싸+ㅂ니다 ➡ 쌉니다	安いです
母音で終わる語幹 +ㅂ니까?			
오다	来る	오+ㅂ니까 ➡ 옵니까?	来ますか
만나다	会う	만나+ㅂ니까 ➡ 만납니까?	会いますか
싸다	安い	싸+ㅂ니까 ➡ 쌉니까?	安いですか

② 「습니다/습니까」は子音語幹に接続する。

子音で終わる語幹 +습니다			
먹다	食べる	먹+습니다 ➡ 먹습니다	食べます
읽다	読む	읽+습니다 ➡ 읽습니다	読みます
덥다	暑い	덥+습니다 ➡ 덥습니다	暑いです
작다	小さい	작+습니다 ➡ 작습니다	小さいです
子音で終わる語幹 +습니까?			
먹다	食べる	먹+습니까 ➡ 먹습니까?	食べますか
읽다	読む	읽+습니까 ➡ 읽습니까?	読みますか
덥다	暑い	덥+습니까 ➡ 덥습니까?	暑いですか
작다	小さい	작+습니까 ➡ 작습니까?	小さいですか

- 주말에 무엇을 **합니까**? 週末に何をしますか。
 - 영화를 **봅니다**. － 映画を見ます。
- 아침에 무엇을 먹**습니까**? 朝、何を食べますか。
 - 밥을 먹**습니다**. － ご飯を食べます。
- 왜 병원에 **갑니까**? どうして病院に行くのですか。
 - 머리가 아**픕니다**. － 頭が痛いです。
- 시험이 어렵**습니까**? 試験は難しいですか。
 - 네, 아주 어렵**습니다**. － はい、とても難しいです。

2 ヘヨ体 (해요체)

「합니다体」が改まった言い方の丁寧語であるのに対して、「해요体」は打ち解けた丁寧語の言い方で日常生活の場面で広く用いられる。非格式体とも言う。

（1）
| 名詞 +예요/이에요 | 名詞 +です |
| 名詞 +예요?/이에요? | 名詞 +ですか |

「ヘヨ体」は、名詞で終わる平叙文では「名詞+예요/이에요」の形で用いられる。疑問文は叙述文と同形であるが、必ず疑問符「?」を付ける。「예요」は母音体言に、「이에요」は子音体言に接続する。

母音で終わる名詞 +예요/예요?				
친구	친구+**예요**	友達です	친구+**예요?**	友達ですか
시계	시계+**예요**	時計です	시계+**예요?**	時計ですか
子音で終わる名詞 +이에요/이에요?				
학생	학생+**이에요**	学生です	학생+**이에요?**	学生ですか
책	책+**이에요**	本です	책+**이에요?**	本ですか

- 지금 어디**예요**? 　　　　　いまどこですか。
  - 호텔**이에요**. 　　　　　 － ホテルです。
- 이 사과 얼마**예요**? 　　　 このリンゴはいくらですか。
  - 한 개에 천 원**이에요**. 　 － 一個千ウォンです。
- 일본은 이번이 처음**이에요**?　日本は今回が初めてですか。
  - 아니요. 두번째**예요**.　　 － いいえ、二回目です。
- 저 사람 이름이 뭐**예요**?　　あの人の名前は何ですか。
  - 김민수 씨**예요**.　　　　　－ キムミンスさんです。

（2） 用言の語幹 ＋아요/어요/여요　　動　詞 ＋ます
　　　　　　　　　　　　　　　　　形容詞 ＋です

「ヘヨ体」は、用言で終わる平叙文では「用言＋아요/어요/여요」の形で用いられる。疑問文も同形で、必ず疑問符「?」を付ける。

接続は①「아요」は最終音節の母音が「ㅏ, ㅗ」の用言の語幹に、②「어요」は最終音節の母音が「ㅏ, ㅗ」以外の用言の語幹に、③「여요」は「하다」で終わる用言の語幹に接続する。

① 最終音節の母音が「ㅏ, ㅗ」の語幹＋아요

最終音節がㅏ, ㅗの語幹 ＋아요					
닫다	닫+아요	閉めます	많다	많+아요	多いです
놀다	놀+아요	遊びます	좋다	좋+아요	良いです

【縮約】パッチムのない「ㅏ, ㅗ」の母音語幹に「-아」で始まる語尾が結合するときは縮約が起こる。

[縮約1] ㅏ+아요 → ㅏ요：パッチムのない「ㅏ」母音の語幹に「아」で始まる語尾が結合すると「아」は脱落。		
가다	가+아요 → 가+아+요 → 가요	行きます
사다	사+아요 → 사+아+요 → 사요	買います
차다	차+아요 → 차+아+요 → 차요	冷たいです

[縮約2] ㅗ+아요 → ㅘ요：パッチムのない「ㅗ」母音の語幹に「아」で始まる語尾が結合すると「ㅗ+ㅏ → ㅘ」に縮約される。		
오다	오+아요 → (오+아)+요 → (와)요	来ます
보다	보+아요 → (보+아)+요 → (봐)요	見ます

② 最終音節の母音が「ㅏ, ㅗ」以外の語幹＋어요

最終音節がㅏ, ㅗ以外の語幹 ＋어요					
먹다	먹+어요	食べます	멀다	멀+어요	遠いです
읽다	읽+어요	読みます	싫다	싫+어요	いやです

【縮約】パッチムのない「ㅏ, ㅗ」以外の母音語幹に「-어」で始まる語尾が接続すると縮約が起こる。

[縮約1]	ㅓ+어요 → ㅓ요：語幹の母音「ㅓ」に「어」で始まる語尾が結合すると一方の「ㅓ」は脱落する。	
서다	서+어요 → (서+어)+요 → (서)요	立ちます
건너다	건너+어요 → 건(너+어)+요 → 건(너)요	渡ります
[縮約2]	ㅜ+어요 → ㅝ요：語幹の母音「ㅜ」に「어」で始まる語尾が結合すると「ㅜ+ㅓ → ㅝ」に縮約される。	
배우다	배우+어요 → 배(우+어)+요 → 배(워)요	学びます
바꾸다	바꾸+어요 → 바(꾸+어)+요 → 바(꿔)요	変えます
[縮約3]	ㅣ+어요 → ㅕ요：語幹の母音「ㅣ」に「어」で始まる語尾が結合すると「ㅣ+ㅓ → ㅕ」に縮約される。	
다니다	다니+어요 → 다(니+어)+요 → 다(녀)요	通います
마시다	마시+어요 → 마(시+어)+요 → 마(셔)요	飲みます
어리다	어리+어요 → 어(리+어)+요 → 어(려)요	幼いです
[縮約4]	ㅐ+어요 → ㅐ요：語幹の母音「ㅐ」に「어」で始まる語尾が結合すると語尾の「어」は脱落する。	
보내다	보내+어요 → 보(내+어)+요 → 보(내)요	送ります
끝내다	끝내+어요 → 끝(내+어)+요 → 끝(내)요	終えます

③「하다」で終わる用言の語幹+여요

하다用言の語幹 +여요 → 하+여요 → 해요			
공부하다	공부하+여요→공부(하+여)요→공부(해)요	勉強します
좋아하다	좋아하+여요→좋아(하+여)요→좋아(해)요	好きです

【縮約】「하+여요」は一般的に「해요」に縮約されて使われる。

- 날씨가 좋아요?　　　　　　　　天気はいいですか。
  - 아뇨, 지금 비가 와요.　　　　— いいえ、いま雨が降っています。
- 우산 있어요?　　　　　　　　　傘ありますか。
  - 아뇨, 없어요.　　　　　　　　— いいえ、ありません。
- 학교까지 어떻게 가요?　　　　　学校までどのように行きますか。
  - 지하철을 타고 가요.　　　　　— 地下鉄に乗って行きます。

☞参考1　韓国語待遇表現の体系

聞き手や話題の人物との人間関係によって、話し手の尊敬や親愛・ぞんざいさなどの気持ちを表す言葉遣いを待遇表現という。待遇の程度は文の最後に付く終結語尾によって表される。

分類		平叙形		疑問形	
格式体	합니다体 (上称) とても高め	公の場面で多く用いられる改まった丁寧な言い方			
		가십**니다**	行かれます	가십**니까**?	行かれますか
		읽**습니다**	読みます	읽**습니까**?	読みますか
		가시**지요**	行きましょう	가**십시오**	行って下さい
	해라体 (下称) とても低め	親しい友達や子供、目下の人に用いるぞんざいな言い方			
		간**다**	行くよ	가**냐**?, 가**니**?	行くの？
		먹**는다**	食べるよ	먹**냐**?, 먹**니**?	食べるの？
		마셔**라**	飲みなさい	먹**어라**	食べなさい
非格式体	해요体 (略待上称) 広く高め	日常の場面で多く用いられるくだけた丁寧な言い方			
		가**요**	行きます	가**요**?	行きますか
		읽**어요**	読みます	읽**어요**?	読みますか
	해体 (略待) 広く低め	親しい同輩の人や目下の人に用いるぞんざいな言い方			
		가	行くよ	가?	行くの？
		먹**어**	食べるよ	먹**어**?	食べるの？

☞参考2　한다体（ハンダ体）

日本語の「ダ体・デアル体」のように文末の現在終止形が「-다/-ㄴ다/-는다」の形で終わる文体を俗に「한다体」という。書き言葉として叙述文や論説文などで一般的に用いられる。

① 動詞文：　[母音語幹]+ㄴ다　/　[子音語幹]+는다
　　　　　하다 ➜ 하루에 한 번 식사를 **한다**.　　一日に１回食事をする。
　　　　　읽다 ➜ 매일 여기서 책을 **읽는다**.　　毎日ここで本を読む。

② 形容詞文：　[語幹]+다
　　　　　차다 ➜ 아직 바람이 **차다**.　　　　　まだ風が冷たい。

③ 名詞文：　[名詞]+이다
　　　　　방학 ➜ 내일부터 여름 **방학이다**.　　明日から夏休みだ。

練習＜02＞

☞ 解答は 280 ページへ

1 次の用言をハムニダ体の丁寧形に直してみよう。 ➡합니다体は p.30 へ

基本形		語幹＋ㅂ니다/습니다 〜ます・〜です	語幹＋ㅂ니까?/습니까? 〜ますか・〜ですか
오다	来る		
일하다	働く		
마시다	飲む		
읽다	読む		
타다	乗る		
입다	着る		
쉬다	休む		
듣다	聞く		
사다	買う		
만나다	会う		
있다	ある		
크다	大きい		
좋다	良い		
바쁘다	忙しい		
싸다	安い		
맵다	辛い		

練習

☞ 解答は 281 ページへ

2 次の用言をヘヨ体の丁寧形に直してみよう。　　➡ 해요체は p.32 へ

語幹＋아요/어요/여요 ～ます・～です			
찾다	探す	오다	来る
받다	もらう	보다	見る
주다	くれる	먹다	食べる
입다	着る	살다	住む
타다	乗る	넣다	入れる
읽다	読む	알다	わかる
가다	行く	있다	ある
벗다	脱ぐ	잊다	忘れる
자다	寝る	놀다	遊ぶ
웃다	笑う	열다	開ける
사다	買う	마시다	飲む
울다	泣く	짜다	塩辛い
만나다	会う	좋다	良い
배우다	学ぶ	높다	高い
건너다	渡る	길다	長い
바꾸다	変える	멀다	遠い

第1章　基本文法事項(1)

37

05 時制

文末における韓国語の過去、未来、現在時制は次のような語尾によって示される。

時制	基本形	語尾	用例	
過去	보다	-았-	영화를 보았어요.	映画を見ました。
	먹다	-었-	밥을 먹었어요.	ご飯を食べました。
未来	가다	-겠-	내일 가겠어요.	明日行きます。
	먹다		나중에 먹겠어요.	後で食べます。
現在	가다	-ㅂ니다	학교에 갑니다.	学校に行きます。
	읽다	-습니다	책을 읽습니다.	本を読んでいます。
	오다	-아요	비가 와요.	雨が降っています。
	먹다	-어요	밥을 먹어요.	ご飯を食べています。
	공부하다	-여요	지금 공부해요.	いま勉強しています。

※連体形の時制は p.154 の「動詞の連体形」を参照

1 過去時制（過去形の作り方）

過去時制は用言の語幹や指定詞の語幹に過去を表す先語末語尾「-았-/-었-」が結合することで表示される。

（1）用言の過去形

用言の語幹に過去の先語末語尾「-았-/-었-/-였-」を結合させて過去形を作る。結合の仕方は해요体の語尾「-아요/-어요/-여요」の結合要領と同じく、語幹の最終音節に母音「ㅏ, ㅗ」が含まれているかいないかがどの形の語尾と結合するかのポイントになる。

① -았-	最終音節の母音が「ㅏ, ㅗ」の用言の語幹に結合
② -었-	最終音節の母音が「ㅏ, ㅗ」以外の用言の語幹に結合
③ -였-	「하다」で終わる用言の語幹に結合

※ 32 ページ 04-2 ヘヨ体の作り方参照

① 最終音節の母音が「ㅏ, ㅗ」の語幹＋았＋어요

最終音節がㅏ, ㅗの語幹 ＋았＋어요						
닫다	닫+았어요	閉めました	많다	많+았어요	多かったです
놀다	놀+았어요	遊びました	좋다	좋+았어요	良かったです
앉다	앉+았어요	探しました	짧다	짧+았어요	短かったです

※先語末語尾は単独では機能せず「語幹＋先語末語尾＋語末語尾」の形で、必ず語末語尾 (-습니다, -어요, -지요など) と結合して用いられる。詳細は p.84, 85 の「先語末語尾」を参照

【縮約】パッチムのない「ㅏ, ㅗ」の母音語幹に「-았-」が結合すると縮約が起こる。

[縮約1] ㅏ+았+어요 → 았+어요 ：パッチムのない「ㅏ」母音の語幹に「았」が結合すると「아」は脱落。			
가다	(가+았)+어요 → (갔)+어요 → 갔어요	行きました
사다	(사+았)+어요 → (샀)+어요 → 샀어요	買いました
차다	(차+았)+어요 → (찼)+어요 → 찼어요	冷たかったです
[縮約2] ㅗ+았+어요 → 왔+어요 ：パッチムのない「ㅗ」母音の語幹に「았」が結合すると「ㅗ+았 → 왔」に縮約される。			
오다	(오+았)+어요 → (왔)+어요 → 왔어요	来ました
보다	(보+았)+어요 → (봤)+어요 → 봤어요	見ました

② 最終音節の母音が「ㅏ, ㅗ」以外の語幹＋었＋어요

最終音節がㅏ, ㅗ以外の語幹 ＋었＋어요						
먹다	먹+었어요	食べました	멀다	멀+었어요	遠かったです
읽다	읽+었어요	読みました	싫다	싫+었어요	いやでした
열다	열+었어요	開けました	길다	길+었어요	長かったです

【縮約】パッチムのない「ㅏ, ㅗ」以外の母音語幹に「-었-」が結合すると縮約が起こる。

[縮約1] ㅓ+었+어요 → 었+어요 ：語幹の母音「ㅓ」に「-었-」が結合すると一方の「ㅓ」は脱落する。			
서다	(서+었)+어요 → (섰)+어요 → 섰어요	立ちました
건너다	건(너+었)+어요 → 건(넜)+어요 → 건넜어요	渡りました

第1章 基本文法事項(1)

[縮約2]	ㅜ+었+어요 → 웠+어요	:語幹の母音「ㅜ」に「었」が結合すると「ㅜ+었 → 웠」に縮約される。		
배우다	배(우+었)+어요	→ 배(웠)+어요	→ 배웠어요	学びました
바꾸다	바(꾸+었)+어요	→ 바(꿨)+어요	→ 바꿨어요	変えました
맞추다	맞(추+었)+어요	→ 맞(췄)+어요	→ 맞췄어요	当てました
[縮約3]	ㅣ+었+어요 → 였+어요	:語幹の母音「ㅣ」に「었」が結合すると「ㅣ+었 → 였」に縮約される。		
다니다	다(니+었)+어요	→ 다(녔)+어요	→ 다녔어요	通いました
마시다	마(시+었)+어요	→ 마(셨)+어요	→ 마셨어요	飲みました
내리다	내(리+었)+어요	→ 내(렸)+어요	→ 내렸어요	降りました
[縮約4]	ㅐ+었+어요 → 앴+어요	:語幹の母音「ㅐ」に「었」が結合すると語尾の「어」は脱落する。		
보내다	보(내+었)+어요	→ 보(냈)+어요	→ 보냈어요	送りました
끝내다	끝(내+었)+어요	→ 끝(냈)+어요	→ 끝냈어요	終えました

③「하다」で終わる用言の語幹+였+어요

하다用言の語幹 +였+어요 → 하+였+어요 → 했+어요			
공부하다	공부(하+였)+어요	→ 공부(했)+어요	勉強しました
좋아하다	좋아(하+였)+어요	→ 좋아(했)+어요	好きでした

【縮約】「하+였+어요」は一般的に「했+어요」に縮約されて用いられる。

- 그 영화 **봤**어요?
  – 네, 정말 **좋았**어요.
- 감기에 걸**렸**어요.
  – 약은 먹**었**어요?
- 한국어는 어디서 공부**했**어요?
  – 학교에서 배**웠**어요.
- 이번 여행은 정말 **좋았**어요. 음식도 맛있**었**어요.

その映画は見ましたか。
— ええ、本当に良かったです。
風邪を引きました。
— 薬は飲みましたか？
韓国語はどこで勉強しましたか。
— 学校で学びました。
今回の旅行は本当に良かったです。
食べ物も美味しかったです。

☞参考　先語末語尾「-았-/-었-/-였-」は、結果や状態持続の意を表す場合もある。

- 언니는 치마를 입**었**어요.　　姉はスカートを履いています。
  시간이 아직 많이 남**았**어요.　　時間がまだだいぶ残っています。
  나는 엄마를 닮**았**어요.　　私は母に似ています。

（2）「-입니다」、「-예요/-이에요」の過去形

叙述格助詞（指定詞）「이다」と結合した丁寧体の語尾「-입니다」、「-예요/-이에요」の過去形は、過去の先語末語尾「-았-/-었-」と結合して次の形で用いられる。

① 体言＋입니다	母音体言＋였습니다	体言＋でした
	子音体言＋이었습니다	
② 母音体言＋예요	母音体言＋였어요	
子音体言＋이에요	子音体言＋이었어요	

母音体言 ＋였습니다/였어요		子音体言 ＋이었습니다/이었어요	
남자＋였습니다	男性でした	봄＋이었습니다	春でした
어제＋였어요	昨日でした	여름＋이었어요	夏でした
언제＋였어요?	いつでしたか	처음＋이었어요?	初めてでしたか

- 시험은 지난주**였습니다**.　　試験は先週でした。
  선물은 시계와 옷**이었습니다**.　　プレゼントは時計と服でした。
  그거 얼마**였어요**?　　それはいくらでしたか。
  어제가 오빠 생일**이었어요**.　　昨日が兄の誕生日でした。

2 未来時制

文末の未来時制は動詞の語幹に先語末語尾「-겠-」が結合することで表示される。先語末語尾「-겠-」は未来の状況に対する話し手の意志や推測の意を表す。ハン検5級では意志を表すものだけが出題される。

動詞の語幹		+겠+어요	
가다	行く	가+겠+어요	行くつもりです
보다	見る	보+겠+어요	見るつもりです
먹다	食べる	먹+겠+어요	食べるつもりです
읽다	読む	읽+겠+어요	読むつもりです

- 호텔 앞에서 기다리겠어요.   ホテルの前で待ちます。
 - 곧 가겠습니다.   ーすぐ行きます。
- 여기서 내리겠습니까?   ここで降りますか。
 - 아뇨, 다음 역에서 내리겠어요.   ーいいえ、次の駅で降ります。
- 어떻게 가겠어요?   どのように行くつもりですか。
 - 지하철로 가겠습니다.   ー地下鉄で行くつもりです。
- 토요일에 뭘 하겠어요?   土曜日は何をするつもりですか。
 - 집에서 책을 읽겠어요.   ー家で本を読むつもりです。

☞参考　用言の語幹 +겠+어요：～でしょう、～そうです

他に「-겠-」は用言の語幹に付いて推測の意も表す。この推測の意の用法はハン検では4級から出題される。

- 오늘은 비가 오겠지요?   今日は雨が降りそうですね。
 밤 늦게 도착하겠어요.   夜遅く到着しそうです。
 김치가 아주 맵겠어요.   キムチがとても辛そうです。

3　現在時制

　文末の現在時制は動詞の語幹に語尾「-ㅂ니다・습니다/ -아요・어요」が結合することで表示される。語尾「-ㅂ니다・습니다/ -아요・어요」は現在進行中の動作や状態を表す。

動詞の語幹 +ㅂ니다・습니다/아요・어요			
가다	行く	가+ㅂ니다 → 갑니다	가+아요 → 가요
보다	見る	보+ㅂ니다 → 봅니다	보+아요 → 봐요
먹다	食べる	먹+습니다 → 먹습니다	먹+어요 → 먹어요
읽다	読む	읽+습니다 → 읽습니다	읽+어요 → 읽어요

- 어디 가요?　　　　　　　　　どこに行きますか。
  - 학교에 갑니다.　　　　　　　― 学校に行きます。
- 지금 무엇을 해요?　　　　　　いま何をしていますか。
  - 저녁을 먹어요.　　　　　　　― 夕食を食べています。
- 여기는 지금 비가 와요.　　　　ここはいま雨が降っています。
  - 바람도 많이 불어요.　　　　　― 風も強く吹いています。
- 민수는 지금 책을 읽습니다.　　ミンスはいま本を読んでいます。

☞**参考1**　現在時制の形であっても未来の時間を表す副詞とともに用いられると未来時制も表すことができる。

- 내일 한국에 갑니다.　　　　　明日韓国に行きます。
  다음주에 시험이 끝납니다.　　来週試験が終わります。

☞**参考2**　習慣的な動作なども現在時制の形で表す。

- 친구들과 매일 축구를 해요.　　友だちと毎日サッカーをします。
  형은 늘 밤 늦게까지 공부해요.　兄はいつも夜遅くまで勉強します。

練習 <03>

☞ 解答は 282 ページへ

1 次の用言をヘヨ体の過去形に直してみよう。　→過去時制は p.38 へ

語幹 +았/었+어요			
찾다	探す	오다	来る
받다	もらう	보다	見る
주다	くれる	먹다	食べる
입다	着る	살다	住む
타다	乗る	넣다	入れる
읽다	読む	알다	わかる
가다	行く	있다	ある
벗다	脱ぐ	잊다	忘れる
자다	寝る	놀다	遊ぶ
웃다	笑う	열다	開ける
사다	買う	마시다	飲む
울다	泣く	짜다	塩辛い
만나다	会う	좋다	良い
배우다	学ぶ	높다	高い
건너다	渡る	길다	長い
바꾸다	変える	멀다	遠い

練習

☞ 解答は282ページへ

2 보기 のように文を作りなさい。　　➡「입니다」の過去形は p.41 へ

보기 어제, 일요일 ➔ 　　어제는 일요일이었어요.	昨日、日曜日 ➔ 昨日は日曜日でした。
（1） 그저께, 내 생일 ➔	一昨日、私の誕生日
（2） 할머니, 의사 ➔	おばあさん、医者
（3） 어제, 어린이날 ➔	昨日、子供の日
（4） 시험, 열 시부터 ➔	試験、10時から
（5） 선물, 시계 ➔	プレゼント、時計

3 보기 のように文を作りなさい。　　➡ 未来時制は p.42 へ

보기 무엇을 먹겠어요? （비빔밥） 　　➔ 비빔밥을 먹겠어요.	何を食べますか。（ビビンバ） ➔ ビビンバを食べます。
（1） 무엇을 마시겠어요? （우유） ➔	何を飲む／牛乳
（2） 언제 전화를 하겠어요? （내일） ➔	いつ電話をする／明日
（3） 몇 시에 가겠어요? （다섯 시） ➔	何時に行く／5時
（4） 무슨 책을 사겠어요? （소설책） ➔	どんな本を買う／小説
（5） 무엇을 하겠어요? （축구） ➔	何をする／サッカー

第1章 基本文法事項 (1)

06 脱落活用

　用言の中には語尾と結合すると語幹が変わるが、その変化が不規則ではなく、規則的に表れるものがある。このような活用をするものには「ㄹ」（リウル）脱落と「으」（ウ）脱落がある。

1　ㄹ (리을 / リウル) 脱落

　語幹が「ㄹ」で終わる用言に「ㄴ, ㄹ, ㅂ, ㅅ」で始まる語尾が結合すると「ㄹ」が脱落する。このような活用を「ㄹ（リウル）脱落」という。

① 「ㅂ」で始まる語尾の前で語幹の「ㄹ」が脱落する。			
・語尾例：-ㅂ니다（ます）、-ㅂ시다（ましょう）など。			
살다	住む	살+ㅂ니다 ➡ 삽니다	住んでいます
만들다	作る	만들+ㅂ니다 ➡ 만듭니다	作ります
열다	開ける	열+ㅂ시다 ➡ 엽시다	開けましょう
② 「ㅅ」で始まる語尾の前で語幹の「ㄹ」が脱落する。			
・語尾例：-시-（先語末語尾）			
만들다	作る	만들+십니다 ➡ 만드십니다	作られます
알다	知る	알+세요? ➡ 아세요?	ご存じですか
③ 「ㄴ」で始まる語尾の前で語幹の「ㄹ」が脱落する。			
・語尾例：-ㄴ/는（連体形語尾）、-니까（から）、-네요（ですね）など。			
팔다	売る	팔+는+물건 ➡ 파는 물건	売るもの
멀다	遠い	멀+니까 ➡ 머니까	遠いから
길다	長い	길+네요 ➡ 기네요	長いですね
④ 「ㄹ」で始まる語尾の前で語幹の「ㄹ」が脱落する。			
・語尾例：-ㄹ（連体形語尾）、-ㄹ까요（ましょうか）など。			
열다	開ける	열+ㄹ까요? ➡ 열까요?	開けましょうか
만들다	作る	만들+ㄹ（때）➡ 만들（때）	作るとき

・어떤 집에 **사세요**?	どんな家に住んでいますか。
－ 아파트에 **삽니다**.	－ マンションに住んでいます。
・무엇을 **만드세요**?	何を作っていらっしゃいますか。
－ 옷을 만들어요.	－ 服を作っています。
・이 노래 **아세요**?	この歌をご存じですか。
－ 네, 알아요.	－ はい、知っています。
・여기서 학교까지 **멉니까**?	ここから学校までは遠いですか。
－ 아뇨, 안 멀어요.	－ いいえ、遠くありません。

☞**注意1** ㄹ（リウル）脱落用言の「ㄹ」は「아요/어요」、「아서/어서」のように「아/어」で始まる語尾の前では脱落しない。

멀다 (遠い) → ×머+어요　　○멀+어요
알다 (知る) → ×아+요　　　○알+아요
만들다 (作る) → ×만드+어서　○만들+어서

・어머니는 머리가 **길어요**.　　　母は髪が長いです。
　아이하고 공원에서 **놀아요**.　　子供と公園で遊びます。
　그것은 어디서 **팔아요**?　　　　それはどこで売っていますか。

☞**注意2** ㄹ語幹とㄹ体言の後では調音素（媒介母音）「으」は付かない。

열다 (開ける) → ×열+으려고　○열+려고 (開けようと)
놀다 (遊ぶ) → ×놀+으러　　○놀+러 (遊びに)
길다 (長い) → ×길+으면　　○길+면 (長ければ)

연필 (鉛筆) → ×연필+으로　○연필+로 (鉛筆で)
교실 (教室) → ×교실+으로　○교실+로 (教室へ)
쌀 (米)　　 → ×쌀+으로　　○쌀+로 (米で)

2 으（ウ）脱落

「으」母音で終わる用言の語幹に「-아, -어」で始まる語尾が結合すると語幹の「으」母音が脱落する。これを「으脱落」という。

①「으」母音語幹の前の音節の母音が「ㅏ・ㅗ」の場合は「-아」で始まる語尾に、②「ㅏ・ㅗ」以外の場合は「-어」で始まる語尾と結合する。

①「으」語幹の前の音節が「ㅏ・ㅗ」の場合+「아」で始まる語尾			
* 語尾例：-아요（ます・です）、-았어요（ました・でした）など。			
아프다	痛い	아프+아요 ➡ 아ㅍ+아요 ➡ 아파요	痛いです
고프다	空腹だ	고프+아요 ➡ 고ㅍ+아요 ➡ 고파요	(お腹が)すきました
나쁘다	悪い	나쁘+아요 ➡ 나ㅃ+아요 ➡ 나빠요	悪いです
바쁘다	忙しい	바쁘+아요 ➡ 바ㅃ+아요 ➡ 바빠요	忙しいです
②「으」語幹の前の音節が「ㅏ・ㅗ」以外の場合+「어」で始まる語尾			
* 語尾例：-어요（ます・です）、-었어요（ました・でした）など。			
기쁘다	嬉しい	기쁘+어요 ➡ 기ㅃ+어요 ➡ 기뻐요	嬉しいです
슬프다	悲しい	슬프+어요 ➡ 슬ㅍ+어요 ➡ 슬퍼요	悲しいです
예쁘다	きれいだ	예쁘+어요 ➡ 예ㅃ+어요 ➡ 예뻐요	きれいです
싹트다	芽生える	싹트+어요 ➡ 싹ㅌ+어요 ➡ 싹터요	芽生えます

- 어디 **아파요**? どこか具合が悪いですか。
  - 네, 머리가 좀 **아파요**. － ええ、頭がちょっと痛いです。
- 날씨는 어때요? 天気はどうですか。
  - 날씨가 **나빠요**. 비가 와요. － 天気は悪いです。雨が降っています。
- 배 안 **고파요**? お腹すきませんか。
  - 네, 아까 빵을 먹었어요. － ええ、先ほどパンを食べました。
- 그 이야기를 들었어요? その話を聞きましたか。
  - 네, 정말 **기뻤어요**. － はい、本当に嬉しかったです。

☞**注意1** 「으」母音だけの単音節の語幹の場合は、「-어」で始まる語尾が接続する。

「으」母音だけの単音節の語幹の場合＋「어」で始まる語尾				
끄다	消す	끄+어요 → ㄲ+어요 → 꺼요	消します
쓰다	書く	쓰+어요 → ㅆ+어요 → 써요	書きます
크다	大きい	크+어요 → ㅋ+어요 → 커요	大きいです

- 친구에게 편지를 썼어요.　　　　友達に手紙を書きました。
  눈이 나빠서 안경을 썼어요.　　　目が悪くて眼鏡をかけました。
  우리 형제는 모두 키가 커요.　　　私の兄弟はみんな背が高いです。

☞**注意2** 「으」母音で終わる用言の語幹の中でも「르」で終わる語幹は別の不規則活用（르不規則活用：p170参照）をするので注意しなければならない。

빠르다 (速い)　　→　　×빠라요　○빨라요
부르다 (歌う)　　→　　×부러요　○불러요
다르다 (違う)　　→　　×다라요　○달라요
모르다 (知らない) →　　×모라요　○몰라요

- 친구와 같이 노래를 불렀어요.　　友達と一緒に歌を歌いました。
  한국말을 몰라서 힘들었어요.　　　韓国語がわからなくて大変でした。
  동생과는 성격이 달라요.　　　　　弟(妹)とは性格が違います。

練習＜04＞

☞ 解答は 283 ページへ

1 次の用言を語尾に結合してみよう。　　　　　➡ ㄹ脱落は p.46 へ

基本形		語幹＋ㅂ니다	語幹＋니까
살다	住む		
열다	開ける		
만들다	作る		
울다	泣く		
팔다	売る		
달다	甘い		
멀다	遠い		

2 次の用言を語尾に結合してみよう。

基本形		語幹＋십니다	語幹＋아요/어요
살다	住む		
열다	開ける		
만들다	作る		
울다	泣く		
놀다	遊ぶ		
팔다	売る		
알다	わかる		

練習

☞ 解答は 283 ページへ

3 次の用言を語尾に結合してみよう。　　　　　　　　➡ ㅇ脱落は p.48 へ

基本形		-아서/어서	-아요/어요
아프다	痛い		
바쁘다	忙しい		
기쁘다	嬉しい		
슬프다	悲しい		
나쁘다	悪い		
쓰다	書く		
크다	大きい		

4 보기 のように文を完成しなさい。　　　　　　　　➡ ㅇ脱落は p.48 へ

보기 바지가 크다 / 줄여 입다 ➡ 　　바지가 **커서** 줄여 입었어요.	ズボンが大きい／直して着る ➡ ズボンが大きいので直して着ました。

(1) 일이 바쁘다 / 늦다　　　　　　　　　　仕事が忙しい／遅れる
　➡

(2) 영화가 너무 슬프다 / 울다　　　　　　　映画がとても悲しい／泣く
　➡

(3) 눈이 나쁘다 / 안경을 쓰다　　　　　　　目が悪い／眼鏡をかける
　➡

(4) 머리가 아프다 / 병원에 가다　　　　　　頭が痛い／病院に行く
　➡

(5) 배가 고프다 / 빵을 사다　　　　　　　　お腹がすく／パンを買う
　➡

07 否定表現（1）

　入門期の文法で覚えるべき基本的な否定表現としては、「아니다」否定、「안」否定、「못」否定の三つの形態のものがある。

否定表現	用例	
① 名詞+이/가 아니다	의사+**가 아니다** 학생+**이 아니다**	医者+ではない 学生+ではない
② 안+用言	**안** +가다 **안** +멀다	行か+ない 遠く+ない
③ 못+動詞	**못** +가다 **못** +읽다	行け+ない 読め+ない

※「否定表現（2）」は p.148～p.151 を参照。

1 「아니다」否定

　名詞に接続してある事実を否定する場合は「名詞+가/이 아니다」の形で用いられる。①パッチムのない名詞には「가 아니다」の形で、②パッチムのある名詞には「이 아니다」の形で接続する。

① 母音体言 +가 아니다/아닙니다/아니에요			
친구	友達	친구+**가 아니다**	友達+ではない
시계	時計	시계+**가 아닙니다**	時計+ではありません
사과	リンゴ	사과+**가 아니에요**	リンゴ+ではありません
나	私	내+**가 아니에요**	私+ではありません
② 子音体言 +이 아니다/아닙니다/아니에요			
학생	学生	학생+**이 아니다**	学生+ではない
병원	病院	병원+**이 아닙니다**	病院+ではありません
내일	明日	내일+**이 아니에요**	明日+ではありません
식당	食堂	식당+**이 아니에요**	食堂+ではありません

- 이것은 제 차가 **아닙니다**.
- 오늘이 월요일이죠?
  - 아뇨, 월요일**이 아닙니다**.
- 전화 왔어요?
  - 아뇨, 전화 소리**가 아니에요**.
- 약속 시간은 네 시**가 아니에요**?
  - 아니에요. 다섯 시예요.

これは私の車ではないです。
今日は月曜日ですよね。
— いいえ、月曜日ではありません。
電話ですか。
— いいえ、電話の音ではありません。
約束の時間は4時ではありませんか。
— 違います。5時です。

☞参考1　[名詞]+가/이 아니라 : 名詞+ではなくて

前の名詞の内容を否定し、正しいものを付け加える訂正の意を表す。

- 저는 의사**가 아니라** 교사입니다.
  저 사람은 남자**가 아니라** 여자예요.
  오늘은 목요일**이 아니라** 금요일이에요.

....

- 私は医者ではなくて教師です。
  あの人は男性ではなくて女性です。
  今日は木曜日ではなくて金曜日です。

☞参考2　아니요(아뇨)と아니에요(아녜요) : いいえ／違います

① 「아니요」は否定の返事に用いられる感嘆詞で縮約形は「아뇨」になる。
② 「아니다」は否定の形容詞で主に「～가/이 아니다」の形で用いられるが、短く相手の言葉を打ち消す場合、「아니에요」のように単独で用いることもある。縮約形は「아녜요」の形で用いられる。

① 학생이에요?
  - 아니요/아뇨, 학생이 아니에요.
② 생일이 내일이에요?
  - 아니에요/아녜요. 다음주예요.

学生ですか。
— いいえ、学生ではありません。
誕生日は明日ですか。
— 違います。来週です。

第1章　基本文法事項⑴

2 「안」否定

述語が用言の場合は、否定の副詞「안」が用言の前にきてその用言を否定する。意志的な否定にも、単純な事実の否定にも用いられる。

안+用言			
가다	行く	**안** 가다 ➜ **안** 갑니다	行きません。
읽다	読む	**안** 읽다 ➜ **안** 읽어요	読みません
비싸다	高い	**안** 비싸다 ➜ **안** 비싸요	(値段) 高くありません
멀다	遠い	**안** 멀다 ➜ **안** 멀어요	遠くありません

• 눈이 **안** 좋아요. 그래서 안경을 샀어요.
  여기서 가깝습니까? – 네, **안** 멀어요.
  안 자요? – 네, 숙제가 많아요.
  왜 **안** 사요? – 돈이 없어요.
  ....

• 目が良くないです。それで眼鏡を買いました。
  ここから近いですか。– はい、遠くありません。
  寝ないのですか。– はい、宿題が多いんです。
  どうして買わないのですか。– お金がないんです。

☞注意1　名詞に「하다」が付いてできた動詞の場合は、名詞と「하다」の間に「안」を入れて否定する。この場合、名詞には状況に合わせて助詞「을/를, 도, 은/는」などを挿入する。

名詞+하다 ➜ 名詞 (을/를) +안+하다		
공부하다	안 공부하다(×) 공부(를) **안 하다**(○)	勉強をしない。
운동하다	안 운동하다(×) 운동(을) **안 하다**(○)	運動をしない。
노래하다	안 노래하다(×) 노래(를) **안 하다**(○)	歌を歌わない。
식사하다	안 식사하다(×) 식사(를) **안 하다**(○)	食事をしない。

• 민수는 요즘 공부를 **안 해요**.　　ミンスは最近勉強をしません。
  동생은 전혀 운동을 **안 해요**.　　弟はまったく運動をしません。

☞**注意2** 「알다」、「있다」、「맛있다」のように否定の意を持つ単語が別途あるものは「안」否定は用いない。

알다	わかる、知る	안 알다(×) **모르다**(○)	知らない
있다	ある、いる	안 있다(×) **없다**(○)	ない、いない
맛있다	美味しい	안 맛있다(×) **맛없다**(○)	美味しくない
잘하다	上手だ、うまくやる	안 잘하다(×) **못하다**(○)	できない

- 저 사람을 알아요? - 아뇨, **모릅니다**.

  우산 있어요? - 아뇨, **없어요**.

  일본말도 잘해요? - 아뇨, 일본말은 **못해요**.

....

- あの人知っていますか。 － いいえ、知りません。

  傘ありますか。 － いいえ、ありません。

  日本語も上手ですか。 － いいえ、日本語はできません。

☞**参考** 用言+지 않다：用言＋ない

用言の否定形には「안」否定のほかに、「用言＋지 않다」の形での否定形がある。「안」否定形は主に会話体で、「지 않다」否定形は文章体、会話体ともに用いられる。ハン検では4級からの出題範囲に含まれる。

- 거기는 날씨가 어때요? - 좋**지 않아요**. 비가 와요.

  이 치마 짧아요? - 아뇨, 짧**지 않아요**.

....

- そちらは天気はどうですか。 － よくありません。雨が降っています。

  このスカート短いですか。 － いいえ、短くありません。

3 「못」否定

否定の副詞「못」が行為を表す動詞の前にきてその動詞が表す行為を否定する。能力の不足やある原因のために行為ができないことを表す。

못+動詞			
가다	行く	못 가다 ➡ 못 갑니다	行けません
읽다	読む	못 읽다 ➡ 못 읽어요	読めません
마시다	飲む	못 마시다 ➡ 못 마셔요	飲めません

- 술은 좋아하세요? - 아뇨, 저는 술을 못 마셔요.
  배가 고파요? - 네, 아침을 못 먹었어요.
  어젯밤에 잠을 못 잤어요. 그래서 졸려요.
  ....
- お酒は好きですか。- いいえ、私は酒は飲めません。
  お腹すきましたか。- ええ、朝食を食べていません。
  昨夜眠れませんでした。だから眠たいです。

☞参考1 動詞 +지 못하다 : 動詞 +られない
能力不足や不可能を表す意で用いられる。「못」否定形は主に会話体で、「지 못하다」否定形は文章体、会話体ともに多く用いられる。ハン検では4級からの出題範囲に含まれる。

- 병원에 가지 못했어요.　　　　　　病院に行けませんでした。
  밥을 먹지 못했어요.　　　　　　　ご飯を食べられませんでした。

☞参考2 「안」否定形と「못」否定形の違い
「안」否定形は「単純に否定するか、意志がない」意を、「못」は「能力がないか、条件が揃わずできない」意を表す。

- **안** 가요.　（単純に、または意志的に）行きません。
  못 가요.　（理由があって）行けません。

練習 <05>

☞ 解答は284ページへ

1 보기 のように文を作りなさい。　　　➡ 「아니다」否定は p.52 へ

| 보기 책, 공책 ➡
　　책**이 아닙니다.** 공책입니다. | 本、ノート ➡
本ではありません。ノートです。 |

（1） 일본 사람, 한국 사람 ➡　　　　　　　　　　　日本人、韓国人

（2） 선생님, 학생 ➡　　　　　　　　　　　　　　　先生、学生

（3） 가수, 배우 ➡　　　　　　　　　　　　　　　　歌手、俳優

（4） 연필, 볼펜 ➡　　　　　　　　　　　　　　　　鉛筆、ボールペン

（5） 책, 사전 ➡　　　　　　　　　　　　　　　　　本、辞書

2 보기 のように文を作りなさい。　　　➡ 「가/이 아니라」否定は p.53 へ

| 보기 의사, 간호사 ➡
　　의사**가 아니라** 간호사입니다. | 医者、看護師 ➡
医者ではなく看護師です。 |

（1） 중국 사람, 한국 사람
　➡　　　　　　　　　　　　　　　　　　　　　中国人、韓国人

（2） 볼펜, 연필
　➡　　　　　　　　　　　　　　　　　　　　　ボールペン、鉛筆

（3） 여자, 남자
　➡　　　　　　　　　　　　　　　　　　　　　女性、男性

（4） 책, 잡지
　➡　　　　　　　　　　　　　　　　　　　　　本、雑誌

（5） 목요일, 금요일
　➡　　　　　　　　　　　　　　　　　　　　　木曜日、金曜日

練習

☞ 解答は 284 ページへ

3 보기 のように文を作りなさい。　　　　　　　　　➡「안」否定は p.54 へ

| 보기 내일 학교에 가세요? ➡
　　- **아뇨, 안** 가요. | 明日学校に行きますか。➡
ー いいえ、行きません。 |

(1) 겨울은 좋아하세요? ➡　　　　　　　　　　　　　　　　冬、好きだ

(2) 지금 비가 와요? ➡　　　　　　　　　　　　　　　　　今、雨、降る

(3) 이 과자는 달아요? ➡　　　　　　　　　　　　　　　　お菓子、甘い

(4) 내일도 학교에 가요? ➡　　　　　　　　　　　　　　　明日、学校、行く

(5) 그 책을 샀어요? ➡　　　　　　　　　　　　　　　　　その本、買う

4 보기 のように文を作りなさい。　　　　　　　　　➡「못」否定は p.56 へ

| 보기 축구 보다 ➡
　　축구 봤어요?
　　- **아뇨, 못** 봤어요. | サッカーを見る ➡
サッカーを見ましたか。
ー いいえ、見られなかったです。 |

(1) 표를 사다　　　　　　　　　　　　　　　　　　　　　チケットを買う
　➡

(2) 숙제를 하다　　　　　　　　　　　　　　　　　　　　宿題をする
　➡

(3) 사진을 찍다　　　　　　　　　　　　　　　　　　　　写真を撮る
　➡

(4) 담배를 끊다　　　　　　　　　　　　　　　　　　　　タバコをやめる
　➡

(5) 선생님을 만나다　　　　　　　　　　　　　　　　　　先生に会う
　➡

練習

☞ 解答は 284 ページへ

5 보기 のように否定表現の練習をしてみよう。

보기 김치를 먹다 ➔	キムチを食べる ➔
① 김치를 **안** 먹어요.	① キムチを食べません。
② 김치를 먹**지 않아요**.	② キムチを食べません。
③ 김치를 **못** 먹어요.	③ キムチを食べられません。
④ 김치를 먹**지 못해요**.	④ キムチを食べられません。

(1) 술을 마시다　　　　　　　　　　　　　　　酒を飲む
➔

(2) 여행을 가다　　　　　　　　　　　　　　　旅行に行く
➔

(3) 일요일에도 쉬다　　　　　　　　　　　　日曜日にも休む
➔

(4) 치마를 입다　　　　　　　　　　　　　　スカートを履く
➔

(5) 한자로 쓰다　　　　　　　　　　　　　　漢字で書く
➔

メモ

第2章

助詞（1）
（ハングル検定5級レベル）

08 助詞の分類
09 助詞（1）

08 助詞の分類

　名詞や副詞、語尾などに付いてその語とほかの語との文法的な関係を表したりその語の意味を補ったりする役割をする品詞を助詞と言う。韓国語も日本語と同じく助詞が発達した言語である。韓国語の助詞はその機能と意味によって格助詞と接続助詞、補助詞に分けられる。

1 格助詞

　体言または用言の名詞形など体言に準ずるものに付いて、それが文中で他の語とどんな意味関係（格）にあるかを示す助詞を格助詞という。格助詞には意味関係によって、主格、叙述格、目的格、補格、所有格（冠形格・属格）、副詞格、呼格などに分けられる。

① 主格助詞：가 / 이（が）、께서（が）など
　文や句の中で体言が述語の主語であることを示す。

- 이 그림은 언니**가** 그렸습니다.　　この絵は姉が描きました。
  올해 처음으로 눈**이** 왔어요.　　　今年初めて雪が降りました。
  이것은 할머니**께서** 주셨어요.　　これはおばあさんがくださいました。

② 叙述格助詞：이다（だ）
　体言に付いて述語の機能を持たせる。用言のように活用するのが特徴で、学者によっては「指定詞」、または叙述語尾などで分類される。丁寧形は、丁寧形の語尾「ㅂ니다 / 에요」と結合して「이 + ㅂ니다＝입니다」、「이 + 에요＝이에요」の形で用いられる。
※「입니다」は p.30, 92, 93、「이에요」は p.32, 41, 97 を参照

- 이것은 책**이다**. / 책**입니다**.　　これは本だ。／本です。
  언니 생일은 내일**입니다**.　　　　姉の誕生日は明日です。
  내일부터 한국어 시험**이에요**.　　明日から韓国語の試験です。

62

③ 目的格助詞：를 / 을（を）
文や句の中で体言が動詞の目的語であることを示す。

・어제 이 치마를 샀어요.　　　昨日このスカートを買いました。
　아침에 신문을 읽습니다.　　　朝、新聞を読みます。

④ 補格助詞：가 / 이（に）
文や句の中で体言が補語であることを示す。

・형은 의사가 되었어요.　　　兄は医者になりました。
　언니는 학생이 아니에요.　　　姉は学生ではありません。

⑤ 冠形格助詞：의（の）
文や句の中で体言が連体修飾語であることを示す。「冠形」とは連体形のことで日本語の助詞「の」に該当する。所有格または属格助詞ともいう。

・한국의 겨울은 춥습니다.　　　韓国の冬は寒いです。
　우리의 마음은 하나예요.　　　私たちの気持ちは一つです。

⑥ 副詞格助詞：에（に）、에서（で）、에게（に）、보다（より）など
文や句の中で体言が副詞語であることを示す。

・주말에는 집에서 책을 읽어요.　週末は家で本を読みます。
　형은 나보다 키가 작아요.　　　兄は私より背が低いです。
　누구에게 편지를 써요?　　　　誰に手紙を書いていますか。

⑦ 呼格助詞：아 / 야（よ、や）
体言に付いて呼びかけの意を示す。

・철수야.　　チョルス。
　경민아.　　キョンミン。

2 接続助詞

二つ以上の言葉を対等の関係で並べて接続するのに用いられる助詞を接続助詞という。代表的なものに「와/과」、「하고」などがある。

• 어제 구두**와** 옷을 샀어요.	昨日靴と服を買いました。
빵**과** 우유를 먹었어요.	パンと牛乳を食べました。
잡지**하고** 신문을 샀어요.	雑誌と新聞を買いました。

3 補助詞

体言や副詞、語尾などに付いて、ある特別な意味を添えてくれる助詞を補助詞という。代表的なものに「은/는 (は)」、「도 (も)」、「만 (だけ)」、「부터 (から)」、「까지 (まで)」などがある。

• 언니**는** 대학교에 다녀요.	姉は大学に通っています。
빵을 먹고 우유**도** 마셔요.	パンを食べて牛乳も飲みます。
한 시**부터** 수업이 있어요.	1時から授業があります。
몇 시**까지** 일해요?	何時まで仕事をしますか。
민수**만** 아직 안 왔다.	ミンスだけまだ来ていない。

4 助詞の語形の変化

助詞の中には「가/이 (が)」、「은/는 (は)」、「을/를 (を)」、「과/와 (と)」のように機能と意味は同じであっても、体言の最終音節が子音で終わる（パッチム有り）か母音で終わる（パッチム無し）かによって語形が異なるものがある。

パッチム無し（母音体言）例	パッチム有り（子音体言）例
친구, 시계, 영화, 야구, 여자	이름, 안경, 아들, 설탕, 소금
友達、時計、映画、野球、女性	名前、眼鏡、息子、砂糖、塩

※パッチムがあるかないか、つまり母音で終わっているか子音で終わっているかは名詞の最後の文字に注目する。

接続区分	助　詞			
パッチム無し（母音体言）に接続	가	를	는	와
パッチム有り（子音体言）に接続	이	을	은	과
意　味	が	を	は	と

- 고양이**가** 두 마리 있어요.　　　猫が２匹います。
  오늘**은** 시간**이** 없습니다.　　　今日は時間がありません。
  나는 과일**을** 잘 먹어요.　　　　私は果物をよく食べます。
  어제 바지**를** 샀어요.　　　　　昨日ズボンを買いました。
  설탕**과** 소금을 샀습니다.　　　砂糖と塩を買いました。
  우유**와** 빵을 먹었어요.　　　　牛乳とパンを食べました。

5　助詞と助詞の結合

「보다＋는（より＋は）」、「까지＋가（まで＋が）」、「에서＋도（で＋も）」のように助詞は二つ以上の助詞を結合して用いることもできる。

- 일요일(**에＋도**) 학교에 가요?　　日曜日(に＋も)学校に行きますか。
  오늘(**보다＋는**) 내일이 좋아요.　今日（より＋は) 明日がいいです。
  여기(**까지＋가**) 서울이에요.　　ここ（まで＋が) ソウルです。
  학교(**에서＋도**) 공부를 안 해요.　学校（で＋も) 勉強はしません。

09 助詞（1）

助詞（1）では主にハングル検定5級レベルに出題される助詞をまとめて解説する。

1 가/이 ①　　　〜が、〜で（ない）

助詞 ①主語を、②否定の対象を表す。
接続 母音体言には「가」、子音体言には「이」の形で接続する。

母音体言 +가	비+**가**	雨が	머리+**가**	頭が
子音体言 +이	동생+**이**	弟・妹が	눈+**이**	目が

① 비**가** 옵니다.　　　　　　　雨が降っています。
　머리**가** 아픕니다.　　　　　頭が痛いです。
　아버지는 눈**이** 안 좋아요.　父は目が悪いです。

② 저분은 의사**가** 아닙니다.　　あの方は医者ではありません。
　이것은 고추**가** 아니에요.　　これは唐辛子ではありません。
　오늘은 월요일**이** 아닙니다.　今日は月曜日ではありません。

☞注意　助詞「가」の前で「나, 저」は「내, 제」に語形が変わり、「누구」は「구」が脱落して接続する。

| 나+가 ➡ 내+가 （私+が） | 누구+가 ➡ 누+가 （誰+が） |
| 저+가 ➡ 제+가 （私+が） | |

・**내가** 하겠습니다.　　　　　私がやります。
　이 빵은 **제가** 만들었어요.　このパンは私が作りました。

- 이 사진은 **제가** 아닙니다.　　　　この写真は私ではありません。
  누가 옵니까?　　　　　　　　　誰が来ますか。

☞**参考**　韓国語では第一の話題の疑問文として取り上げ、他の物事との対比の意を表さない場合は助詞「가/이」が用いられるのが一般的。
ただ、この場合でも「은/는」を用いても間違いではない。

- 여기**가** 어디예요?　　　　　　　ここはどこですか。
  이름**이** 무엇입니까?　　　　　　お名前は何ですか。
  생일**이** 언제예요?　　　　　　　誕生日はいつですか。

2　같이　　　　　　　　　　～のように、～のごとく

助詞　①例示や比喩を、②時を表す一部の名詞についてその時を強調する意を表す。

体言 +같이	여름	夏	여름+**같이**	夏のように
	아이	子供	아이+**같이**	子供のように

① 오늘은 겨울**같이** 춥습니다.　　　今日は冬のように寒いです。
　 가수**같이** 노래를 잘해요.　　　　歌手のように歌がうまいです。
　 그분을 부모님**같이** 생각해요.　　その方を親のように思っています。

② 매일**같이** 사진을 찍어요.　　　　毎日のように写真を撮ります。
　 새벽**같이** 출발했어요.　　　　　明け方早く出発しました。

☞**参考**　同じ形の副詞語「같이」がある。①助詞「와/과」とともに用いられて「～と同じように」、②「いっしょに」の意を表す。

① 여름**과 같이** 아주 덥습니다.　　夏のようにとても暑いです。
② 친구**와 같이** 갔어요.　　　　　友達と一緒に行きました。
　 오늘 **같이** 영화 볼까요?　　　　今日一緒に映画を見ましょうか。

3 까지 　　　　　　　　〜まで、〜さえも

助詞 ①時間的、空間的な限度、範囲を、②ある状況の追加の意を表す。

体言 ＋까지	내일+**까지**	明日まで	끝+**까지**	最後まで
	서울+**까지**	ソウルまで	비+**까지**	雨さえも

① 수업이 몇 시**까지**예요?　　　　授業は何時までですか。
　학교**까지** 어떻게 가요?　　　　学校までどのように行きますか。
　처음부터 끝**까지** 다 읽었어요.　最初から最後まで全部読みました。

② 춥습니다.　　　　　　　　　　寒いです。
　그리고 비**까지** 옵니다.　　　　そして雨まで降っています。

4 는/은 　　　　　　　　〜は

助詞 ①主題、②対比の意を表す。
接続 母音体言には「는」、子音体言には「은」の形で接続する。

母音体言 ＋는	언니+는	姉は	오빠+는	兄は
子音体言 ＋은	은행+은	銀行は	병원+은	病院は

※縮約形「ㄴ」は p.189 を参照。

① 이 사과**는** 맛있어요.　　　　このリンゴは美味しいです。
　이 책**은** 어디서 팝니까?　　　この本はどこで売っていますか。
　가방**은** 저 가게가 싸요.　　　かばんはあの店が安いです。

② 공부**는** 잘합니다만 운동**은** 못합니다.
　勉強はできますが、スポーツはできません。
　만화**는** 읽습니다만 책**은** 안 읽습니다.
　漫画は読みますが、本は読みません。

5 도 　　　　　　　　　　　〜も

助詞 ①追加・添加、②列挙、③否定の強調などの意を表す。

体言 +도	우유+도	牛乳も	하나+도	一つも
	꽃+도	花も	한 사람+도	一人も

① 개도 있어요? 　　　　　　　　犬もいますか。
　식사를 하고 커피도 마셨어요. 　食事をしてコーヒーも飲みました。

② 영화도 보고 친구도 만납니다. 　映画も見て友だちにも会います。

③ 책이 한 권도 없어요. 　　　　　本が一冊もありません。
　여기에는 병원도 없어요. 　　　 ここには病院もありません。

6 만 　　　　　　　　　　　〜だけ、〜ばかり

助詞 ①限定、②強調の意を表す。

体言 +만	나+만	私だけ	하나+만	一つだけ
	이것+만	これだけ	공부+만	勉強ばかり

① 어제는 두 시간만 잤어요. 　　　昨日は二時間だけ寝ました。
　일요일에도 책만 읽어요. 　　　 日曜日にも本ばかり読みます。
　아침에는 우유만 마셔요. 　　　 朝は牛乳だけ飲みます。

② 한 잔만 더 합시다. 　　　　　　もう一杯飲みましょう。
　그냥 웃고만 있었다. 　　　　　 ただ笑ってばかりいた。

☞参考　助詞「만」とよく混同される助詞に「뿐」(〜だけ、のみ) がある。限定の意を表すのは同じだが、「뿐」は主に「이다」とだけに結合する制約がある。

나는 빵만 먹었어요. (○) 　　　　私はパンだけ食べました。
나는 빵뿐 먹었어요. (×)
내가 먹은 것은 빵만이에요. (×)
내가 먹은 것은 빵뿐이에요. (○) 　私が食べたのはパンだけです。

7 보다　　　　　　　　　　〜より

助詞　比較の対象を表す。

体言 ＋보다	어제+보다	昨日より	나+보다	私より
	전철+보다	電車より	시장+보다	市場より

- 이것**보다** 저것이 싸요.　　　　　これよりあれが安いです。
  어제**보다** 오늘이 따뜻해요.　　　昨日より今日が暖かい。
  언니는 나**보다** 키가 커요.　　　　兄は私より背が高いです。
  나는 가을**보다** 겨울이 좋아요.　　私は秋より冬が好きです。

8 부터　　　　　　　　　　〜から

助詞　①時間の起点を、②順序を表す。

体言 ＋부터	봄+부터	春から	유월+부터	6月から
	아침+부터	朝から	저것+부터	あれから

※場所の起点（出発点）を表す「에서」（〜から）は p.72 を参照。

① 내일**부터** 시험입니다.　　　　明日から試験です。
　 수업이 몇 시**부터**예요?　　　　授業は何時からですか。
　 작년 가을**부터** 시작했어요.　　昨年の秋から始めました。
　 오늘은 아침**부터** 눈이 와요.　　今日は朝から雪が降っています。

② 무엇**부터** 시작할까요?　　　　何から始めましょうか。
　 이 방**부터** 청소해 주세요.　　この部屋から掃除をしてください。

9 에 ① 　　　　　　　　　　　　～に、～で

助詞 ①場所、②目的地、③時間、④対象、⑤単位や基準、⑥原因、⑦添加の意を表す。

体言 +에	뒤+에	後に	한 시+에	1時に
	병원+에	病院に	집+에	家に

① 학교 앞에 은행이 있어요.　　　　学校の前に銀行があります。
　노트에 내 이름을 썼어요.　　　　ノートに私の名前を書きました。
　우산은 저기에 있어요.　　　　　　傘はあそこにあります。

② 오늘 친구가 일본에 와요.　　　　今日友だちが日本に来ます。
　경주에 가고 싶어요.　　　　　　　慶州に行きたいです。
　오늘은 일찍 학교에 왔어요.　　　今日は早く学校に来ました。

③ 토요일에 만날까요?　　　　　　　土曜日に会いましょうか。
　수업은 다섯 시에 끝나요.　　　　授業は5時に終わります。
　몇 시에 일어나요?　　　　　　　　何時に起きますか。

④ 매일 아침 나무에 물을 줍니다.　毎朝木に水をやります。
　이 음식은 몸에 좋아요.　　　　　この食べ物は体に良いです。

⑤ 한 개에 천 원입니다.　　　　　　一個で千ウォンです。
　하루에 두 번 전화를 해요.　　　一日に2回電話をします。

⑥ 바람에 꽃잎이 떨어졌어요.　　　風で花びらが落ちました。

⑦ 커피에 설탕을 넣습니다.　　　　コーヒーに砂糖を入れます。

10 에서 ~で、~から

助詞 ①場所、②場所の起点（出発点）を表す。

体言 +에서	학교+에서	学校で／から	집+에서	家で／から
	역+에서	駅で／から	한국+에서	韓国で／から

① 역에서 전철을 탑니다.　　　　　駅で電車に乗ります。
　우체국에서 우표를 샀어요.　　　郵便局で切手を買いました。
　호텔 앞에서 기다리세요.　　　　ホテルの前で待ってください。

② 서울에서 언제 돌아왔어요?　　　ソウルからいつ帰ってきましたか。
　집에서 학교까지 멀어요?　　　　家から学校までは遠いですか。
　어디에서 왔어요?　　　　　　　どこから来ましたか。

☞参考１　「부터」と「에서」は日本語では同じく「から」と訳され、混同されやすいが、①「부터」は時の起点に、②「에서」は場所の起点で用いられる。

① 어제부터 눈이 내려요.　　　　　昨日から雪が降っています。
　7월부터 8월까지는 방학이에요.　7月から8月までは休みです。
　시험이 언제부터예요?　　　　　試験はいつからですか。

② 공항에서 세 시에 출발했어요.　　空港から3時に出発しました。
　집에서 역까지 멀어요.　　　　　家から駅まで遠いです。

☞参考２　「에서」は終点を表す「까지」とともに用いられると、場所の起点の他に時の起点を示す意としても用いられる。

・열두 시에서 한 시까지는 쉬어요.　12時から1時までは休みます。
　수업은 두 시에서 네 시까지예요.　授業は2時から4時までです。

11 서 ～で、～から

助詞 助詞「에서」の縮約形。①場所、②場所の起点（出発点）を表す。話しことばで、特に場所の指示代名詞「여기, 거기, 저기, 어디」の後でよく用いられる。

体言 +서	여기+서	ここで/から	어디+서	どこで/から
	서울+서	ソウルで/から	시장+서	市場で/から

① 여기서 기다리세요. ここで待ってください。
　어디서 만날까요? どこで会いましょうか。
　이 옷은 시장서 샀어요. この服は市場で買いました。
　한국어는 어디서 공부했어요? 韓国語はどこで勉強しましたか。

② 여기서 거기까지는 멀어요? ここからそこまでは遠いですか。
　어제 서울서 왔어요. 昨日ソウルから来ました。

12 에게 ～(人・動物)に

助詞 人や動物を表す名詞に付いて対象を表す。

体言 +에게	언니+에게	姉に	아들+에게	息子に
	딸+에게	娘に	개+에게	犬に

※尊敬の意を表す「께」（～に）は p.184 を参照。

・여동생에게 메일을 보냈어요. 妹にメールを送りました。
　남동생에게 선물을 했어요. 弟にプレゼントをしました。
　누구에게 편지를 써요? 誰に手紙を書きますか。
　이 바지는 나에게는 작아요. このズボンは私には小さいです。

13 한테 ～(人・動物)に

助詞 人や動物を表す名詞に付いて対象を表す。「에게」に比べて会話体で主に用いられる。

体言 +한테	누구+한테	誰に	아저씨+한테	おじさんに
	형+한테	兄に	남편+한테	夫に

- 형한테 이야기를 했어요. 　　兄に話しをしました。
  언니한테 전화를 걸었어요. 　　姉に電話をかけました。
  남편이 저한테 꽃을 주었어요. 　　夫が私に花をくれました。
  동생한테 시계를 주었어요. 　　弟に時計をあげました。

14 와/과 ～と

助詞 ①並列、②動作・作用の共同者・相手、③比較の対象を表す。
接続 母音体言には「와」、子音体言には「과」の形で接続する。

母音体言 +와	쇠고기+와	牛肉と	언니+와	姉と
子音体言 +과	이것+과	これと	가족+과	家族と

① 쇠고기와 소금을 샀습니다. 　　牛肉と塩を買いました。
  나는 언니와 오빠가 있어요. 　　私は姉と兄がいます。
  아침에는 국과 밥을 먹어요. 　　朝はスープとご飯を食べます。

② 친구와 같이 영화를 봤어요. 　　友達と一緒に映画を見ました。
  형과 같이 축구를 했어요. 　　兄と一緒にサッカーをしました。

③ 이것은 내 것과 비슷해요. 　　これは私のものと似ています。
  이 옷과 그 옷은 값이 같아요. 　　この服とその服は値段が同じです。
  나는 형과 성격이 다릅니다. 　　私は兄と性格が違います。

15 하고　　　　　　　　　～と

助詞　①並列、②動作・作用の共同者・相手、③比較の対象を表す。「와/과」に比べて会話体で主に用いられる。

体言 ＋하고	불고기+**하고**	焼肉と	할머니+**하고**	祖母と
	빵+**하고**	パンと	동생+**하고**	弟(妹)と

① 불고기**하고** 냉면을 시킬까요?　　焼肉と冷麺を注文しましょうか。
   학교에 은행**하고** 병원도 있어요.　学校に銀行と病院もあります。

② 언니**하고** 같이 한국어를 배워요.　姉と一緒に韓国語を学んでいます。
   선생님**하고** 한 시에 약속했어요.　先生と1時に約束をしました。

③ 이 동물은 돼지**하고** 비슷해요.　　この動物は豚と似ています。
   이 책**하고** 내용이 같아요.　　　　この本と内容が同じです。

☞参考　「하고」や「와/과」と同じ機能をする助詞に「랑/이랑」がある。「랑/이랑」は「하고」と同じく話し言葉で主に用いられるが、特に女性や子供の言葉で多用される傾向がある。

- 봄**이랑** 여름을 좋아해요.　　春と夏が好きです。
  친구**랑** 술을 마셨어요.　　　友だちと酒を飲みました。
  성격이 아빠**랑** 닮았어요.　　性格がパパと似ています。

16 를/을　　　　　　　　　～を

助詞　動作・作用の対象・目的を表す。
接続　母音体言には「를」、子音体言には「을」の形で接続する。

母音体言 ＋를	바지+를	ズボンを	요리+를	料理を
子音体言 ＋을	안경+을	眼鏡を	책+을	本を

※縮約形「ㄹ」はp.189を参照。

- 오늘 가게에서 바지를 샀어요.　今日店でズボンを買いました。
  주말에는 무엇을 해요?　　　　週末は何をしますか。
  오빠는 안경을 써요.　　　　　兄は眼鏡をかけます。

☞**参考** 日本語では助詞「に」、または「が」が用いられる場面でも韓国語では助詞「を」に値する「를/을」が用いられるものがある。日本語の干渉によって学習者がよく間違い、検定試験でもよく出題されるので注意が必要。

① 「~に乗る」、「~に会う」のように対象が乗り物や相手を表す場合は助詞「를/을」を用いる。

버스에 탑니다. (×)	버스를 탑니다. (○)	バスに乗ります。
친구에 만납니다. (×)	친구를 만납니다. (○)	友達に会います。

・무엇을 타고 갑니까? 　　　　　　　　何に乗って行きますか。
　- 택시를 타고 갑니다. 　　　　　　　タクシーに乗って行きます。
　내일 누구를 만나요? 　　　　　　　　明日誰に会いますか。
　- 언니를 만나요. 　　　　　　　　　　姉に会います。

② 「~が好きだ/嫌いだ」、「~ができる/~ができない」のように好悪や能力の対象を表す動詞の場合は助詞「를/을」を用いる。

불고기가 좋아해요. (×)	불고기를 좋아해요. (○)	焼肉が好きです。
우유가 싫어해요. (×)	우유를 싫어해요. (○)	牛乳が嫌いです。
요리가 잘해요. (×)	요리를 잘해요. (○)	料理が上手です。
영어가 못해요. (×)	영어를 못해요. (○)	英語ができません。

・나는 냉면을 좋아해요. 　　　　　　　私は冷麺が好きです。
　저는 빵을 싫어해요. 　　　　　　　　私はパンが嫌いです。
　우리 오빠는 공부를 잘해요. 　　　　　兄は勉強ができます。
　언니는 일본말을 못해요. 　　　　　　姉は日本語ができません。

③ 「動作性の名詞+に行く」のように移動の目的を表す場合は「動作性の名詞+를/을 가다/오다」の形で用いられる。

등산에 갑니다. (×)	등산을 갑니다. (○)	登山に行きます。
여행에 옵니다. (×)	여행을 옵니다. (○)	旅行に来ます。

・다음주에 한국으로 여행을 가요. 　　　来週韓国に旅行に行きます。
　토요일에 친구와 낚시를 가요. 　　　　土曜日に友だちと釣りに行きます。

17 의   ~の

助詞 所有、所属、関係、対象、位置などの意を表す。

体言 +의	형+의 구두	兄の靴	아버지+의 회사	父の会社
	언니+의 딸	姉の娘	역 앞+의 식당	駅の前の食堂

- 이것은 엄마의 가방이에요.   これは母のかばんです。
  오빠는 이 학교의 선생님이에요.   兄はこの学校の先生です。
  이 아이는 언니의 딸이에요.   この子は姉の娘です。

☞**参考** ①助詞「의」は所有、所属などの関係性がはっきりしている場合は省略できる。②しかし、「의」は1人称代名詞「나, 저」の後では省略できない。また、会話体では「나+의, 저+의」（私の）よりその縮約形「내, 제」のほうが一般的に用いられる。③위, 아래, 앞, 뒤（上下前後）などの位置名詞の前では用いられない。

- 이것은 **어머니** 안경입니다.   これは母の眼鏡です。
  나의/저의 가방 ➡ **내/제** 가방입니다. 私のかばんです。
  냉면은 역 앞의 식당이 맛있어요.   冷麺は駅前の食堂が美味しいです。

18 로/으로   ~で、~に、~へ、~として

助詞 ①方向、②手段・方法・道具、③材料・原料などの意を表す。
接続 母音体言・ㄹ体言は「로」、子音体言は「으로」に接続する。

母音体言 +로	영어+로	英語で	버스+로	バスで
子音体言 +으로	돈+으로	お金で	젓가락+으로	箸で

① 어디로 가세요?   どちらへ行きますか。
  이 기차는 부산으로 갑니다.   この列車は釜山へ行きます。

② 역까지 택시로 갔어요.   駅までタクシーで行きました。
  밥은 젓가락으로 먹어요.   ご飯は箸で食べます。

③ 김치는 배추로 만들어요.   キムチは白菜で作ります。
  이 빵은 무엇으로 만들었어요?   このパンは何で作りましたか。

☞**注意**　「ㄹ」パッチムで終わる体言には「으」で始まる助詞は接続しない。母音で終わる体言に接続する形の助詞が接続する。

연필으로 (×)	연필로 (○)	鉛筆で
전철으로 (×)	전철로 (○)	電車で
쌀으로 (×)	쌀로 (○)	米で

- 그림은 연필로 그려요.　　　　　絵は鉛筆で描きます。
  오늘은 지하철로 갔어요.　　　　今日は地下鉄で行きました。
  그분과 한국말로 이야기했어요.　その方と韓国語で話しました。

19　요/이요(?)　　　〜です（か）

助詞　敬意、確認・説明の意を表す。

接続　母音体言には「요」、子音体言には「이요」の形で接続する。

| 母音体言 ＋요 | 언제+요? | いつですか | 여기+요 | ここです |
| 子音体言 ＋이요 | 내일+이요? | 明日ですか | 책+이요 | 本です |

- 가방에 무엇을 넣었어요?　　　かばんに何を入れましたか。
  - CD하고 책**이요**.　　　　　　－ CDと本です。
  숙제 다 했어요?　　　　　　　　宿題は全部やりましたか。
  - 아뇨, 지금부터**요**.　　　　　－ いいえ、今からです。
  언제 일본에 왔어요?　　　　　　いつ日本に来ましたか。
  - 저**요**? 지난달에 왔어요.　　 － 私ですか。先月来ました。
  저는 나중에 먹겠어요.　　　　　私は後で食べます。
  - 왜**요**? 배 안 고파**요**?　　　－ なぜですか。お腹すいてませんか。

☞**参考**　体言 ＋요：〜です（か）

「요/이요」は諸説あり、学校文法では「요」形だけが認められ、パッチム有無に関係なく接続する。

- 뭐 먹었어요?　- 빵**요**.　　　何を食べましたか。－ パンです。
  뭘로 써요?　- 연필**요**.　　　何で書きますか。－ 鉛筆です。

練習＜06＞

☞ 解答は 285 ページへ

1 次の（　）に入る適当な助詞を 보기 から選んで書き入れなさい。

보기 ①에、②에서、③가/이、④로/으로、⑤을/를、⑥과/와、⑦부터、⑧까지	①に、②で、③が、④で、⑤を、⑥と、⑦から、⑧まで

（1）　무엇（　　　）마실까요?　　　　　　　　　　何、飲む

（2）　오늘 누구（　　　）만나요?　　　　　　　　今日、だれ、会う

（3）　저것은 시계（　　　）아닙니다.　　　　　　あれ、時計

（4）　학교 앞에 은행（　　　）집이 있어요.　　学校の前、銀行、パン屋

（5）　9시（　　　）4시（　　　）수업이에요.　　9時、4時、授業

（6）　무슨 음식（　　　）좋아해요?　　　　　　何の料理、好きだ

（7）　몇 시（　　　）가요?　　　　　　　　　　何時、寝る

（8）　이 그림은 연필（　　　）그렸어요.　　　　絵、鉛筆、描く

（9）　주말에는 집（　　　）쉬어요.　　　　　　　週末、家、休む

（10）　김치는 배추（　　　）만듭니다.　　　　　キムチ、白菜、作る

（11）　토요일에 영화（　　　）보러 갈까요?　　土曜日、映画、見る

（12）　밥（　　　）국은 숟가락（　　　）먹어요.　ご飯、スープ、スプーン

練習

☞ 解答は 285 ページへ

2 (　　) の中に適切な助詞を①～④の中から一つ選びなさい。

(1) 동생(　　) 생일 선물을 주었어요.
　　① 에　　② 으로　　③ 에서　　④ 에게

(2) 저는 동생(　　) 키가 큽니다.
　　① 한테　　② 보다　　③ 에　　④ 까지

(3) 역까지 택시(　　) 갔어요.
　　① 에　　② 으로　　③ 를　　④ 로

(4) 어디(　　) 왔어요?
　　① 에서　　② 한테　　③ 보다　　④ 와

(5) 우리 형은 의사(　　) 아니라 교사입니다.
　　① 가　　② 은　　③ 이　　④ 만

(6) 남학생은 없고 여학생(　　) 있어요.
　　① 도　　② 보다　　③ 까지　　④ 만

(7) 어제는 두 시간(　　) 잤어요.
　　① 보다　　② 부터　　③ 도　　④ 만

(8) 누나는 외국(　　) 일을 해요.
　　① 도　　② 부터　　③ 이　　④ 에서

(9) 한 시(　　) 세 시까지 수업이 있어요.
　　① 에　　② 에게　　③ 부터　　④ 로

練習

☞ 解答は 285 ページへ

3 ( ) の中に適切な助詞を①〜④の中から一つ選びなさい。

(1) 이 옷( ) 그 옷은 값이 같아요.
　① 과　　② 에서　　③ 보다　　④ 도

(2) 언니( ) 선물을 줬습니다.
　① 에　　② 한테　　③ 에서　　④ 로

(3) 여기( ) 좀 기다리세요.
　① 로　　② 에게　　③ 에　　④ 서

(4) 저는 빵( ) 싫어해요.
　① 이　　② 를　　③ 을　　④ 가

(5) 저는 동생( ) 키가 큽니다.
　① 한테　　② 보다　　③ 에　　④ 까지

(6) 몇 개 드릴까요? ―하나( ) 주세요.
　① 만　　② 하고　　③ 도　　④ 까지

(7) 몇 시( ) 수업이 있어요?
　① 와　　② 에서　　③ 부터　　④ 에게

(8) 지하철( ) 타고 가요.
　① 에　　② 을　　③ 로　　④ 은

(9) 나는 축구( ) 좋아해요.
　① 만　　② 에　　③ 까지　　④ 부터

メモ

第3章

語尾（1）
（ハングル検定5級レベル）

10 語尾の分類
11 終結語尾（1）
12 連結語尾（1）

10 語尾の分類

語尾は用言の語幹に結合してさまざま意味を補ったりほかの語句との文法的な関係を示したりする役割をする。語尾はその機能によって先語末語尾と終結語尾、連結語尾、転成語尾に分けられる。

1 先語末語尾

用言の語幹と語末語尾の間に入って「語幹＋先語末語尾＋語末語尾」の形で結合される。単独では完結せず必ずさまざまな意味を持つ語末語尾との結合が求められる。先語末語尾は時制を表す先語末語尾と尊敬の意を表す先語末語尾に分けられる。

① 過去時制の先語末語尾：- 았 / 었 -

意味 「語幹＋先語末語尾＋語末語尾」の形で結合して過去を表す。

用言	語幹	先語末語尾	語末語尾	意味
먹다 ➡ 먹	+ 었 +	어요	食べました
			습니까?	食べましたか
			을까요?	食べたでしょうか
			으니까	食べたから
			지만	食べたけれど

- 약속 시간에 늦었어요.　　　　　　約束の時間に遅れました。
  이번 여행은 참 좋았어요.　　　　　今度の旅行はとてもよかったです。
  오늘은 치마를 입었어요.　　　　　今日はスカートを履きました。
  약은 먹었어요?　　　　　　　　　薬は飲みましたか。

② 未来時制（意志・推測）の先語末語尾：- 겠 -

意味　「語幹＋先語末語尾＋語末語尾」の形で結合して意志や推測を表す。

用言	語幹	先語末語尾	語末語尾	意味
먹다 → 먹	＋ 겠 ＋	어요	食べます
		습니까?	食べますか
		네요	食べますね
		으니까	食べるから
		지만	食べるけど

・곧 가겠습니다.　　　　　　　　　すぐ行きます。
　여기서 내리겠습니까?　　　　　　ここで降りますか。
　이 김치는 좀 맵겠어요.　　　　　このキムチはちょっと辛そうです。
　내일은 비가 오겠어요.　　　　　　明日は雨が降りそうです。

③ 尊敬の先語末語尾：- 시 -

意味　「語幹＋先語末語尾＋語末語尾」の形で結合して尊敬の意を表す。

用言	語幹	先語末語尾	語末語尾	意味
오다 → 오	＋ 시 ＋	ㅂ니다	来られます
		ㅂ니까?	来られますか
		네요	来られますね
		니까	来られますから
		지만	来られるけど

・무엇을 찾으십니까?　　　　　　　何をお探しですか。
　누가 오십니까?　　　　　　　　　どなたがいらっしゃいますか。
　몇 시에 도착하셨어요?　　　　　　何時に到着されましたか。
　책을 읽으십니다.　　　　　　　　本を読んでいらっしゃいます。

2　終結語尾

　文末の用言の語幹に付いてその文を終わらせる機能をする語尾を終結語尾という。終結語尾はその機能によって①平叙形、②疑問形、③勧誘形、④命令形、⑤詠嘆形の終結語尾に分けられる。

用言	語幹	終結語尾	意味
읽다 →	읽	어요	読みます
		습니까?	読みますか
		을까요?	読みましょうか
		읍시다	読みましょう
		으세요	読んでください
		는군요	読んでいますね

① 平叙形終結語尾

話し手が物事や自分の考えを客観的に述べるのに用いる語尾
例　-ㅂ니다/-습니다、-아요/-어요、-지요など：〜ます、〜です

도서관에서 책을 읽**어요**.　　　　　図書館で本を読みます。
오늘은 바빠**요**.　　　　　　　　　今日は忙しいです。
여기서 공항까지는 가깝**습니다**.　　ここから空港までは近いです。

② 疑問形終結語尾

話し手が聞き手に答えを求めるのに用いる語尾
例　-ㅂ니까/-습니까、-아요?/-어요?など：〜ですか、〜ますか

이 책 읽었**어요**?　　　　　　　　この本を読みましたか。
저 사람이 누구**예요**?　　　　　　あの人は誰ですか。
학교까지 무엇을 타**세요**?　　　　学校まで何に乗りますか。

③ 勧誘形終結語尾

話し手が聞き手に共に行動することを求めるのに用いる語尾
例　-ㅂ시다/-읍시다、-아요/-어요、-지요：〜ましょう

여기에 앉**읍시다**.　　　　　　　　ここに座りましょう。
같이 밥을 먹으러 **가요**.　　　　　　一緒にご飯を食べに行きましょう。
그럼 내일 여섯 시에 만**나요**.　　　では、明日6時に会いましょう。
한 잔만 더 하**지요**.　　　　　　　　もう一杯飲みましょう。

④ 命令形終結語尾

話し手が聞き手に指示や要求をするのに用いる語尾
例　-세요/-으세요、-십시오/-으십시오、-아요/-어요：〜てください

거기서 기다리**십시오**.　　　　　　そこで待ってください。
여기에 이름을 쓰**세요**.　　　　　　ここに名前を書いてください。
친구하고 같이 보**세요**.　　　　　　友達と一緒に見てください。
빨리 **와요**.　　　　　　　　　　　早く来てください。

⑤ 詠嘆形終結語尾

話し手の感想や詠嘆・感動の意を表すのに用いる語尾
例　-군요/-는군요、-네요など：〜ですね、〜ますね

날씨가 좋**군요**.　　　　　　　　　天気がいいですね。
꽃이 피었**네요**.　　　　　　　　　花が咲きましたね。
영어를 잘하**네요**.　　　　　　　　英語がうまいですね。

3 連結語尾

文と文、用言と用言をつなげる機能をする語尾を連結語尾という。連結語尾は文中での機能によって、①対等的連結語尾、②従属的連結語尾、③補助的連結語尾に分けられる。

① 対等的連結語尾

文と文を対等につないでくれる役割をする。

例　-고：～て、-지만：～けれど、ㅂ니다만/습니다만：～ますが

- 빵도 먹**고** 우유도 마셨어요.　　パンも食べ、牛乳も飲みました。
  값이 비싸**지만** 물건은 좋아요.　　値段は高いけど、ものは良いです。
  눈이 옵**니다만** 춥지 않습니다.　　雪は降っていますが寒くないです。

② 従属的連結語尾

二つの文の関係を条件・原因・前提などのように従属的につないでくれる役割をする。

例　-니까/으니까：～から、-아서/어서：～て、-아도/어도：～ても

- 머리가 아파**서** 약을 먹었어요.　　頭が痛くて薬を飲みました。
  비가 오**니까** 택시로 가요.　　　　雨だからタクシーで行きましょう。
  돈이 없**어도** 괜찮아요.　　　　　お金がなくても大丈夫です。

③ 補助的連結語尾

用言と補助用言をつないでくれる役割をする。

例　-고：～て、-아/-어：～て、-지：～て

- 밥을 먹**고** 있어요.　　　ご飯を食べています。
  의자에 앉**아** 있어요.　　椅子に座っています。
  비는 오**지** 않아요.　　　雨は降っていません。

4 転成語尾

用言の語幹に付いてほかの品詞のような機能をさせる語尾を転成語尾という。転成語尾は、①連体形語尾、②名詞形語尾、③副詞形語尾に分けられる。

① 連体形語尾

用言の語幹に付いてその用言を連体形にする役割をする。
例 -는, -(으)ㄴ, -(으)ㄹ

- 밥을 먹는 사람　　　　　　　　ご飯を食べている人
  밥을 먹은 사람　　　　　　　　ご飯を食べた人
  밥을 먹을 사람　　　　　　　　ご飯を食べる（つもりの）人

② 名詞形語尾

用言の語幹に付いてその用言に名詞のような働きをさせる役割をする。
例 -ㅁ/음, -기

- 만나다→만나+ㅁ→만남 (出会い)　맑다→맑+음→맑음 (晴れ)
  읽다　→읽+기　→읽기 (読み)　　크다→크+기→크기 (大きさ)

③ 副詞形語尾

用言の語幹に付いてその用言に副詞のような働きをさせる役割をする。
例 -게

- 공원에서 즐겁게 놀았어요.　　　公園で楽しく遊びました。
  쉽게 설명해 주세요.　　　　　　易しく説明してください。

11 終結語尾（1）

　ここでは主にハングル検定5級出題レベルの終結語尾をまとめて解説する。

| 1 | -겠- ① | ①～つもりだ、
②～でしょう |

先語末語尾　用言の語幹に付いて①意志、②推測などの意を表す。

語幹 +겠-	가다	내일 가+겠+어요	明日行くつもりです。
	읽다	책을 읽+겠+어요	本を読むつもりです。
	피다	꽃이 피+겠+어요	花が咲きそうです。

※「-겠-②」の用法はp.199を参照。

① 기다리세요. 곧 가겠습니다.　　　待ってください。すぐ行きます。
　 덥습니다. 창문을 열겠어요.　　　暑いです。窓を開けます。
　 무엇을 먹겠어요?　　　　　　　何を食べますか。

② 내일은 비가 오겠어요.　　　　　明日は雨が降りそうです。
　 지금쯤 도착했겠어요.　　　　　今頃到着したでしょう。
　 머리가 아프겠어요.　　　　　　頭が痛いでしょう。

☞参考　「-겠-」は丁寧・控えめな態度を表す場合にも用いられる。ハン検では意志の用法は5級に、推測と婉曲の用法は4級の出題範囲に入る。

・잘 알겠습니다.　　　　　　　　よくわかりました。
　처음 뵙겠습니다.　　　　　　　はじめてお目にかかります。
　잠깐 실례하겠습니다.　　　　　ちょっと失礼します。

2 -았- / -었- / -였-   ① ～した・だった、② ～している

先語末語尾 用言の語幹に付いて①過去、②完了や結果持続の意を表す。

接続 ①「-았-」はㅏ, ㅗの語幹に、②「-었-」はㅏ, ㅗ以外の語幹に、③「-였-」は하다用言の語幹に接続する。

① ㅏ, ㅗの語幹 ＋았	놀다	놀+았+어요	遊びました
② ㅏ, ㅗ以外の語幹 ＋었	읽다	읽+었+어요	読みました
③ 하다の語幹 ＋였	하다	하+였+어요 ➡ 했+어요	しました

※「하였+어요」は一般的に縮約形「했+어요」の形で用いられる。
※接続の詳細は p.38～p.40 の過去時制（過去形の作り方）を参照。

① 어제는 날씨가 좋**았**어요.　　　昨日は天気がよかったです。
　주말에는 아이와 같이 놀**았**어요.　週末は子供と一緒に遊びました。
　일본말은 어디서 공부**했**어요?　　日本語はどこで勉強しましたか。

② 숙제는 다 **했**어요?　　　　　　宿題は全部やりましたか。
　형은 삼 년 전에 결혼**했**어요.　　兄は3年前に結婚しました。
　벌써 벚꽃이 피**었**어요?　　　　　もう桜が咲きましたか。
　중학교 때부터 우표를 모**았**어요. 中学時代から切手を集めています。

☞**参考1** 用言の語幹が母音音節で終わっている場合は、先語末語尾「-았-/-었-/-였-」と結合の際に縮約が起こる。縮約の詳細は p.39～p.40 を参照。

・비가 많이 **왔**습니다.　　　　　　雨がたくさん降りました。
　한국어는 어디서 배**웠**습니까?　　韓国語はどこで学びましたか。

☞**参考2** 語尾「-았-/-었-」は現在の状態を表す場合でも用いられる。

・시간이 많이 남**았**어요.　　　　　時間がたくさん残っています。
　밥은 아직 안 먹**었**어요.　　　　　ご飯はまだ食べていません。
　얼굴이 엄마를 닮**았**어요.　　　　顔が母に似ています。

3   -ㅂ니다 / -습니다   ～ます、～です

語尾　用言の語幹に付いて丁寧語として聞き手に対する敬意を表す。現在の動作や状態、事実を丁寧に説明する意を表す。

接続　①「ㅂ니다」は母音語幹・ㄹ語幹に、②「습니다」は子音語幹に接続する。

① 母音語幹 ＋ㅂ니다	가다	가+ㅂ니다 ➜ 갑니다	行きます
	싸다	싸+ㅂ니다 ➜ 쌉니다	安いです
ㄹ語幹 ＋ㅂ니다	놀다	놀+ㅂ니다 ➜ 놉니다	遊びます
	멀다	멀+ㅂ니다 ➜ 멉니다	遠いです
② 子音語幹 ＋습니다	웃다	웃+습니다 ➜ 웃습니다	笑います
	좋다	좋+습니다 ➜ 좋습니다	良いです

※「ㄹ脱落」の詳細は p.46 を参照。

① 일찍 자고 일찍 일어**납니다**.　　　早く寝て早く起きます。
　 버스를 타고 학교에 **갑니다**.　　　バスに乗って学校に行きます。
　 값이 아주 비**쌉니다**.　　　値段がとても高いです。
　 내가 언니보다 키가 **큽니다**.　　　私が姉より背が高いです。

② 밥을 먹고 신문을 읽**습니다**.　　　ご飯を食べて新聞を読みます。
　 오늘은 시간이 없**습니다**.　　　今日は時間がありません。
　 한국의 겨울은 춥**습니다**.　　　韓国の冬は寒いです。
　 이 사과는 정말 맛있**습니다**.　　　このリンゴは本当に美味しいです。

☞**参考**　**名詞**＋입니다：～です

「입니다」は、叙述格助詞（指定詞）「이다」の語幹「이」に丁寧形の語尾「-ㅂ니다」が結合したもの（이다 ➜ 이+ㅂ니다 ➜ 입니다）である。

・제 나이는 스무 살**입니다**.　　　私の年は二十歳です。
　 오늘은 수요일**입니다**.　　　今日は水曜日です。
　 저에게는 어머니와 같은 분**입니다**.　　　私には母のような方です。

4　-ㅂ니까? / -습니까?　　　〜ますか、〜ですか

語尾　用言の語幹に付いて丁寧な疑問や質問の意を表す。

接続　①「-ㅂ니까」は用言の母音語幹・ㄹ語幹に、②「-습니까」は子音語幹に接続する。

① 母音語幹 + ㅂ니까	가다	가+ㅂ니까 ➜ 갑니까	行きますか
	싸다	싸+ㅂ니까 ➜ 쌉니까	安いですか
② 子音語幹 + 습니까	웃다	웃+습니까 ➜ 웃습니까	笑いますか
	좋다	좋+습니까 ➜ 좋습니까	良いですか

① 몇 시에 잡니까?　　　　　　　何時に寝ますか。
　오빠는 키가 **큽니까**?　　　　　お兄さんは背が高いですか。
　값이 비**쌉니까**?　　　　　　　値段は高いですか。

② 아침에는 무엇을 먹**습니까**?　朝は何を食べますか。
　무엇으로 왔**습니까**?　　　　　何で来ましたか。
　오늘 날씨는 어떻**습니까**?　　　今日の天気はどうですか。

☞**参考1**　名詞+입니까？：〜ですか
「입니까」は叙述格助詞（指定詞）「이다」の語幹「이」に疑問の語尾「-ㅂ니까」が結合したもの（이다 ➜ 이+ㅂ니까 ➜ 입니까）である。

・저 사람은 누구**입니까**?　　　　あの人は誰ですか。
　오늘은 무슨 요일**입니까**?　　　今日は何曜日ですか。
　수업은 몇 시까지**입니까**?　　　授業は何時までですか。

☞**参考2**　ㄹ（リウル）語幹
用言の語幹の最終音節がㄹ（リウル）で終わっているものをㄹ（リウル）語幹という。このㄹ語幹のㄹパッチムは「ㅂ, ㄴ, ㄹ, ㅅ」で始まる語尾の前で脱落したり、「으」で始まる語尾には接続しなかったりする。

・놀다 ➜ 놀+ㅂ니다 ➜ 놉니다 (遊びます)　놀+(으)면 ➜ 놀면 (遊べば)
　길다 ➜ 길+ㅂ니다 ➜ 깁니다 (長いです)　길+(으)면 ➜ 길면 (長ければ)

ㄹ（リウル）語幹の用言の例					
놀다 ➔ 노	遊ぶ	살다 ➔ 사	住む	멀다 ➔ 머	遠い
팔다 ➔ 파	売る	만들다 ➔ 만드	作る	길다 ➔ 기	長い
열다 ➔ 여	開ける	알다 ➔ 아	わかる	달다 ➔ 다	甘い

☞ p.46 の「ㄹ脱落」を参照。

열다 ➔ 열+습니다 (×)	여+ㅂ니다 ➔ 엽니다 (○)	開けます
멀다 ➔ 멀+습니까 (×)	머+ㅂ니까 ➔ 멉니까 (○)	遠いですか

- 공항까지는 아주 **멉니다**.　　　空港まではとても遠いです。
  언니는 머리가 **깁니다**.　　　　姉は髪が長いです。
  이 책은 어디서 **팝니까**?　　　　この本はどこで売っていますか。
  이 노래 **아세요**?　　　　　　　この歌を知っていますか。

5　-아요 / -어요(?) ①　　～ます（か）、～です（か）

語尾　用言の語幹に付いて敬意をもって①事実を述べる、②質問する意を表す。

接続　「-아요」はㅏ, ㅗの語幹に、「-어요」はㅏ, ㅗ以外の語幹に、「-여요」は하다用言の語幹に接続する。☞詳細は p.33 を参照

ㅏ, ㅗの語幹 ＋아요	작다	작+**아요** ➔ 작아요	小さいです
ㅏ, ㅗ以外の語幹 ＋어요	읽다	읽+**어요** ➔ 읽어요	読みます
하다の語幹 ＋여요	일하다	일하+**여요** ➔ 일해요	働きます

① 치마가 짧**아요**.　　　　　　　スカートが短いです。
　눈이 안 좋**아요**.　　　　　　　目が良くないです。
　여기 자리가 있**어요**.　　　　　ここに席があります。
　나는 과일을 잘 먹**어요**.　　　　私は果物をよく食べます。
　주말에는 책을 읽**어요**.　　　　週末には本を読みます。

② 교과서가 없**어요**? 教科書がありませんか。
저 사람 이름 알**아요**? あの人の名前を知っていますか。
어디에 살**아요**? どこに住んでいますか。
어느 산이 제일 높**아요**? どの山が一番高いですか。

☞**参考1** 用言の語幹が母音音節で終わっている場合は、語尾「-아요/-어요」と結合の際に縮約が起こる。縮約の詳細は p.33～p.35 を参照。

- 비가 많이 **와요**. 雨がたくさん降っています。
  언니는 대학교에 다**녀요**. 姉は大学に通っています。
  작년부터 한국어를 배**워요**. 昨年から韓国語を学んでいます。

☞**参考2** 語尾「-아요/-어요」は叙述や質問の意の他に、勧誘や命令の意としても用いられる。この勧誘や命令の意のものはハン検4級以上で出題される。
☞用例の詳細は p.33 を参照。

- 같이 **가요**. 一緒に行きましょう。
  그럼 내일 다시 만**나요**. では明日また会いましょう。
  빨리 **해요**. 早くやってください。

6　-(으)ㄹ까요?　①　　～ましょうか、～でしょうか

語尾 用言の語幹に付いて①相手の意志の確認や提案、②疑問や推測を表す。

接続 「-ㄹ까요?」は母音語幹・ㄹ語幹に、「-을까요?」は子音語幹に接続する。

| 母音語幹 ＋ ㄹ까요? | 가다 | 가+ㄹ까요? → 갈까요? | 行きましょうか |
| 子音語幹 ＋ 을까요? | 먹다 | 먹+을까요? → 먹을까요? | 食べましょうか |

① 다시 읽**을까요**? また読みましょうか
무엇을 먹**을까요**? 何を食べましょうか
한 시에 만**날까요**? 1時に会いましょうか。

② 주말에는 날씨가 좋을까요? 週末は天気が良いでしょうか。
이 시간에 집에 있을까요? この時間に家にいるでしょうか。
왜 안 갔을까요? 何で行かなかったのでしょう。

7　-(으)세요(?) ①　〜なさいます（か）、〜でいらっしゃいます（か）

語尾 動詞の語幹に付いて敬意をもっての①説明、②質問の意を表す。
接続 「-세요」は母音語幹・ㄹ語幹に、「-으세요」は子音語幹に接続する。

| 母音語幹 ＋세요 | 오다 | 내일 오+세요 | 明日来られます |
| 子音語幹 ＋으세요 | 읽다 | 책을 읽+으세요 | 本を読んでいらっしゃいます |

① 선생님은 일본어를 배우세요. 先生は日本語を学んでいらっしゃいます。
지금 신문을 읽으세요. いま新聞を読んでいらっしゃいます。
주말에는 자전거를 타세요. 週末は自転車に乗られます。

② 영어도 가르치세요? 英語も教えていらっしゃいますか。
어느 학교에 다니세요? どこの学校に通っていますか。
이 노래 아세요? この歌をご存知ですか。

☞参考 **名詞** ＋(이)세요(?)：〜でいらっしゃいます（か）
母音体言には「-세요」、子音体言には「-이세요」の形で接続して、敬意をもっての説明、質問の意を表す。

・내일이 생일이세요. 明日が誕生日でいらっしゃいます。
저분이 한국어 선생님이세요. あの方が韓国語の先生です。
・이분이 누구세요? この方はどなたですか。
일본은 이번이 처음이세요? 日本は今回が初めてですか。

8 -(으)세요 ②　　お・ご～ください、～してください

語尾　動詞の語幹に付いて敬意をもっての命令、要請の意を表す。
接続　「-세요」は母音語幹・ㄹ語幹に、「-으세요」は子音語幹に接続する。

母音語幹 ＋세요	오다	천천히 오+**세요**	ゆっくり来てください
子音語幹 ＋으세요	앉다	여기에 앉+**으세요**	ここに座ってください

- 친구하고 같이 보**세요**.　　　友達と一緒に見てください。
  소금을 좀 더 넣**으세요**.　　　塩をもう少し入れてください。
  비가 와요. 우산을 쓰**세요**.　　雨が降っています。傘をさしてください。
  책을 많이 읽**으세요**.　　　　本をたくさん読んでください。

- 내일 전화 주**세요**.　　　　　明日電話ください。
  빵을 하나 더 주**세요**.　　　　パンをもう一個ください。
  호텔 앞에서 기다리**세요**.　　　ホテルの前で待ってください。
  커피 주**세요**.　　　　　　　コーヒーをください。

9 -예요 / -이에요(?)　　～です（か）

語尾　名詞に付いて敬意をもっての①説明、②質問の意を表す。
助詞（指定詞）「이다」の語幹「이」に説明・質問の語尾「-에요」が結合したもの(이다 → 이＋에요 → 이에요)である。「-이에요」は母音体言の後では「-예요」に縮約されて用いられる。
接続　「-예요」は母音体言に、「-이에요」は子音体言に接続する。

母音体言 ＋예요(?)	지금 어디+**예요**?	いまどこですか
	생일이 언제+**예요**?	誕生日はいつですか
子音体言 ＋이에요(?)	도서관+**이에요**	図書館です
	몇 층+**이에요**?	何階ですか

① 오빠는 학교 선생님**이에요**. 　　兄は学校の先生です。
　이 아이가 제 아들**이에요**. 　　　この子が私の息子です。
　제 나이는 스무 살**이에요**. 　　　私の年は二十歳です。
　제 생일은 시월**이에요**. 　　　　私の誕生日は十月です。

② 지금 시간이 몇 시**예요**? 　　　いま時間は何時ですか。
　수업이 몇 시부터**예요**? 　　　　授業は何時からですか。
　이거 얼마**예요**? 　　　　　　　これはいくらですか。
　가족이 몇 사람**이에요**? 　　　　家族は何人ですか。

🔖 **参考 1** 名詞 +였어요/이었어요(?)：〜でした(か)

「-예요/-이에요」の過去形は助詞（指定詞）「이다」の語幹「이」に説明・質問の語尾「-었-」が結合したもの（이다 ➜ 이+었+어요 ➜ 이었어요）である。「-이었어요」は母音体言の後では「-였어요」に縮約されて用いられる。同形で疑問形としても用いられる。 ➜ p.41 の (2) を参照。

- 시험은 지난주**였어요**. 　　　　試験は先週でした。
　그거 얼마**였어요**? 　　　　　　それはいくらでしたか。
　어제가 내 생일**이었어요**. 　　　昨日が私の誕生日でした。
　-오늘이 아니**었어요**? 　　　　　今日ではなかったのですか。

🔖 **参考 2** 名詞 +이/가 아니에요：〜ではありません。

「-예요/-이에요」の否定形は「이/가 아니에요」の形で用いられる。同形で疑問形としても用いられる。 ➜ p.52 07-1 「아니다」否定を参照。

- 저는 학생**이 아니에요**. 　　　　私は学生ではありません。
　제 친구**가 아니에요**. 　　　　　私の友達ではありません。
　이것은 주스**가 아니에요**. 　　　これはジュースではありません。

10 -지요(?)

~ますよ・ですよ、ますよね・ですよね、ますか・ですか

語尾 ①説明、②確認、③（疑問詞を伴って）質問、④提案・勧誘の意を表す。

接続 用言には語幹および先語末語尾「-았/었-、-겠-、-시-」に接続する。

語幹 +지요	시원하다 → 시원하+**지요**?	涼しいでしょう？
	정말 덥다 → 정말 덥+**지요**	本当に暑いのですよ。

① 겨울에는 야채가 비싸**지요**. 　　冬は野菜が高いんですよ。
　 여름에는 비가 많이 오**지요**. 　　夏は雨がたくさん降ります。

② 이 그림 정말 좋**지요**? 　　この絵は本当に良いでしょう。
　 음식이 좀 맵**지요**? 　　料理が少し辛いですよね。
　 눈이 많이 왔**지요**? 　　雪がたくさん降りましたよね。

③ 학교까지 어떻게 가**지요**? 　　学校まではどのように行きますか。
　 토요일에는 무엇을 하**지요**? 　　土曜日は何をしますか。

④ 여기서 좀 쉬고 가**지요**. 　　ここでちょっと休んで行きましょう。
　 한 잔 더 마시**지요**. 　　もう一杯飲みましょう。

☞参考 **名詞** + (이)지요(?) : ~ですよ、~ですか

名詞には「(이)지요」の形で接続して、説明・確認・質問の意を表す。

母音体言 +지요(?)		子音体言 +이지요(?)	
언제 → 언제+**지요**?	いつですか	내일 → 내일+**이지요**	明日ですよ

・여기가 끝**이지요**. 　　ここが端ですよ。
　 은행이 여기**지요**? 　　銀行はここですよね。
　 이것이 무엇**이지요**? 　　これは何ですか。
　 생일이 언제**지요**? 　　誕生日はいつですか。

11 -죠(?)　　～ますよ・ですよ、ますよね・ですよね、ますか・ですか

語尾 語尾「-지요」の縮約形。「-지요」と同じく①説明、②確認、③（疑問詞を伴って）質問、④提案・勧誘の意を表す。

語幹 +죠(?)	비싸다 ➡ 비싸+죠?	（値段が）高いでしょう
	춥다 ➡ 춥+죠?	寒いですよね

※先語末語尾「-(으)시」と結合した「-(으)시죠」の形は p.243 を参照

① 주말에는 언제나 책을 읽죠.　週末はいつも本を読んでいます。
　작년에는 비가 많이 왔죠.　去年は雨がたくさん降りました。

② 요즘 아주 바쁘죠?　最近とても忙しいですよね。
　공항까지는 안 멀죠?　空港までは遠くないでしょう。

③ 일요일에 무엇을 하죠?　日曜日に何をしますか。
　민수 씨는 왜 안 오죠?　ミンスさんはどうして来ないのですか。

④ 시간이 없어요. 빨리 가죠.　時間がありません。早く行きましょう。
　오늘은 바빠요. 내일 만나죠.　今日は忙しいです。明日会いましょう。

☞**参考** 名詞 +(이)죠(?)：～ですよ、～ですか
「(이)지요」は縮約形「(이)죠」の形でも用いられる。

母音体言 +죠(?)		子音体言 +이죠(?)	
얼마 ➡ 얼마+죠?	いくらですか	시험 ➡ 시험+이죠?	試験ですよね

・화장실이 어디죠?　トイレはどこですか。
　생일이 언제죠?　誕生日はいつですか。
　어느 나라 사람이죠?　どこの国の人ですか。
　내일부터 시험이죠?　明日から試験ですよね。

練習 <07>

☞ 解答は 285 ページへ

1 次の文を 보기 ように過去形に直しなさい。　➡ 語尾「-았/었-」は p.91 へ

보기 보기 밥을 (먹다). → 　　　 밥을 (먹었어요).	ご飯を (食べる)。→ ご飯を (食べました)。
(1) 연필로 그림을 (그리다). →	鉛筆、絵、描く
(2) 어제 친구를 (만나다). →	昨日、友達、会う
(3) 열두 시에 (자다). →	12時、寝る
(4) 주말에는 집에서 (쉬다). →	週末、家、休む
(5) 토요일에 영화를 (보다). →	土曜日、映画、見る

2 보기 のように文を作りなさい。　➡「-ㅂ니다/습니다」は p.92～93 へ

보기 듣다, 음악 → 　　 **무엇을 듣습니까?** 　　 **- 음악을 듣습니다.**	聴く、音楽 → 何を聴いていますか。 ― 音楽を聴いています。

(1) 읽다, 책　　　　　　　　　　　　　　　　　　　　　読む、本
➡

(2) 먹다, 밥　　　　　　　　　　　　　　　　　　　　　食べる、ご飯
➡

(3) 보다, 영화　　　　　　　　　　　　　　　　　　　　見る、映画
➡

(4) 배우다, 한국어　　　　　　　　　　　　　　　　　　学ぶ、韓国語
➡

(5) 만들다, 의자　　　　　　　　　　　　　　　　　　　作る、いす
➡

第 3 章　語尾 (1)

練習

☞ 解答は286ページへ

3 보기 のように文を作りなさい。　　　　　　　➡「-아요/어요」は p.94 へ

| 보기 먹다, 빵 ➡
　　무엇을 먹어요? -빵을 먹어요. | 食べる、パン ➡
何を食べますか。
— パンを食べます。 |

(1) 찍다, 꽃　　　　　　　　　　　　　　　　　　　撮る、花
　➡

(2) 하다, 축구　　　　　　　　　　　　　　　　　　する、サッカー
　➡

(3) 마시다, 주스　　　　　　　　　　　　　　　　　飲む、ジュース
　➡

(4) 팔다, 과일　　　　　　　　　　　　　　　　　　売る、果物
　➡

(5) 쓰다, 편지　　　　　　　　　　　　　　　　　　書く、手紙
　➡

4 보기 のように基本形を書きなさい。

| 보기 찾았어요 ➡ 찾다　사요 ➡ 사다 | 探しました ➡ 探す
買います ➡ 買う |

(1) 탔어요　➡　　　　　　　(6) 세워요　➡

(2) 열었어요 ➡　　　　　　　(7) 내려요　➡

(3) 나왔어요 ➡　　　　　　　(8) 갔어요　➡

(4) 보내요　➡　　　　　　　(9) 비싸요　➡

(5) 공부해요 ➡　　　　　　　(10) 나빠요　➡

練習

☞ 解答は 286 ページへ

5 보기 のように文を作りなさい。　　　　➡「-(으)ㄹ까요?」は p.95 へ

| 보기 사진, 찍다 ➡ 사진을 찍을까요? | 写真、撮る ➡
写真を撮りましょうか。 |

(1) 문, 닫다 ➡　　　　　　　　　　　　　　　　　　　　窓、閉める

(2) 지하철, 타다 ➡　　　　　　　　　　　　　　　　　　地下鉄、乗る

(3) 같이, 가다 ➡　　　　　　　　　　　　　　　　　　　一緒に、行く

(4) 일찍, 출발하다 ➡　　　　　　　　　　　　　　　　　早く、出発する

(5) 내일, 만나다 ➡　　　　　　　　　　　　　　　　　　明日、会う

6 보기 のように文を作りなさい。　　　　➡「-(으)세요」は p.96 へ

| 보기 무엇, 읽다 / 신문 ➡
　　무엇을 읽으세요?
　　- 신문을 읽어요. | 何、読む／新聞 ➡
何を読んでいらっしゃいますか。
ー 新聞を読んでいます。 |

(1) 무엇, 보다 / 영화　　　　　　　　　　　　　　　　　何、見る／映画
　➡

(2) 언제, 가다 / 월요일　　　　　　　　　　　　　　　　いつ、行く／月曜日
　➡

(3) 누구, 만나다 / 친구　　　　　　　　　　　　　　　　誰、会う／友達
　➡

(4) 어디, 살다 / 학교 근처　　　　　　　　　　　　　　 どこ、住む／学校の近く
　➡

(5) 무엇, 하다 / 청소　　　　　　　　　　　　　　　　　何、する／掃除
　➡

第3章　語尾(1)

103

練習

☞ 解答は286ページへ

7 보기 のように文を作りなさい。　　　➡「-(으)세요」は p.97 へ

보기 질문을 하다 ➡ 　　질문을 하세요.	質問をする ➡ 質問をしてください。

(1) 사전을 가지고 오다 ➡　　　　　　　　　辞書を持ってくる

(2) 우표를 붙이다 ➡　　　　　　　　　　　切手を貼る

(3) 우리 집에 놀러 오다 ➡　　　　　　　　我が家に遊びに来る

(4) 여기에 앉다 ➡　　　　　　　　　　　　ここに座る

(5) 지금 길을 건너다 ➡　　　　　　　　　　いま道を渡る

8 보기 のように文を作りなさい。　　　➡「-예요/이에요」は p.97 へ

보기 취미가 뭐예요? / 등산 ➡ 　　등산이에요.	趣味は何ですか。／登山 ➡ 登山です。

(1) 이것이 뭐예요? / 안경
➡　　　　　　　　　　　　　　　　　　　これ、何／眼鏡

(2) 저것은 뭐예요? / 시계
➡　　　　　　　　　　　　　　　　　　　あれ、何／時計

(3) 극장은 몇 층이에요? / 3층
➡　　　　　　　　　　　　　　　　　　　映画館、何階／3階

(4) 저것이 뭐예요? / 도서관
➡　　　　　　　　　　　　　　　　　　　あれ、何／図書館

(5) 저 동물은 뭐예요? / 소
➡　　　　　　　　　　　　　　　　　　　あの動物、何／牛

練 習

☞ 解答は287ページへ

9 보기 のように文を作りなさい。　　　　　　　➡「-지요」は p.99 へ

| 보기 날씨가 좋다 ➜
　　 날씨가 좋지요?
　　 - 네, 정말 좋아요. | 天気がいい ➜
天気がいいですよね。
― ええ、本当にいいですね。 |

(1) 눈이 많이 오다 ➜　　　　　　　　　　　雪がたくさん降る

(2) 역이 멀다 ➜　　　　　　　　　　　　　駅が遠い

(3) 한국말을 잘하다 ➜　　　　　　　　　　韓国語が上手だ

(4) 값이 비싸다 ➜　　　　　　　　　　　　値段が高い

(5) 음식이 맛있다 ➜　　　　　　　　　　　料理が美味しい

10 보기 のように文を作りなさい。　　　　　　➡「-(이)죠」は p.100 へ

| 보기 학생 / 회사원 ➜
　　 학생이죠?
　　 - 아뇨, 회사원이에요. | 学生／会社員 ➜
学生ですよね。
― いいえ、会社員です。 |

(1) 월요일 / 화요일　　　　　　　　　　　月曜日／火曜日
　➜

(2) 아홉시 / 열 시　　　　　　　　　　　　9時／10時
　➜

(3) 내일 / 모레　　　　　　　　　　　　　明日／明後日
　➜

(4) 설탕 / 소금　　　　　　　　　　　　　砂糖／塩
　➜

(5) 교과서 / 노트　　　　　　　　　　　　教科書／ノート
　➜

練習

☞ 解答は 287 ページへ

11 보기 のように文末表現の練習をしてみよう。

보기 생일 ➜	誕生日 ➜
① 생일**입니까**?	① 誕生日ですか。
② 생일**이에요**.	② 誕生日です。
③ 생일**이었어요**.	③ 誕生日でした。
④ 생일**이지요**?	④ 誕生日ですよね。
⑤ 생일**일까요**?	⑤ 誕生日でしょうか。

(1) 일요일　　　　　　　　　　　　　　　　　　　　　　日曜日
➜

(2) 가을　　　　　　　　　　　　　　　　　　　　　　　秋
➜

(3) 시험　　　　　　　　　　　　　　　　　　　　　　　試験
➜

(4) 유월　　　　　　　　　　　　　　　　　　　　　　　6月
➜

(5) 처음　　　　　　　　　　　　　　　　　　　　　　　初めて
➜

練習

☞ 解答は 288 ページへ

12 보기 のように文末表現の練習をしてみよう。

| 보기 책을 읽다 ➜
　① 책을 읽**겠어요**.
　② 책을 읽**었어요**.
　③ 책을 읽**습니다**.
　④ 책을 읽**을까요**?
　⑤ 책을 읽**으세요**. | 本を読む ➜
① 本を読むつもりです。
② 本を読みました。
③ 本を読みます。
④ 本を読みましょうか。
⑤ 本を読んでください。 |

(1) 사진을 찍다　　　　　　　　　　　　　　写真を撮る
➜

(2) 역에서 기다리다　　　　　　　　　　　　駅で待つ
➜

(3) 영화를 보다　　　　　　　　　　　　　　映画を見る
➜

(4) 문을 닫다　　　　　　　　　　　　　　　ドアを閉める
➜

(5) 우산을 쓰다　　　　　　　　　　　　　　傘をさす
➜

12 連結語尾（1）

ここでは主にハングル検定5級出題レベルの連結語尾をまとめて解説する。

1	-고	①〜て、〜で、〜するし・だし、②〜てから、③〜て、〜た状態で

語尾 用言の語幹について①並列、②順次的前後関係、③状態の持続等を表す。

語幹 +고	보다	영화를 보+고	映画を見て
	먹다	밥을 먹+고	ご飯を食べて
	싸다	싸+고 좋다	安くて良い

① 키도 크고 운동도 잘합니다. 背も高くてスポーツも得意です。
　비도 내리고 바람도 붑니다. 雨も降って風も吹いています。
　머리가 길고 안경을 썼어요. 髪が長く眼鏡をかけています。

② 빨리 손을 씻고 오세요. 早く手を洗って来てください。
　숙제를 하고 잤어요. 宿題をして寝ました。
　영화를 보고 식사를 했어요. 映画を見て食事をしました。

③ 여행 가방을 가지고 나갔어요. 旅行かばんを持って出かけました。
　치마를 입고 학교에 갔어요. スカートを履いて学校に行きました。

☞参考 名詞 +(이)고：〜で
名詞には「(이)고」の形で接続して並列を表す。
- 이것은 소금**이고** 저것은 설탕이에요. これは塩で、あれは砂糖です。
　여기가 학교고 저기는 병원이에요. ここが学校で、あそこは病院です。

2　-ㅂ니다만 / -습니다만　　～（します / です）が

語尾　用言の語幹について①前置き、②逆接、③儀礼的・慣用的な言葉に用いられて謙譲の意を表す。

接続　「-ㅂ니다만」は母音語幹に、「-습니다만」は子音語幹に接続する。

| 母音語幹 + ㅂ니다만 | 기다리다 ➡ 기다리+ㅂ니다만 | 待っていますが |
| 子音語幹 + 습니다만 | 맵다 ➡ 맵+습니다만 | 辛いですが |

① 비가 **옵니다만** 우산은 있습니까?
　민수라고 **합니다만** 시누 있습니까?
　만나고 싶**습니다만** 시간 있으세요?
　……………………………………
　雨が降っていますが、傘は持っていますか。
　ミンスと言いますが、シヌいますか。
　会いたいのですが、お時間ありますか。

② 구름이 많**습니다만** 비는 안 옵니다.
　사고 싶**습니다만** 돈이 없습니다.
　눈이 **옵니다만** 안 춥습니다.
　……………………………………
　雲は多いですが、雨は降っていません。
　買いたいのですが、お金がありません。
　雪が降っていますが、寒くありません。

③ 미안**합니다만** 하나 더 주시겠어요?
　실례**합니다만** 길 좀 묻겠습니다.
　……………………………………
　すみませんが、もう一個くださいませんか。
　失礼ですが、ちょっと道をお尋ねします。

☞参考1 名詞 +입니다만：〜で

名詞には「-입니다만」の形で接続する。

- 봄**입니다만** 너무 춥습니다.　　　　　春ですが、とても寒いです。
  유학생**입니다만** 한국말을 잘합니다.　留学生ですが、韓国語が上手です。

☞参考2 語幹 +ㅂ니다마는/ 습니다마는：〜ますが、〜ですが

縮約形「-ㅂ니다만/-습니다만」の元の形である。ただ元の形よりは縮約形のほうで用いられるのが一般的。

- 죄송**합니다마는**…. ＝죄송**합니다만**….　　申し訳ありませんが、
  감사**합니다마는**…. ＝감사**합니다만**….　　有難いですが、

3　-(이)라고　　　　　　　〜(だ)と

語尾　名前や名称を表す語の後に付いて、その名の対象を紹介する意を表す。

接続　母音体言には「-라고」、子音体言には「-이라고」の形で接続する。

| 母音体言 ＋라고 | 이민수+**라고** 합니다 | イミンスといいます |
| 子音体言 ＋이라고 | 김영민+**이라고** 합니다 | キムヨンミンといいます |

※正確には「이다, 아니다」の語幹に語尾「-라고」が接続するが、ここでは覚えやすく「体言＋(이)라고」の形で提示した。

- 저는 이민수**라고 합니다**.　　　　　　私はイミンスといいます。
  언니 이름은 민애**라고 합니다**.　　　　姉の名前はミネといいます。
  제 친구는 경숙**이라고 합니다**.　　　　私の友達はキョンスクといいます。
  아이들을 어린이**라고 합니다**.　　　　子供たちをオリニといいます。

☞参考　「-(이)라고」は他に伝聞（間接引用）の意としても用いられる。

- 저분은 영어 선생님**이라고 합니다**.　　あの方は英語の先生だそうです。
  동생은 내일부터 시험**이라고 합니다**.　弟は明日から試験だそうです。
  여름 방학은 다음주부터**라고 합니다**.　夏休みは来週からだそうです。
  선생님이 되는 것이 꿈**이라고 해요**.　　先生になるのが夢だそうです。

練習<08>

☞解答は288ページへ

1 보기 のように文を作りなさい。　　　　　　→「-고」はp.108へ

보기 옷, 사다 / 점심, 먹다 ➔ 　　옷을 사고 점심을 먹었습니다.	服、買う、昼食、食べる ➔ 服を買って昼食を食べました。

(1) 이, 닦다 / 세수, 하다 ➔　　　　　　　　歯、磨く／洗顔、する

(2) 점심, 먹다 / 차, 마시다 ➔　　　　　　　昼食、食べる／お茶、飲む

(3) 편지, 부치다 / 친구, 만나다 ➔　　　　　手紙、出す／友達、会う

(4) 식사, 하다 / 숙제, 하다 ➔　　　　　　　食事、する／宿題、する

(5) 책, 사다 / 영화, 보다 ➔　　　　　　　　本、買う／映画、見る

2 보기 のように文を作りなさい。　　　　　　→「-고」はp.108へ

보기 밤에는 춥다 / 낮에는 덥다 ➔ 　　밤에는 춥고 낮에는 덥습니다.	夜は寒い／昼は暑い ➔ 夜は寒く昼は暑いです。

(1) 일찍 자다 / 일찍 일어나다
　➔　　　　　　　　　　　　　　　　　　　早く寝る／早く起きる

(2) 키도 크다 / 공부도 잘하다
　➔　　　　　　　　　　　　　　　　　　　背も高い／勉強もよくできる

(3) 비가 오다 / 바람이 불다
　➔　　　　　　　　　　　　　　　　　　　雨が降る／風が吹く

(4) 그녀는 예쁘다 / 친절하다
　➔　　　　　　　　　　　　　　　　　　　彼女はきれいだ／親切だ

(5) 이것은 책이다 / 저것은 공책이다　　　　これは本だ／あれはノートだ
　➔

第3章　語尾(1)

練習 ☞ 解答は289ページへ

3 次の（　）にあう適当な語尾を 보기 から選んで文を完成しなさい。

보기 ①고, ②ㅂ니다만/습니다만, ③(이)라고	①〜て、②〜ますが・ですが、③〜（だ）と

(1) 눈이 (오다) 안 춥습니다. 　　　　　　雪が降る／寒くない

(2) 저는 (민수다) 합니다. 　　　　　　　　私はミンスだ

(3) 숙제를 (하다) 잤어요. 　　　　　　　　宿題をする／寝る

(4) 만나고 (싶다) 시간 있으세요? 　　　　会いたい／時間ある

(5) 영화를 (보다) 식사를 했어요. 　　　　映画を見る／食事をする

(6) 제 친구는 (경숙이다) 합니다. 　　　　私の友達はキョンスクだ

(7) 비가 (오다) 우산은 있습니까? 　　　　雨が降る／傘はある

(8) 머리가 (길다) 안경을 썼어요. 　　　　髪が長い／眼鏡をかける

(9) (미안하다) 하나 더 주시겠어요? 　　　すまない／もう一個くれる

(10) 이것은 (소금이다) 저것은 설탕이에요. これは塩だ／あれは砂糖だ

(11) 비도 (내리다) 바람도 붑니다. 　　　　雨も降る／風も吹く

(12) (봄이다) 너무 춥습니다. 　　　　　　春だ／とても寒い

練習

☞ 解答は 289 ページへ

4 보기 のように文末表現の練習をしてみよう。

보기 날씨가 좋다 ➜ ① 날씨가 좋아요. ② 날씨가 좋았어요. ③ 날씨가 좋을까요? ④ 날씨가 좋지요? ⑤ 날씨가 좋겠죠?	天気が良い ➜ ① 天気が良いです。 ② 天気が良かったです。 ③ 天気が良いでしょうか。 ④ 天気が良いですよね。 ⑤ 天気が良いでしょうね。

（1） 값이 비싸다　　　　　　　　　　　　　　　　値段が高い
➜

（2） 사람이 많다　　　　　　　　　　　　　　　　人が多い
➜

（3） 음식이 맛있다　　　　　　　　　　　　　　　料理が美味しい
➜

（4） 다리가 아프다　　　　　　　　　　　　　　　足が痛い
➜

（5） 역이 멀다　　　　　　　　　　　　　　　　　駅が遠い
➜

メモ

第4章

慣用表現(1)
(ハングル検定5級レベル)

13 慣用表現(1)

13 慣用表現（1）

　ここでは主にハングル検定5級出題レベルの慣用表現をまとめて解説する。慣用表現とは、一部の名詞や用言と語尾が結合したもので終結語尾や連結語尾のように用いられるものをいう。

1　-고 가다 / 오다　　　　　〜て行く / 来る

慣用表現　動詞の語幹に付いて①移動時の手段や様態、②継起的前後関係を表す。

動詞 +고 가다/오다	타다 → 타+고 가다	乗って行く
	먹다 → 먹+고 오다	食べて来る

① 역까지 무엇을 타고 **가요**?　　　　駅まで何に乗って行きますか。
　 회사에는 치마를 입고 **가요**.　　　　会社にはスカートを履いて行きます。
　 아이가 엄마 손을 잡고 **가요**.　　　子供が母親と手をつないで行きます。

② 잠깐 쉬고 **갈까요**?　　　　　　　　ちょっと休んで行きましょうか。
　 밥을 먹고 **오겠어요**.　　　　　　　ご飯を食べて来ます。
　 영화를 보고 **왔어요**.　　　　　　　映画を見て来ました。

2　-고 싶다　　　　　　　　〜たい

慣用表現　動詞の語幹に付いて話し手の希望・願望を表す。疑問形として用いられると、相手の希望を問う意を表す。

動詞 +고 싶다	배우다 → 배우+고 싶다	学びたい
	만들다 → 만들+고 싶다	作りたい

・커피를 마시고 **싶어요**.　　　　　　コーヒーが飲みたいです。
　 일주일 정도 쉬고 **싶어요**.　　　　　一週間ぐらい休みたいです。
　 여행을 가고 **싶어요**.　　　　　　　旅行に行きたいです。

- 무엇을 마시고 **싶어요**? 何が飲みたいですか。
 주말에 무엇을 하고 **싶어요**? 週末に何がしたいですか。
 어디에 가고 **싶어요**? どこに行きたいですか。

☞参考 [動詞]＋고 싶어하다 : ～たがる
動詞の語幹に付いて第三者の希望を表す。

- 같이 식사를 하고 **싶어합니다**. 一緒に食事をしたがっています。
 맥주를 마시고 **싶어해요**. ビールを飲みたがっています。
 한국 영화를 보고 **싶어해요**. 韓国映画を見たがっています。

3 －와 / 과 같다

① ～と同じだ、～のとおりだ
② ～のようだ、～みたいだ

慣用表現 名詞に付いて①同一、②例示、同様の意を表す。

接続 母音体言には「-와 같다」、子音体言には「-과 같다」の形で接続する。

| 母音体言 ＋와 같다 | 내 나이＋와 같다 | 私の年と同じだ |
| 子音体言 ＋과 같다 | 여름＋과 같다 | 夏のようだ |

① 날씨는 일본**과 같아요**. 天気は日本と同じです。
 내 나이는 그의 나이**와 같아요**. 私の年は彼の年と同じです。
 언니**와** 취미가 **같아요**. 姉と趣味が同じです。

② 내용은 다음**과 같습니다**. 内容は次のとおりです。
 오늘 날씨는 봄**과 같아요**. 今日の天気は春のようです。
 집이 마치 공원**과 같아요**. 家がまるで公園のようです。

4	-와 / 과 같은	①〜と同じ、〜のとおりの ②〜のような、〜みたいな

慣用表現 名詞に付いて連体形として用いられ、①同一、②例示、同様を表す。

接続 母音体言には「-와 같은」、子音体言には「-과 같은」の形で接続する。

母音体言 +와 같은	어제 ➔ 어제+와 같은	昨日と同じ
子音体言 +과 같은	구름 ➔ 구름+과 같은	雲のような

① 이것**과 같은** 것을 주세요. これと同じものをください。
  이 책**과 같은** 내용이에요. この本と同じ内容です。

② 저에게는 어머니**와 같은** 분입니다. 私には母のような方です。
  다음**과 같은** 점에 주의하세요. 次のような点に注意してください。
  꿈**과 같은** 시간을 보냈어요. 夢のような時間を過ごしました。

5	-와 / 과 같이	①〜と一緒に、②〜のように、 ③〜と同じく、〜のとおりに

慣用表現 名詞に付いて①共同、②例示、同様の意を表す。

接続 母音体言には「-와 같이」、子音体言には「-과 같이」の形で接続する。

母音体言 +와 같이	언니+와 같이	姉と一緒に
子音体言 +과 같이	가족+과 같이	家族と一緒に

① 친구**와 같이** 영화를 봤어요. 友だちと一緒に映画を見ました。
  동생**과 같이** 살아요. 弟（妹）と一緒に住んでいます。

② 시간이 물**과 같이** 흐릅니다. 時間が水のように流れます。
  벌써 여름**과 같이** 덥습니다. もう夏のように暑いです。
  다음**과 같이** 쓰세요. 次のように書いてください。

6　-이/가 아니다　　　～ではない

慣用表現　名詞に付いて否定の意を表す。

接続　母音体言に「가 아니다」、子音体言に「이 아니다」の形で接続する。→ p.52の「否定表現（1）」参照。

| 母音体言 ＋가 아니다 | 저 아이+**가 아니다** | あの子ではない |
| 子音体言 ＋이 아니다 | 오늘+**이 아니다** | 今日ではない |

- 이것은 교과서**가 아니에요**.　　これは教科書ではありません。
  오늘은 월요일**이 아닙니다**.　　今日は月曜日ではありません。
  이 사진은 제**가 아니에요**.　　この写真は私ではありません。

- 약속 시간은 네 시**가 아니에요**?　約束の時間は4時ではありませんか。
  전화 소리**가 아니에요**?　　電話の音ではありませんか。

☞ **参考**　名詞 ＋이/가 아니라：～ではなく、～ではなくて
否定・訂正の意を表す。

- 언니는 의사**가 아니라** 간호사예요.　姉は医者ではなく看護師です。
  생일은 오늘**이 아니라** 내일이에요.　誕生日は今日ではなく明日です。

7　-(이)라고 하다　　　～という、～と申す

慣用表現　名前や名称に付いて、そう呼ばれている対象を紹介する意を表す。

接続　母音体言には「-라고 하다」、子音体言には「-이라고 하다」の形で接続する。→ p.110の「(이)라고」参照。

| 母音体言 ＋라고 | 서지우+**라고** 합니다 | ソジウといいます |
| 子音体言 ＋이라고 | 이민준+**이라고** 합니다 | イミンジュンといいます |

- 제 친구는 경민**이라고** 합니다.　私の友達はキョンミンといいます。
  이 꽃은 진달래**라고** 합니다.　この花はツツジといいます。
  여기는 명동**이라고** 합니다.　ここは明洞といいます。

第4章　慣用表現(1)

119

☞参考　分かち書き

　韓国語では文章を書くとき、読みやすく、意味に誤解が生じないように語の区切りごとに半角の空白を入れて表記する。この表記の仕方を分かち書き(띄어쓰기) という。日本語訳の部分と比較してみると要領がつかみやすい。

① 助詞はその前の語に続けて書く。

학교에 갑니다.　　　　　　　　　　学校に 行きます。
나보다 키가 크다.　　　　　　　　　私より 背が 高い。

② 依存名詞は1字空けて書く。

나도 쓸 수 있다.　　　　　　　　　　私も 書く ことが できる。
이 일로 많은 것을 배웠다.　　　　　このことで 多くの ことを 学んだ。
건강 때문에 시골로 갔다.　　　　　健康 のために 田舎へ 行った。

③ 単位を表す依存名詞は分かち書きをする。

한 개　　一個　　열 살　　十歳　　두 잔　　二杯
한 시간　一時間　세 시 삼십오 분　三時三十五分

※しかし、アラビア数字の後に付く依存名詞はすべて続けて書く。
　50원　50ウォン　　10개　10個　　274번　274番

④ 数を書くときは「万」単位で分かち書きをする。

삼천사백오십육만 칠천구백구십팔　3456만 7898

⑤ 補助用言は分かち書きをする。

이 책을 읽어 보세요.　　　　　　　この 本を 読んで みてください。
지금 식사를 하고 있어요.　　　　　いま 食事を して います。

⑥ 姓と名前は続けて書き、呼称語と職位は分かち書きをする。

김수진 선생님　　　　　　　　　　　キムスジン 先生
이혜민 씨　　　　　　　　　　　　　イヘミン さん

練習＜09＞

☞ 解答は 289 ページへ

1 보기 のように文を作りなさい。　　　➡「-고 오다」は p.116 へ

| 보기 친구를 만나다 ➡
　　무엇을 했어요?
　　- 친구를 만나고 **왔어요**. | 友だちに会う ➡
何をしましたか。
- 友だちに会ってきました。 |

(1) 점심을 먹다　　　　　　　　　　　　　　　昼食を食べる
　➡
(2) 술을 마시다　　　　　　　　　　　　　　　酒を飲む
　➡
(3) 숙제를 끝내다　　　　　　　　　　　　　　宿題を終える
　➡
(4) 노래를 부르다　　　　　　　　　　　　　　歌を歌う
　➡
(5) 영화를 보다　　　　　　　　　　　　　　　映画を見る
　➡

2 보기 のように文を作りなさい。　　　➡「-고 가다」は p.116 へ

| 보기 이 가방을 들다 ➡
　　이 가방을 들고 **가세요**. | このかばんを持つ ➡
このかばんを持って行ってください。 |

(1) 우산을 가지다 ➡　　　　　　　　　　　　　傘を持つ

(2) 바지를 입다 ➡　　　　　　　　　　　　　　ズボンをはく

(3) 운동화를 신다 ➡　　　　　　　　　　　　　運動靴をはく

(4) 모자를 쓰다 ➡　　　　　　　　　　　　　　帽子をかぶる

(5) 버스를 타다 ➡　　　　　　　　　　　　　　バスに乗る

第4章　慣用表現(1)

練習

☞ 解答は290ページへ

3 보기 のように文を作りなさい。　　　　　　　➡ 「-고 싶다」はp.116へ

보기 구두를 사다 ➡ 　　　무엇을 하고 싶어요? 　　　- 구두를 사고 싶어요.	靴を買う ➡ 何をしたいですか。 — 靴を買いたいです。

(1) 머리를 감다 ➡　　　　　　　　　　　　　　　　　　髪を洗う

(2) 목욕을 하다 ➡　　　　　　　　　　　　　　　　　　風呂に入る

(3) 세수를 하다 ➡　　　　　　　　　　　　　　　　　　洗顔する

(4) 이를 닦다 ➡　　　　　　　　　　　　　　　　　　　歯を磨く

(5) 피아노를 치다 ➡　　　　　　　　　　　　　　　　　ピアノを弾く

4 보기 のように文を作りなさい。　　　　　　　➡ 「-와/과 같이」はp.118へ

보기 친구, 사진, 찍다 　　➡ 친구와 같이 사진을 찍습니다.	友だち、写真、撮る ➡ 友達と一緒に写真を撮ります。

(1) 언니, 한국어, 배우다　　　　　　　　　　　　　姉、韓国語、学ぶ
　➡

(2) 어머니, 음식, 만들다　　　　　　　　　　　　　母、料理、作る
　➡

(3) 가족, 저녁, 먹다　　　　　　　　　　　　　　　家族、夕食、食べる
　➡

(4) 친구, 음악, 듣다　　　　　　　　　　　　　　　友達、音楽、聞く
　➡

(5) 오빠, 영화, 보다　　　　　　　　　　　　　　　兄、映画、見る
　➡

練 習

☞ 解答は 290 ページへ

5 보기 のように文末表現の練習をしてみよう。

| 보기 봄이다 ➜
① 봄입니다.
② 봄이에요.
③ 봄이 아닙니다.
④ 봄이 아니에요.
⑤ 봄과 같은 | 春だ ➜
① 春です。
② 春です。
③ 春ではありません。
④ 春ではありません。
⑤ 春のような／春と同じ |

（1） 커피 맛　　　　　　　　　　　　　　　コーヒーの味
➜

（2） 꿈　　　　　　　　　　　　　　　　　　夢
➜

（3） 제 구두　　　　　　　　　　　　　　　私の靴
➜

（4） 어머니　　　　　　　　　　　　　　　　母
➜

（5） 이 책　　　　　　　　　　　　　　　　この本
➜

メモ

第5章

発音（1）
（ハングル検定5級レベル）

14 パッチムの発音
15 連音化
16 ヒウッ（ㅎ）の弱化・脱落
17 濃音化（1）
18 鼻音化（1）

14 パッチムの発音

パッチムとして使われる子音字は 1 文字のパッチムが 16 字、2 文字のパッチムは 11 字あるが、発音するときは「ㄱ, ㄴ, ㄷ, ㄹ, ㅁ, ㅂ, ㅇ」の 7 通りの音のいずれかで発音される。

1　1 文字パッチムの発音

1 文字パッチムには次の 16 字がある。そのうちの、①「ㅋ, ㄲ」は代表音「ㄱ」に、②「ㅌ, ㅅ, ㅆ, ㅈ, ㅊ, ㅎ」は代表音「ㄷ」に、③「ㅍ」は代表音「ㅂ」に変わって発音される。

パッチム (16字)	ㄱ, ㅋ, ㄲ ①	ㄴ	ㄷ, ㅌ, ㅅ, ㅆ, ㅈ, ㅊ, ㅎ ②	ㄹ	ㅁ	ㅂ, ㅍ ③	ㅇ
代表音	ㄱ [k]	ㄴ [n]	ㄷ [t]	ㄹ [l]	ㅁ [m]	ㅂ [p]	ㅇ [ŋ]

① ㄱ, ㅋ, ㄲ ➡ [ㄱ] : [k]
약 [약] 薬　국 [국] 汁　대학 [대학] 大学　가족 [가족] 家族
부엌 [부억] 台所　밖 [박] 外

② ㄴ ➡ ㄴ : [n]
손 [손] 手　시간 [시간] 時間　눈 [눈] 目　한국 [한국] 韓国

③ ㄷ, ㅌ, ㅅ, ㅆ, ㅈ, ㅊ, ㅎ ➡ [ㄷ] : [t]
곧 [곧] すぐに　닫다 [닫따] 閉める　받다 [받따] もらう
끝 [끋] 終わり　맛 [맏] 味　옷 [옫] 服
있다 [읻따] ある　잊다 [읻따] 忘れる　꽃 [꼳] 花

④ ㄹ ➡ [ㄹ] : [l]
물 [물] 水　놀다 [놀다] 遊ぶ　교실 [교실] 教室　가을 [가을] 秋

⑤ ㅁ ➡ [ㅁ] : [m]
감기 [감기] 風邪　가슴 [가슴] 胸　구름 [구름] 雲　남자 [남자] 男

⑥ ㅂ, ㅍ ➡ [ㅂ] : [ᵖ]
밥 [밥] ご飯　입 [입] 口　집 [집] 家　높다 [놉따] 高い
⑦ ㅇ ➡ [ㅇ] : [ŋ]
가방 [가방] かばん　공부 [공부] 勉強　방 [방] 部屋　영어 [영어] 英語

2　2文字パッチムの発音

2文字パッチムには次の11字があるが、2文字を同時に発音することはできないのでどちらか一方の子音だけを発音する。

パッチム (11字)	ㄳ, ㄺ	ㄵ, ㄶ	ㄼ, ㄽ, ㄾ, ㅀ	ㄻ	ㅄ, ㄿ
代表音	ㄱ [ᵏ]	ㄴ [n]	ㄹ [l]	ㅁ [m]	ㅂ [ᵖ]

① ㄳ, ㄺ ➡ [ㄱ] : [ᵏ]
넋 [넉] 魂　닭 [닥] 鶏　읽다 [익따] 読む
② ㄵ, ㄶ ➡ [ㄴ] : [n]
많다 [만타] 多い　앉다 [안따] 座る　괜찮다 [괜찬타] 大丈夫だ
③ ㄼ, ㄽ, ㄾ, ㅀ ➡ [ㄹ] : [l]
여덟 [여덜] 八　짧다 [짤따] 短い　삶다 [삼따] ゆでる
④ ㅄ, ㄿ ➡ [ㅂ] : [ᵖ]
값 [갑] 値段　없다 [업따] ない　읊조리다 [읍쪼리다] 詠ずる

☞注意 「ㄼ」と「ㄺ」の発音の例外
① 「ㄼ」は「ㄹ」で発音するが、「밟다」だけは例外に「ㅂ」で発音する。
- 여덟 [여덜] 八　　짧다 [짤따] 短い　　넓고 [널꼬] 広くて
- 밟다 [밥따] 踏む　밟고 [밥꼬] 踏んで
② 「ㄺ」は「ㄱ」で発音するが、語尾「ㄱ」の前では「ㄹ」で発音する。
- 읽다 [익따] 読む　읽고 [일꼬] 読んで　밝게 [발께] 明るく

第5章　発音(1)

127

15 連音化

パッチム（終声）の次に音価のない「ㅇ」で始まる母音音節が続くと、パッチムはその母音音節に移って（初声として）発音される。この現象を連音化という。

1　1文字パッチムの連音化

1文字パッチムの後に母音音節が続くと連音化して発音される。連音化によってパッチムでは代表音で発音される「ㅋ, ㄲ」、「ㅌ, ㅅ, ㅆ, ㅈ, ㅊ」、「ㅍ」も初声では本来の音価通りに発音される。

봄이 ➡ [보미]

① ㄱ, ㅋ, ㄲ
약을 [야글] 薬を　대학에 [대하게] 大学に　가족은 [가조근] 家族は
부엌에 [부어케] 台所に　밖에 [바께] 外へ

② ㄴ
손이 [소니] 手が　시간이 [시가니] 時間が　한국에 [한구게] 韓国に

③ ㄷ, ㅌ, ㅅ, ㅆ, ㅈ, ㅊ
받아요 [바다요] もらいます　끝에 [끄테] 終わりに　옷을 [오슬] 服を
있어요 [이써요] あります　잊어요 [이저요] 忘れます　꽃이 [꼬치] 花が

④ ㄹ
물을 [무를] 水を　교실에 [교시레] 教室に　가을은 [가으른] 秋は

⑤ ㅁ
밤에 [바메] 夜に　가슴이 [가스미] 胸が　구름이 [구르미] 雲が

⑥ ㅂ, ㅍ
밥을 [바블] ご飯を　집에 [지베] 家に　높아요 [노파요] 高いです

☞**注意** パッチム「ㅇ」と「ㅎ」は次に母音音節が続いても連音しない。
① パッチム「ㅇ」は連音しない。
　영어를 [영어를] 英語を　안경이 [안경이] 眼鏡が　방에 [방에] 部屋に
② パッチム「ㅎ」は母音音節の前では脱落して連音しない。
　좋아요 [조아요] いいです　놓아요 [노아요] 置きます

2　2文字パッチムの連音化

2文字パッチムの場合は、左側は残り、右側だけが次の音節に移って連音される。この連音化によって2文字パッチムの両方の子音が発音できるようになる。

$$흙이 → [흘기]$$

① ㄱㅅ, ㄹㄱ
　넋이 [넉시] 魂が　닭을 [달글] 鶏を　읽어요 [일거요] 読みます
② ㄴㅈ
　앉아요 [안자요] 座る　얹어서 [언저서] 載せて
③ ㄹㅂ, ㄹㅅ, ㄹㅌ, ㄹㅁ
　짧아요 [짤바요] 短いです　핥아서 [할타서] なめて　젊은 [절믄] 若い
④ ㅂㅅ, ㄹㅍ
　값이 [갑씨] 値段が　없어요 [업써요] ないです　읊어 [을퍼] 詠んで

☞**注意** パッチム「ㄶ」、「ㅀ」の右側の「ㅎ」は母音音節の前で脱落して連音しない。
　괜찮아요 [괜찬+아요]➡[괜차나요] 大丈夫です
　많이 [만+이]➡[마니] たくさん　싫어 [실+어]➡[시러] いやだ

16 ヒウッ (ㅎ) の弱化・脱落

「ㅎ」パッチムの後に母音音節が続くかパッチム「ㄴ, ㄹ, ㅁ」の後の初声に「ㅎ」が続くと、パッチム「ㅎ」が脱落したり初声の「ㅎ」が弱く発音されたりする。

1 ㅎ (ヒウッ) の脱落

パッチム「ㅎ」は母音音節の前では脱落して発音されない。また右側に「ㅎ」が含まれた2文字パッチム「ㄶ, ㅀ」も同じく母音音節の前では右側の「ㅎ」が脱落してから連音される。

좋아요 ➜ [조아요]

좋아요 [조아요] いいです
넣어요 [너어요] 入れます
놓아요 [노아요] 置きます

많이 ➜ 만이 [마니]

많이 ➜ 만이 [마니] 多く
싫어요 ➜ 실어요 [시러요] いやです
많아요 ➜ 만아요 [마나요] 多いです
괜찮아요 ➜ 괜찬아요 [괜차나요] 大丈夫です

2　ㅎ（ヒウッ）の弱化

パッチム「ㄴ, ㄹ, ㅁ」の後に来る初声の「ㅎ」の音は弱くなり、その結果、連音化して発音される。

$$은행 → [으냉]$$

결혼 [겨론] 結婚　은행 [으냉] 銀行　　전화 [저놔] 電話
올해 [오래] 今年　말하다 [마라다] 言う　잘하다 [자라다] 上手だ
미안하다 [미아나다] すまない

☞参考1　ㅎ（ヒウッ）の弱化と連音化
有声音「ㄴ, ㄹ, ㅇ, ㄹ」の後に続く初声「ㅎ」は、実際は人によって、または発音の緩急によって随意的に脱落して発音されるが、ハングル検定では「ㄴ, ㅁ, ㄹ」の後の「ㅎ」は脱落して連音化するものとして出題されている。

전화 [전화/저놔] 電話　　신혼 [신혼/시논] 新婚
올해 [올해/오래] 今年　　지난해 [지난해/지나내] 去年
결혼 [결혼/겨론] 結婚　　발행 [발행/바랭] 発行

※有声音「ㅇ」や母音の後の「ㅎ」も随意的に脱落して発音されたりするが、ハングル検定では脱落扱いをしていない。

영화 [영화]/×[영와] 映画　　공항 [공항]/×[공앙] 空港
성함 [성함]/×[성암] お名前　　방향 [방향]/×[방양] 方向
고향 [고향]/×[고양] 故郷　　오후 [오후]/×[오우] 午後

☞参考2　ハン検5級出題範囲に出てくるㅎ（ヒウッ）弱化の単語

올해	今年	은행	銀行	말하다	言う	일하다	働く
결혼	結婚	전화	電話	잘하다	上手だ	미안하다	すまない

17 濃音化（1）

平音「ㄱ, ㄷ, ㅂ, ㅅ, ㅈ」はパッチム「ㄱ, ㄷ, ㅂ」の後では濃音化して「ㄲ, ㄸ, ㅃ, ㅆ, ㅉ」で発音される。

パッチム　　　　　初声

ㄱ, ㄷ, ㅂ ＋ ㄱ, ㄷ, ㅂ, ㅅ, ㅈ

↓

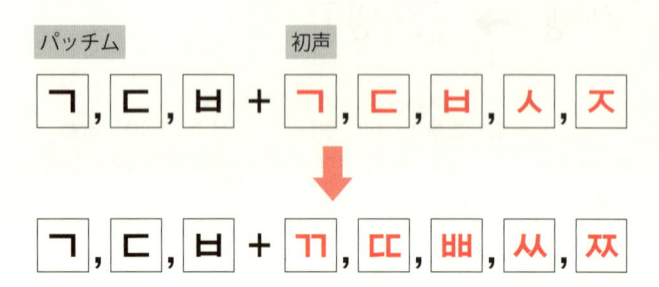

ㄱ, ㄷ, ㅂ ＋ ㄲ, ㄸ, ㅃ, ㅆ, ㅉ

① ㄱ + ㄱ → ㄱ + ㄲ　　학교 [학꾜] 学校　　　축구 [축꾸] サッカー
　　　　　　　　　　　떡국 [떡꾹] 雑煮　　　학기 [학끼] 学期

　ㄱ + ㄷ → ㄱ + ㄸ　　식당 [식땅] 食堂　　　약도 [약또] 略図
　　　　　　　　　　　먹다 [먹따] 食べる　　죽다 [죽따] 死ぬ

　ㄱ + ㅂ → ㄱ + ㅃ　　국밥 [국빱] クッパ　　책방 [책빵] 本屋
　　　　　　　　　　　국보 [국뽀] 国宝　　　학비 [학삐] 学費

　ㄱ + ㅅ → ㄱ + ㅆ　　책상 [책쌍] 机　　　　식사 [식싸] 食事
　　　　　　　　　　　독서 [독써] 読書　　　역사 [역싸] 歴史

　ㄱ + ㅈ → ㄱ + ㅉ　　숙제 [숙쩨] 宿題　　　극장 [극짱] 劇場
　　　　　　　　　　　맥주 [맥쭈] ビール　　목적 [목쩍] 目的

② ㄷ+ㄱ→ㄷ+ㄲ 젓가락 [젇까락] 箸　　숟가락 [숟까락] スプーン
ㄷ+ㄷ→ㄷ+ㄸ 닫다 [닫따] 閉める　　받다 [받따] もらう
같다 [갇따] 同じだ　　벗다 [벋따] 脱ぐ
웃다 [욷따] 笑う　　잊다 [읻따] 忘れる
ㄷ+ㅂ→ㄷ+ㅃ 어젯밤 [어젣빰] 昨夜　　다섯 번 [다섣뻔] 5回
ㄷ+ㅅ→ㄷ+ㅆ 횟수 [횓쑤] 回数　　있습니다 [읻씀니다] あります
벗습니다 [벋씀니다] 脱ぎます
웃습니다 [욷씀니다] 笑います
찾습니다 [찯씀니다] 探します
ㄷ+ㅈ→ㄷ+ㅉ 숫자 [숟짜] 数字　　어젯밤 [어젣빰] 昨夜

③ ㅂ+ㄱ→ㅂ+ㄲ 입구 [입꾸] 入口　　입고 [입꼬] 着て
합격 [합껵] 合格　　밥값 [밥깝] 食事代
옆길 [엽낄] 横道　　밥그릇 [밥끄륻] 食器
ㅂ+ㄷ→ㅂ+ㄸ 덥다 [덥따] 暑い　　앞뒤 [압뛰] 前後
ㅂ+ㅂ→ㅂ+ㅃ 집 밖에 [집빠께] 家の外に　　옆방 [엽빵] 隣の部屋
ㅂ+ㅅ→ㅂ+ㅆ 접시 [접씨] 皿　　옆 사람 [엽싸람] 隣の人
값이→갑시 [갑씨] 値段が
없습니다→업습니다 [업씀니다] ありません
ㅂ+ㅈ→ㅂ+ㅉ 앞집 [압찝] 前の家　　잡지 [잡찌] 雑誌
답장 [답짱] 返信　　갑자기 [갑짜기] 急に

18 鼻音化（1）

語尾「-ㅂ니다/습니다」（ます・です）、「-ㅂ니까/습니까」（ますか・ですか）は 2 文字目の鼻音「ㄴ」の影響で 1 文字目の「ㅂ」が [ㅁ] に鼻音化して [-ㅁ니다/습니다]、[-ㅁ니까/습니까] で発音される。

$$\boxed{ㅂ} + \boxed{ㄴ} \rightarrow \boxed{ㅁ} + \boxed{ㄴ}$$

① 입니다 [임니다] です　　　　　옵니다 [옴니다] 来ます
　 잡니다 [잠니다] 寝ます　　　　덥습니다 [덥씀니다] 暑いです
　 말합니다 [마람니다] 話します　 늦습니다 [늗씀니다] 遅いです
　 웃습니다 [욷씀니다] 笑います　 입습니다 [입씀니다] 着ます
　 읽습니다 [익씀니다] 読みます　 앉습니다 [안씀니다] 座ります

② 입니까 [임니까] ですか　　　　봅니까 [봄니까] 見ますか
　 먹습니까 [먹씀니까] 食べますか　있습니까 [읻씀니까] いますか
　 찍습니까 [찍씀니까] 撮りますか　벗습니까 [벋씀니까] 脱ぎますか
　 없습니까 [업씀니까] ないですか　짧습니까 [짤씀니까] 短いですか
　 높습니까 [놉씀니까] 高いですか　앉습니까 [안씀니까] 座りますか

☞参考　「ㅎ (ㄶ, ㅀ)」の後に「ㅅ」が続く場合、「ㅅ」は濃音 [ㅆ] で発音される。

　 넣습니다 [너씀니다] 入れます　　놓습니다 [노씀니다] 置きます
　 많습니다 [만씀니다] 多いです　　괜찮습니다 [괜찬씀니다] 大丈夫です
　 싫습니다 [실씀니다] 嫌です　　　좋습니다 [조씀니다] 良いです

練習<10>

☞ 解答は291ページへ

1 発音どおり表記したものを①～④の中から1つ選びなさい。

(1) 싫어요
　①[실허요]　②[시러요]　③[시허요]　④[실퍼요]

(2) 짧아요
　①[짤빠요]　②[짜라요]　③[짜바요]　④[짤바요]

(3) 좋아요
　①[조하요]　②[조사요]　③[조다요]　④[조아요]

(4) 높습니다
　①[노픔니다]　②[놈슴미다]　③[놉씀미다]　④[놉씀니다]

(5) 여섯 번
　①[여섬뺀]　②[여선뺀]　③[여선번]　④[여섣번]

(6) 많이
　①[만히]　②[마히]　③[마니]　④[만니]

(7) 짧아요
　①[짜라요]　②[짜바요]　③[짤바요]　④[짤라요]

(8) 꽃입니다
　①[꼬팀니다]　②[꼬틤니다]　③[꼬침니다]　④[꼬칩니다]

(9) 읽어요
　①[일거요]　②[이거요]　③[이러요]　④[일꺼요]

練習

☞ 解答は 291 ページへ

2 発音どおり表記したものを①〜④の中から1つ選びなさい。

(1) 약속이에요
① [약쏘키에요]　② [야쏘기에요]　③ [야쏘키에요]　④ [약쏘기에요]

(2) 옆입니다
① [여핌니다]　② [여빔니다]　③ [여피미다]　④ [엽핑니다]

(3) 학생입니다
① [학생임니다]　② [학쌩임미다]　③ [학생임미다]　④ [학쌩임니다]

(4) 읽습니다
① [익씀니다]　② [일씀니다]　③ [일씀니다]　④ [읽슴니다]

(5) 없어요
① [어버요]　② [어서요]　③ [업써요]　④ [얻써요]

(6) 십일월
① [시비뤌]　② [심니월]　③ [십피뤌]　④ [시삐뤌]

(7) 앉으세요
① [안느세요]　② [아즈세요]　③ [아느세요]　④ [안즈세요]

(8) 싫어해요
① [실러해요]　② [시러해요]　③ [실러애요]　④ [실허해요]

(9) 학교
① [학꾜]　② [하교]　③ [하코]　④ [학교]

136

練習

☞ 解答は 291 ページへ

3 発音どおり表記したものを①~④の中から1つ選びなさい。

(1) 찾아요
① [차차요]　② [차사요]　③ [차다요]　④ [차자요]

(2) 만듭니다
① [만듭니다]　② [만뜹니다]　③ [만듬미다]　④ [만뜸미다]

(3) 식당입니다
① [신땅임미다]　② [식땅인니다]　③ [식땅임니다]　④ [식당임니다]

(4) 값이
① [갑시]　② [가비]　③ [가씨]　④ [갑씨]

(5) 많아요
① [마하요]　② [만하요]　③ [마나요]　④ [만나요]

(6) 앉아요
① [안자요]　② [안나요]　③ [아자요]　④ [안짜요]

(7) 월요일
① [원료일]　② [워뇨일]　③ [원뇨일]　④ [워료일]

(8) 없습니다
① [업슴니다]　② [업씀니다]　③ [얻씀니다]　④ [얻슴니다]

(9) 잊었어요
① [이더서요]　② [이저써요]　③ [이전서요]　④ [이저서요]

メモ

基本文法編 II

(ハングル検定4級レベル)

第6章　基本文法事項（2）　　142

19 敬語表現
20 否定表現（2）
21 連体形
22 補助用言
23 不規則活用
24 代名詞の縮約

第7章　助詞（2）　　183

25 助詞（2）

第8章　語尾（2）　　193

26 終結語尾（2）
27 連結語尾（2）

第9章　慣用表現（2）　　217

28 慣用表現（2）
29 慣用表現（3）

第10章　発音（2）　　265

30 激音化
31 鼻音化（2）
32 流音化、口蓋音化
33 絶音化
34 濃音化（2）

第6章

基本文法事項（2）

（ハングル検定4級レベル）

19 敬語表現
20 否定表現（2）
21 連体形
22 補助用言
23 不規則活用
24 代名詞の縮約

19 敬語表現

韓国語にも話し手が相手に対して敬意を表す敬語表現がある。ここではハン検４級から出てくる尊敬の先語末語尾「-시-」を用いて相手の動作や状態を高めて言い表す尊敬語の作り方を中心に解説する。

1 尊敬形の作り方

日本語で助動詞「〜れる／〜られる」や補助動詞「お〜になる」を用いて尊敬形を作るように、韓国語では動詞の語幹に尊敬の先語末語尾「-시-」を結合させることで尊敬形が作られる。

母音語幹・ㄹ語幹 +시+다：〜れる・〜られる、お〜になる			
오다	来る	오+시+다 / 오십니다	来られる／来られます
보다	見る	보+시+다 / 보십니다	ご覧になる／ご覧になります
열다	開ける	여+시+다 / 여십니다	開けられる／開けられます
子音語幹 +으시+다：〜れる・〜られる、お〜になる			
읽다	読む	읽+으시+다 / 읽으십니다	読まれる／お読みになります
찾다	探す	찾+으시+다 / 찾으십니다	お探しになる／お探しになります

※先語末語尾「-(으)시-」に丁寧形語尾「어요」が結合すると「셔요」に縮約されるが、一般的には「셔요」より慣用的な縮約形「세요」が用いられる。

- 하다 (する)：하+시+어요＝하+셔요 → 하세요 (なさいます)
- 읽다 (読む)：읽+으시+어요＝읽+으셔요 → 읽으세요 (読まれます)

・어디에 **가십니까**?	どこに行かれますか。
지금 신문을 읽**으세요**.	いま新聞を読んでいらっしゃいます。
무슨 계획을 세우**세요**?	どんな計画を立てられますか。
같이 안 가**세요**?	一緒に行かれないのですか。

☞参考 名詞＋이＋십니다/이＋세요：〜でいらっしゃいます

名詞には「名詞＋이다 ➡ 名詞＋이＋시＋ㅂ니다/어요＝이십니다/이세요」の形で尊敬の語尾「-시-」が結合して用いられる。

・그분은 정말 좋은 분**이세요**. あの方は本当に良い方です。
　형제가 몇 분**이세요**? ご兄弟は何人ですか。
　누구**세요**? どなたですか。
　서로 모르는 사이**세요**? お互いに知らない関係ですか。

2　敬語動詞

韓国語にも日本語の「おっしゃる、いらっしゃる」のように別の語を伴わず単独で話し手の敬意を表すことができる敬語動詞がある。対応する敬語動詞があるものは尊敬の語尾「-시」を用いた敬語化はしない。

・먹다（食べる）➡ ×먹으시다、○잡수시다（召し上がる）
・말하다（言う）➡ ×말하시다、○말씀하시다（おっしゃる）

一般動詞		敬語動詞	
먹다	食べる	잡수시다, 드시다	召し上がる
마시다	飲む	잡수시다, 드시다	召し上がる
있다	いる	계시다	いらっしゃる
자다	寝る	주무시다	お休みになる
말하다	言う	말씀하시다	おっしゃる

※先語末語尾「-(으)시」に過去時制語尾「-았/었-」と結合すると「-셨-」になる。これに丁寧形語尾が結合すると「-(으)셨＋어요/습니다」の形で用いられる。

・지금 어디에 **계세요**? いまどこにいらっしゃるのですか。
　그분이 그렇게 **말씀하셨어요**. あの方がそうおっしゃいました。
　뭘 **잡수셨어요**? 何を召し上がりましたか。
　왜 안 **드세요**? どうして召し上がらないんですか。

☞参考1　名詞にも単語自体が尊敬語として敬意を表すものがある。

一般名詞		尊敬語		一般名詞		尊敬語	
나이	年	연세	お年	아들	息子	아드님	息子さん
이름	名前	성함	お名前	딸	娘	따님	娘さん
생일	誕生日	생신	お誕生日	어머니	母	어머님	お母さま
밥	ご飯	진지	お食事	아버지	父	아버님	お父さま

- **성함**이 어떻게 되세요?　　　　　お名前は何とおっしゃいますか。
  연세가 어떻게 되세요?　　　　　お年はおいくつですか。
  어머님이 오셨어요.　　　　　　　お母様が来られました。
  아버님은 언제 가세요?　　　　　お父様はいつ行かれますか。

☞参考2　謙譲語
韓国語にも自分や自分に関係あるものに関してへりくだった表現をすることにより、相手に敬意を表す謙譲語がある。

一般動詞・一般名詞		謙譲語	
주다	やる	드리다	差し上げる
만나다	会う	뵙다	お目にかかる
말하다	言う	말씀드리다	申し上げる
묻다	尋ねる	여쭙다	伺う、申し上げる
데리다	連れる	모시다	お供する
나	僕、私	저	私、わたくし
우리	私たち	저희	私ども

- 제가 **말씀드릴**까요?　　　　　　　私が申し上げましょうか。
  처음 **뵙겠습니다**.　　　　　　　　初めまして。
  그럼 2만 원에 **드리겠어요**.　　　　では、2万ウォンにして差し上げます。
  제가 좋은 곳으로 **모시겠습니다**.　私が良いところにご案内いたします。

参考3 相対敬語と絶対敬語

日本語のように話題になる人物が同じ人でも聞き手との関係によって尊敬語を使ったり謙譲語を使ったりするなど敬語の使い方を変えることを「**相対敬語**」、韓国語のように基本的に同じ人に対しては常に一定の敬語を使って表現することを「**絶対敬語**」と言います。

日本語　A社：木村社長はいらっしゃいますか。
　　　　　B社：木村はいま席を外しておりますが。

　　　　　…………

　　　　　Aさん：お母さんはいらっしゃいますか。
　　　　　Bさん：母は買い物に出かけております。

韓国語　A社：木村社長はいらっしゃいますか。
　　　　　B社：木村社長はいまいらっしゃらないんですが。

　　　　　…………

　　　　　Aさん：お母さんはいらっしゃいますか。
　　　　　Bさん：お母さんは買い物に出かけていていらっしゃいませんが。

参考4
直接の尊敬の対象になる行為以外に、その尊敬の対象と関連したものを間接的に高めていう場合は形容詞や状態性動詞にも尊敬の語尾「-시-」を結合して用いることができる。

- 시간은 언제가 **좋으세요**?　　　　　お時間はいつがよろしいでしょうか。
  치마 색깔이 잘 **어울리시네요**.　　　スカートの色がとてもお似合いですね。
  할머니는 늘 표정이 **밝으세요**.　　　祖母はいつも表情が明るいです。
  할아버지는 생각이 **젊으세요**.　　　祖父は考え（方）が若いです。
  눈이 **나쁘세요**?　　　　　　　　　　目がお悪いですか。

練習＜11＞

☞ 解答は 291 ページへ

1 次の動詞の語幹に尊敬形の語尾「-(으)시」を接続してみよう。

基本形		-(으)시＋다 -(ら)れる	-(으)십니다 -(ら)れます
오다	来る		
가다	行く		
보다	見る		
하다	する		
읽다	読む		
앉다	座る		
씻다	洗う		

2 보기 のように文を作りなさい。　　➡ 尊敬形の作り方は p.142 へ

보기 영화, 보다 ➜ 무엇을 보십니까? 　　　　　　　　- 영화를 봅니다.	映画、見る ➜ 何をご覧になりますか。 ― 映画を見ます。

(1) 산책, 하다　　　　　　　　　　　　　　　　　　散歩、する
　➜

(2) 신문, 읽다　　　　　　　　　　　　　　　　　　新聞、読む
　➜

(3) 한국어, 배우다　　　　　　　　　　　　　　　　韓国語、学ぶ
　➜

(4) 일본어, 가르치다　　　　　　　　　　　　　　　日本語、教える
　➜

(5) 음식, 만들다　　　　　　　　　　　　　　　　　料理、作る
　➜

146

練習

☞ 解答は291ページへ

3 보기 のように文を作りなさい。　　→ 尊敬形の作り方は p.142〜143 へ

보기 무엇을 하다 ➔ 　　 무엇을 하세요? 　　 무엇을 하셨어요?	何をする ➔ 何をなさいますか。 何をなさいましたか。

（1） 언제 오다　　➔　　　　　　　　　　　　　　　　いつ来る

（2） 어디에 가다　➔　　　　　　　　　　　　　　　　どこに行く

（3） 무엇을 읽다　➔　　　　　　　　　　　　　　　　何を読む

（4） 무엇을 사다　➔　　　　　　　　　　　　　　　　何を買う

（5） 누구를 만나다 ➔　　　　　　　　　　　　　　　　誰に会う

4 보기 のように文を作りなさい。　　➔ 敬語動詞は p.143 へ

보기 선생님 / 교실에서 말하다 ➔ 　　 선생님은 교실에서 **말씀하십니다**.	先生／教室で話す ➔ 先生は教室でおっしゃっています。

（1） 할아버지 / 차를 마시다　　　　　　　　　　おじいさん／お茶、飲む
　➔

（2） 아버지 / 자다　　　　　　　　　　　　　　お父さん／寝る
　➔

（3） 할머니 / 빵을 먹다　　　　　　　　　　　おばあさん／パン、食べる
　➔

（4） 아저씨 / 집에 있다　　　　　　　　　　　おじさん／家にいる
　➔

（5） 어머니 / 음식을 만들다　　　　　　　　　お母さん／料理、作る
　➔

20 否定表現（2）

　p.52 の否定表現（1）に続いてここではハン検 4 級から出題される次の三つの形態の否定表現を覚える。

否定表現	用例	
① 用言 ＋지 않다	가＋지 않다 멀＋지 않다	行か＋ない 遠く＋ない
② 動詞 ＋지 못하다	가＋지 못하다	行け＋ない
③ 動詞 ＋지 말고 動詞 ＋지 마세요	가＋지 말고 가＋지 마세요	行か＋ないで 行か＋ないでください

1 「- 지 않다」否定

　用言の語幹に結合してその用言が表す行為や状態を否定する。「안」否定は主に会話体で用いられるが、「지 않다」否定は会話体、文章体で広く用いられる。

用言の語幹 ＋지 않다/않습니다/않아요			
보＋다	見る	덥＋다	暑い
보＋지 않다 보＋지 않습니다 보＋지 않아요	見＋ない 見＋ません 見＋ません	덥＋지 않다 덥＋지 않습니다 덥＋지 않아요	暑く＋ない 暑く＋ないです 暑く＋ないです

・무슨 냄새가 나지 않아요?　　　　何か匂いがしませんか。
　한국어 공부 어렵지 않아요?　　　韓国語の勉強難しくありませんか。
　아까보다는 아프지 않아요.　　　　さっきよりは痛くありません。
　내일은 바쁘지 않아요.　　　　　　明日は忙しくありません。

☞**参考** 否定の副詞を用いた「안」否定（p.54〜55）と置き換えられる。

- 마음에 들**지 않아요**. = 마음에 **안** 들어요.　服が気に入りません。
  짜**지 않아요**? = **안** 짜요?　　　　　しょっぱくありませんか。

☞**注意** 「알다」、「있다」、「맛있다」のように否定の意を持つ単語が別途あるものは「-지 않다」否定は用いない。

알다	わかる、知る	알지 않다(×)　모르다(○)	知らない
있다	ある、いる	있지 않다(×)　없다(○)	ない、いない
맛있다	美味しい	맛있지 않다(×)　맛없다(○)	美味しくない
잘하다	上手だ、うまくやる	잘하지 않다(×)　못하다(○)	できない

- 그 영화 제목은 **모릅니다**.　　　その映画のタイトルは知りません。
  미안해요. 내일은 시간이 **없어요**.　すみません。明日は時間がありません。
  난 영어를 전혀 **못해요**.　　　　私は英語がまったくできません。

2 「-지 못하다」否定

動詞の語幹に結合してその動詞が表す行為を否定する。不可能、または能力の不足の意を表す。「못」否定は主に会話体で用いられるが、「지 못하다」否定は会話体、文章体で広く用いられる。

動詞の語幹 +지 못하다/못합니다/못해요

보+다	見る	먹+다	食べる
보+**지 못하다**	見+られない	먹+**지 못하다**	食べ+られない
보+**지 못합니다**	見+られません	먹+**지 못합니다**	食べ+られません
보+**지 못해요**	見+られません	먹+**지 못해요**	食べ+られません

- 문제를 전혀 풀**지 못했어요**.　　問題をまったく解けませんでした。
  약속을 지키**지 못했어요**.　　　約束を守れなかったです。
  아무것도 사**지 못했어요**.　　　何も買えなかったです。
  그분을 만나**지 못했어요**?　　　あの方に会えなかったのですか。

☞**参考1** 否定の副詞を用いた「못」否定 (p.56) とは置き換えることができる。

- 내일까지는 끝내**지 못해요**. = **못** 끝내요.　明日までは終わらせられません。
  잊**지 못하겠어요**. = **못** 잊겠어요.　　　忘れられません。

☞**参考2** 名詞に「하다」が付いてできた動詞の場合は、名詞と「하다」の間に「못」を入れて否定する。この場合、名詞には状況に合わせて助詞「을/를, 도, 은/는」などを挿入する。

名詞+하다 ➡ 名詞 (을/를) +못 하다
공부하다　못 공부하다(×) 공부(를) 못 하다(○)　勉強ができない
운동하다　못 운동하다(×) 운동(을) 못 하다(○)　運動ができない

☞**参考3** 「-지 않다」否定形と「-지 못하다」否定形の違い
「-지 않다」否定形は「単純に否定するか、意志がない」意を、「-지 못하다」は「意志はあるが、能力がないか外的な原因でそうすることができない、不可能である」意を表す。

- 먹지 **않아요**.　 (意志、または単純に) 食べません。
  먹지 **못해요**.　 (不可能) 食べられません。

☞**参考4** 「안/못」否定形と「-지 않다/-지 못하다」否定形
「안/못」否定形は「短い否定（短形否定）」、「-지 않다/-지 못하다」否定形は「長い否定（長形否定）」ともいう。短い否定の「안/못」否定形に比べて長い否定の「-지 않다/-지 못하다」の否定形がより丁寧な感じを与える。短い否定の「안/못」否定形は主に会話体で用いられる。

- 短い否定　**안** 쉬어요.　　　　　休みません。
  　　　　　못 쉬어요.　　　　　休めません。
- 長い否定　쉬**지 않아요**.　　　　休みません。
  　　　　　쉬**지 못해요**.　　　　休めません。

3 「-지 말다」否定

「-지 말다」は動詞の語幹と結合して禁止の意を表す。①「-지 마세요」、②「-지 말고」などの形で用いられる。

(1) 動詞の語幹＋지 마세요 / 지 마요 : ～しないでください

動詞の語幹に付いて丁寧な禁止の命令を表す。「지 마요」も同じく禁止の命令形として用いられるが、対等の関係で使われるので「지 마세요」に比べて丁寧度は落ちる。

動詞の語幹 +지 마세요 / 지 마요			
가다	行く	가+지 마세요/ 가+지 마요	行かないでください
먹다	食べる	먹+지 마세요/ 먹+지 마요	食べないでください

※「-지 마요」の用法の詳細は p.257 の「参考」を参照。

- 어린아이처럼 울**지 마세요**.　　　子供のように泣かないでください。
  여기서 담배를 피우**지 마세요**.　　ここでタバコを吸わないでください。
  너무 걱정하**지 마세요**.　　　　あまり心配しないでください。
  이건 먹**지 마요**.　　　　　　これは食べないでください。

(2) 動詞の語幹＋지 말고 : ～しないで

文末に命令、勧誘、依頼の表現を伴って禁止の意を表す。

動詞の語幹 +지 말고			
사다	買う	사+지 말고	買わないで
읽다	読む	읽+지 말고	読まないで

- 먼저 가**지 말고** 기다리세요.　　先に行かないで待ってください。
  남기**지 말고** 다 먹읍시다.　　　残さないで全部食べましょう。
  사**지 말고** 빌립시다.　　　　買わないで借りましょう。

練習＜12＞

☞ 解答は 292 ページへ

1 보기 のように文を作りなさい。　　➡「-지 않다」否定は p.148 へ

보기 날씨, 좋다 ➜ 　　날씨가 **좋습니까?** 　　**- 아니요, 좋지 않습니다.**	天気、良い ➜ 天気は良いですか。 － いいえ、良くありません。

(1) 날씨, 나쁘다 ➜　　　　　　　　　　　　　　　　　　天気、悪い

(2) 키, 작다 ➜　　　　　　　　　　　　　　　　　　　　背、低い

(3) 키, 크다 ➜　　　　　　　　　　　　　　　　　　　　背、高い

(4) 한국어, 어렵다 ➜　　　　　　　　　　　　　　　　　韓国語、難しい

(5) 바지, 작다 ➜　　　　　　　　　　　　　　　　　　　ズボン、小さい

2 보기 のように文を作りなさい。　　➡「-지 못하다」否定は p.149 へ

보기 축구 봤어요? ➜ 　　**아니요, 보지 못했어요.** 　　**/ 못 봤어요.**	サッカーを見ましたか。 ➜ いいえ、見られなかったです。

(1) 부모님을 만나셨어요?　　　　　　　　　　　　　　　両親に会う
　　➜

(2) 사진을 많이 찍었어요?　　　　　　　　　　　　　　　写真をたくさん撮る
　　➜

(3) 집에서 쉬었어요?　　　　　　　　　　　　　　　　　　家で休む
　　➜

(4) 담배는 끊었어요?　　　　　　　　　　　　　　　　　　タバコをやめる
　　➜

(5) 표 샀어요?　　　　　　　　　　　　　　　　　　　　　チケットを買う
　　➜

練習

☞ 解答は 292 ページへ

3 보기 のように文を作りなさい。 → 「-지 말다」は p.151 へ

보기 기다리다 →	待つ →
기다리**지 마세요**.	待たないでください。

(1) 사진을 찍다 → 　　　　　　　　　　　　写真を撮る

(2) 공부만 하다 → 　　　　　　　　　　　　勉強ばかりする

(3) 연필로 쓰다 → 　　　　　　　　　　　　鉛筆で書く

(4) 담배를 피우다 → 　　　　　　　　　　　タバコを吸う

(5) 전화를 끊다 → 　　　　　　　　　　　　電話を切る

4 보기 のように文を作りなさい。 → 「-지 말고」は p.151 へ

보기 울다 / 이야기하다 →	泣く／話す →
울**지 말고** 이야기하세요.	泣かないで話してください。

(1) 도장을 찍다 / 이름을 쓰다　　　　判子を押す／名前を書く
→

(2) 공부만 하다 / 운동도 하다　　　　勉強ばかりする／運動もする
→

(3) 연필로 쓰다 / 볼펜으로 쓰다　　　鉛筆で書く／ボールペンで書く
→

(4) 기다리다 / 먼저 가다　　　　　　　待つ／先に行く
→

(5) 전화를 끊다 / 기다리다　　　　　　電話を切る／待つ
→

21 連体形

　名詞を修飾する用言の連体形は連体形語尾「-는」、「-(으)ㄴ」、「-(으)ㄹ」を用言の語幹に結合することで表す。

1 動詞の連体形

　動詞の語幹に付いて次に来る名詞を修飾する連体形語尾には「-는」と「-(으)ㄴ」と「-(으)ㄹ」がある。語尾「-는」は現在を、「-ㄴ/은」は過去を、「-ㄹ/을」は未来の時制を表す。

① 現在：	母音／子音語幹・ㄹ語幹 +는+名詞		
보다	見る	보+는+사람 ➡ 보는 사람	見ている人
먹다	食べる	먹+는+사람 ➡ 먹는 사람	食べている人
② 過去：	母音語幹・ㄹ語幹 +ㄴ+名詞／ 子音語幹 +은+名詞		
보다	見る	보+ㄴ+사람 ➡ 본 사람	見た人
먹다	食べる	먹+은+사람 ➡ 먹은 사람	食べた人
③ 未来：	母音語幹・ㄹ語幹 +ㄹ+名詞／ 子音語幹 +을+名詞		
보다	見る	보+ㄹ+사람 ➡ 볼 사람	(これから)見る(つもりの)人
먹다	食べる	먹+을+사람 ➡ 먹을 사람	(これから)食べる(つもりの)人

① 그림을 그리는 것이 취미예요.　　絵を描くのが趣味です。
　 지금 읽는 책은 재미있어요?　　　いま読んでいる本は面白いですか。
　 자주 듣는 음악이 있어요?　　　　よく聴く音楽がありますか。

② 어디서 찍은 사진이에요?　　　　どこで撮った写真ですか。
　 누가 그린 그림이에요?　　　　　誰が描いた絵ですか。
　 아까 만난 사람이 누구예요?　　　さっき会った人は誰ですか。

③ 저와 결혼할 사람입니다.　　　　　私と結婚する（予定の）人です。
　점심에 먹을 빵을 샀어요.　　　　　昼食に食べるパンを買いました。
　할 일이 많아서 바빠요.　　　　　　やるべきことが多いので忙しいです。

2　形容詞の連体形

形容詞の語幹に付いて次に来る名詞を修飾する連体形語尾には「-(으)ㄴ」がある。現在の状態を表す。

① **母音語幹・ㄹ語幹** ＋ㄴ+名詞

비싸다	高い	비싸+ㄴ+시계 ➡ 비싼 시계	（値段が）高い時計
차다	冷たい	차+ㄴ+바람 ➡ 찬 바람	冷たい風

② **子音語幹** ＋은+名詞

젊다	若い	젊+은+사람 ➡ 젊은 사람	若い人
넓다	広い	넓+은+방 ➡ 넓은 방	広い部屋

・짧은 치마를 입고 있어요.　　　　　短いスカートを履いています。
　예쁜 꽃이 많이 핍니다.　　　　　　きれいな花がたくさん咲きます。
　건강에 좋은 음식을 먹읍시다.　　　健康に良い食べ物を食べましょう。

☞**注意**　「있다, 없다」と「있다, 없다」が含まれている形容詞「맛있다」（美味しい）、「맛없다」（まずい）、「재미있다」（面白い）、「재미없다」（面白くない）、「멋있다」（素敵だ）には「-는」が接続する。

・맛있는 냉면을 먹고 싶어요.　　　　美味しい冷麺が食べたいです。
　오빠는 멋있는 사람이에요.　　　　　兄は素敵な人です。

☞**参考1**　**用言の語幹** ＋ㄹ/을 때：～するとき
名詞「때（時）」に接続する用言の連体形の語尾は時制に関係なく慣用的に「-ㄹ/을」の形で接続する。

・눈이 올 때는 뭐 해요?　　　　　　雪が降るときは何をしますか。
　바쁠 때는 못 볼 때도 있어요.　　　忙しい時は見られない時もあります。

☞参考2 　用言の語幹 ＋았/었＋ㄹ/을 때：〜したとき
過去形の連体形であっても名詞「때（時）」に接続する場合は「-았을/-었을」の形で接続する。

・서울에 갔을 때 찍은 사진이에요.　ソウルに行った時撮った写真です。
　내가 왔을 때는 아무도 없었어요.　私が来たときは誰もいなかったです。

☞参考3 　用言の語幹 ＋던：〜かった〜、〜だった〜、していた〜
過去回想の連体形語尾で、①過去に持続した動作・状態の中断・未完了、②過去の状態や過去に反復していた行為を表す。ハン検では3級からの出題範囲に入る。

① 아까 먹던 과자는 어디에 있어요?
　 아이는 읽던 책을 덮고 낮잠을 자고 있어요.
　 어제 먹던 음식은 냉장고 안에 있어요.
　　………………………………………………
　 さっき食べていたお菓子はどこにありますか。
　 子供は読んでいた本を伏せて昼寝をしています。
　 昨日食べていた料理は冷蔵庫の中にあります。

② 학생 때 자주 가던 식당은 없어졌어요.
　 나와 같이 중학교를 다니던 친구예요.
　 전에 살던 곳은 작은 시골 동네였어요.
　　………………………………………………
　 学生の時よく行っていた食堂はなくなりました。
　 私と一緒に中学校に通っていた友だちです。
　 以前住んでいたところは小さい田舎町でした。

☞参考4 　用言の語幹 ＋았/었던：〜かった〜、〜だった〜、していた〜
過去回想の連体形語尾で、過去の動作が完了したことを表す。過去のある時点や時を表す言葉とともに用いられる。ハン検では4級、3級の出題範囲に入っているが、4級での出題例はほとんどない。

- 작년 봄에 놀러 **갔던** 곳에 다시 가고 싶어요.
  어제 먹**었던** 음식 이름이 뭐였지요?
  지난번에 만**났던** 곳에서 여섯 시에 만나요.
  ....

  去年の春に遊びに行ったところにまた行きたいです。
  昨日食べた料理の名前は何でしたっけ。
  前回会ったところで6時に会いましょう。

☞**参考5** ある程度の持続性を持つ動詞「다니다（通う）, 살다（住む）, 사귀다（付き合う）, 근무하다（勤める）, 일하다（働く）」などや過去に反復していた行為と形容詞は、「-던」と「-았/었던」のどちらを用いても意味に違いはない。

- 저 집이 내가 어렸을 때 **살았던** 집입니다.
  저 집이 내가 어렸을 때 **살던** 집입니다.
  あの家が私が子供の頃住んでいた家です。

- 이 노래는 대학생 때 자주 **부르던** 거예요.
  이 노래는 대학생 때 자주 **불렀던** 거예요.
  この歌は大学生の時よく歌っていたものです。

- 어제까지 **따뜻하던** 날씨가 오늘은 추워졌어요.
  어제까지 **따뜻했던** 날씨가 오늘은 추워졌어요.
  昨日まで暖かかった天気が今日は寒くなりました。

練習 <13>

☞ 解答は 293 ページへ

1 連体形語尾「-는, -ㄴ/은, -ㄹ/을」を用いて語句をつなぎなさい。

보기 지금 읽다 / 책 ➡ 　　지금 읽는 책	いま読む／本 ➡ いま読んでいる本

(1) 어제 읽었다 / 책　　　　　　　　　　　　昨日読んだ／本
　➡

(2) 잘 먹다 / 음식　　　　　　　　　　　　　よく食べる／食べ物
　➡

(3) 산에서 찍었다 / 사진　　　　　　　　　　山で撮った／写真
　➡

(4) 저기 있다 / 사람　　　　　　　　　　　　あそこにいる／人
　➡

(5) 지난주 보았다 / 영화　　　　　　　　　　先週見た／映画
　➡

(6) 자주 듣다 / 음악　　　　　　　　　　　　よく聴く／音楽
　➡

(7) 내일 만나다 / 약속　　　　　　　　　　　明日会う／約束
　➡

(8) 언니가 그렸다 / 그림　　　　　　　　　　姉が描いた／絵
　➡

(9) 학교에서 먹겠다 / 빵　　　　　　　　　　学校で食べる／パン
　➡

(10) 다음주에 하다 / 일　　　　　　　　　　 来週にする／仕事
　➡

(11) 내가 보냈다 / 편지　　　　　　　　　　 私が送った／手紙
　➡

(12) 서울에 갔다 / 때　　　　　　　　　　　 ソウルに行った／時
　➡

練習

☞ 解答は 293 ページへ

2 보기 のように連体形語尾を適切に用いて文を完成しなさい。

| 보기 (조용하다)곳에서 쉬고 싶어요.
 → 조용한 곳 | (静かだ) 所で休みたいです。
 → 静かなところ |

(1) 작년부터 (짧다) 치마가 유행이에요. → _____ (短い) スカート

(2) 시골에는 (젊다) 사람이 별로 없어요. → _____ (若い) 人

(3) (짜다) 음식은 몸에 안 좋아요. → _____ (塩辛い) 食べ物

(4) (시간이 있다) 때는 음악을 들어요. → _____ (時間がある) とき

(5) (서울에 갔다) 때 찍었어요. → _____ (ソウルに行った)とき

3 보기 のように連体形語尾を適切に用いて文を完成しなさい。

| 보기 어제 (봤다/영화) 입니다.
 → 본 영화 | 昨日 (見た／映画) です。
 → 昨日見た映画 |

(1) 공원에서 (찍었다/사진) 입니다. 　　　　公園で (撮った／写真)
→

(2) 한국어를 (배우다/사람) 이 많습니다. 　韓国語を (学ぶ／人)
→

(3) 비가 (오다/때) 는 쉽니다. 　　　　　　雨が (降る／とき)
→

(4) (보고 싶다/영화) 가 있습니다. 　　　　(見たい／映画)
→

(5) 친구를 (만나다/약속)이 있습니다. 　　友達に (会う／約束)
→

22 補助用言

「먹어 보다（食べてみる）」の「보다（みる）」のように本来の意味と独立性を失い、語尾の後で本動詞に付属的な意味を添える役割をする用言を補助用言という。

区分	語尾	補助用言	意味	用例
試み・経験	～아/～어	보다	～てみる	
			• 이 김치를 먹어 보세요. このキムチを食べてみてください。	
			• 음악을 들어 봅시다. 音楽を聞いてみましょう。	
			• 이 책 읽어 봤어요? この本、読んでみましたか。	
進行・持続	～아/～어	가다	～ていく	
			• 꽃이 시들어 가요. 花がしおれていきます。	
			• 일이 다 끝나 가요. ほぼ終わっていきます。	
			• 가을 밤이 깊어 가고 있어요. 秋の夜が深まりつつあります。	
		오다	～てくる	
			• 작년부터 보아 왔어요. 昨年から見てきました。	
			• 즐겁게 살아 왔어요. 楽しく生きてきました。	
			• 이 회사에서 30년이나 일해 왔어요. この会社で30年も働いてきました。	
	～고	있다	～ている	
			• 지금 식사를 하고 있어요. いま食事をしています。	
			• 여기는 비가 오고 있어요. ここは雨が降っています。	
			• 언니는 치마를 입고 있어요. 姉はスカートを履いています。	
			• 오빠는 안경을 쓰고 있어요. 兄は眼鏡をかけています。	

		계시다	~ていらっしゃる
			・할아버지는 책을 읽고 **계세요**. おじいさんは本を読んでいらっしゃいます。 ・선생님은 수업을 하고 **계세요**. 先生は授業をしていらっしゃいます。 ・지금 뭘 하고 **계세요**? いま何をしていらっしゃいますか。
奉仕	~아/~어	주다	~てやる・あげる／~てくれる
			・동생에게 시계를 사 **주었어요**. 弟に時計を買ってやりました。 ・오빠가 시계를 사 **주었어요**. 兄が時計を買ってくれました。
		드리다	~てあげる
			・제가 가방을 들어 **드릴게요**. 私がかばんをお持ちしましょう。 ・제가 읽어 **드릴까요**? 私がお読みしましょうか。 ・제가 안내해 **드릴까요**? 私がご案内しましょうか。
否定・禁止	~지	않다	~ない
			・춥지만 바람은 불지 **않아요**. 寒いけど、風は吹いていません。 ・이유도 묻지 **않고** 돈을 빌려 주었어요. 理由も聞かずお金を貸してくれました。 ・그 가게는 값은 비싸지 **않아요**. その店は値段は高くないです。 ・일이 생각만큼 쉽지 **않아요**. 思ったほど簡単ではありません。
		말다	~(する)な、~(し)ないで
			・지금 가지 **마세요**. いま行かないでください。 ・약속 시간에 늦지 **마세요**. 約束の時間に遅れないでください。 ・기다리지 **말고** 먼저 가세요. 待たないで行ってください。 ・울지 **말고** 말해요. 泣かないで話しなさい。

		못하다	~できない
			• 나는 한자를 읽지 못해요. 私は漢字が読めない。 • 오늘은 바빠서 가지 못해요. 今日は行けない。 • 나는 술을 마시지 못해요. 私は酒が飲めません。
状態	~아/~어	있다	~ている・ある • 예쁜 꽃이 피어 있어요. きれいな花が咲いています。 • 언니는 한국에 유학을 가 있어요. お姉さんは韓国に留学に行っています。 • 창문이 열려 있어요. 窓が開いています。
		계시다	~ていらっしゃる • 선생님이 서울에 와 계세요. 先生がソウルに来ていらっしゃいます。 • 그분은 저기 앉아 계세요. その方はあそこに座っていらっしゃいます。
意図	~(으)려고	하다	~ようと思う • 여름 방학에는 바다에 가려고 해요. 夏休みには海に行こうと思っています。 • 아이가 밥을 안 먹으려고 해요. 子どもがご飯を食べようとしません。 • 오늘은 일찍 자려고 해요. 今日は早く寝ようと思います。
必要	~아야/ ~어야	하다 되다	~なければならない • 두 시까지 꼭 가야 해요. 二時まで必ず行かなければなりません。 • 오늘 만나야 해요? 今日会わなければなりませんか。 • 무리하지 말고 쉬어야 합니다. 無理しないで休まなければなりません。 • 여기서 기다려야 돼요. ここで待たなければなりません。 • 식사를 한 후에 약을 먹어야 돼요. 食事をしてから薬を飲まなければなりません。

希望	~고	싶다	~したい
			・오늘은 냉면을 먹고 **싶어요**. 今日は冷麺が食べたいです。 ・한국어로 말해 보고 **싶어요**. 韓国語で話してみたいです。 ・부산에 가 보고 **싶어요**. 釜山に行ってみたいです。
		싶어하다	~たがる
			・언니가 서울에 가고 **싶어해요**. 姉がソウルに行きたがっています。 ・아이들이 불고기를 먹고 **싶어해요**. 子どもたちが焼肉を食べたがっています。

☞**参考1** 否定の「않다」は「動詞+지 않다」の形で用いられると補助動詞になり、「形容詞+지 않다」の形で用いられると補助形容詞になる。連体形などに活用するときは注意が必要。

- 밥도 먹**지 않고** 학교에 갔어요.　　ご飯も食べないで学校に行きました。
  아침 밥을 먹**지 않는** 사람이 많아요. 朝ご飯を食べない人が多いです。
- 한국어 공부 어렵**지 않아요**?　　　　韓国語の勉強は難しくないですか。
  춥**지 않은** 날씨가 좋아요.　　　　　寒くない天気がいいです。

☞**参考2** 補助動詞「말다」は①「-고 말았다」の形で用いられると残念な結果・完了の意を、②「-고 말겠다」の形で用いられると決意・決心の意を表す。

① 주스를 쏟고 **말았어요**.　　　　　　ジュースをこぼしてしまいました。
　 버스를 놓치고 **말았어요**.　　　　　　バスに乗りそこなってしまいました。
② 시험에 꼭 합격하고 **말겠어요**.　　　試験に必ず合格してみせます。
　 범인을 잡고 **말겠어요**.　　　　　　　犯人を必ず捕まえてみせます。

練習<14>

☞ 解答は 293 ページへ

1 보기 のように文末表現の練習をしてみよう。

| 보기 책을 읽다 ➜
 ① 책을 읽어 보세요.
 ② 책을 읽고 있어요.
 ③ 책을 읽고 계세요.
 ④ 책을 읽어 주세요.
 ⑤ 책을 읽어 드릴까요? | 本を読む ➜
 ① 本を読んでみてください。
 ② 本を読んでいます。
 ③ 本を読んでいらっしゃいます。
 ④ 本を読んでください。
 ⑤ 本を読んであげましょうか。 |

(1) 사진을 찍다　　　　　　　　　　　　　　　　写真を撮る
　➜

(2) 그림을 그리다　　　　　　　　　　　　　　　絵を描く
　➜

(3) 손수건을 만들다　　　　　　　　　　　　　　ハンカチを作る
　➜

(4) 문제를 풀다　　　　　　　　　　　　　　　　問題を解く
　➜

(5) 주소를 쓰다　　　　　　　　　　　　　　　　住所を書く
　➜

練習

☞ 解答は 294 ページへ

2 보기 のように文末表現の練習をしてみよう。

| 보기 책을 읽다 ➜
 ① 책을 읽지 마세요.
 ② 책을 읽지 말고
 ③ 책을 읽으려고 해요.
 ④ 책을 읽어야 해요.
 ⑤ 책을 읽고 싶어요. | 本を読む ➜
 ① 本を読まないでください。
 ② 本を読まないで
 ③ 本を読もうと思います。
 ④ 本を読まなければなりません。
 ⑤ 本を読みたいです。 |

(1) 손을 씻다　　　　　　　　　　　　　　　　手を洗う
➜

(2) 여기서 기다리다　　　　　　　　　　　　　ここで待つ
➜

(3) 돈을 빌리다　　　　　　　　　　　　　　　お金を借りる
➜

(4) 구두를 신다　　　　　　　　　　　　　　　靴を履く
➜

(5) 연필로 쓰다　　　　　　　　　　　　　　　鉛筆で書く
➜

23 不規則活用

　用言が語尾と結合して活用するとき、語幹または語尾の形が不規則に変化することを不規則活用という。変則活用、または変格活用ともいう。不規則に変化しないものは規則活用という。不規則活用には「ㄷ不規則」、「ㅅ不規則」、「ㅂ不規則」、「르不規則」、「ㅎ不規則」などがある。

1　ㄷ（ティグッ）不規則活用

　動詞の語幹の最終音節の「ㄷ」パッチムが母音で始まる語尾の前で「ㄹ」に変わる活用を「ㄷ（ティグッ）不規則活用」という。

語幹の「ㄷ」パッチムが母音で始まる語尾の前で「ㄹ」に変化			
듣다	聞く	듣+어요 ➡ 들+어요 ➡ 들어요	聞きます
걷다	歩く	걷+어요 ➡ 걸+어요 ➡ 걸어요	歩きます
묻다	尋ねる	묻+어요 ➡ 물+어요 ➡ 물어요	尋ねます

・역까지 **걸어서** 10분쯤 걸려요.　　駅まで歩いて10分ぐらいかかります。
　오늘은 집에서 음악을 **들었어요**.　今日は家で音楽を聴きました。
　누구한테 **물어** 볼까요?　　　　　誰に聞いてみましょうか。

☞**注意**　語幹が「ㄷ」で終わっていても母音で始まる語尾の前で「ㄹ」に変化せず規則的に活用するものもある。

※規則活用のもの：받다（もらう）、닫다（閉める）、믿다（信じる）など		
받다	もらう	받+아요 ➡ 받아요	もらいます
닫다	閉める	닫+아요 ➡ 닫아요	閉めます

・바람이 불어서 창문을 **닫았어요**.　風が吹いたので窓を閉めました。
　생일에 지갑을 **받았어요**.　　　　誕生日に財布をもらいました。

2 ㅅ（シオッ）不規則活用

「ㅅ」パッチムで終わる一部の動詞の語幹に母音で始まる語尾が結合すると「ㅅ」が脱落する。この活用を「ㅅ（シオッ）不規則活用」という。

語幹の「ㅅ」パッチムが母音で始まる語尾の前で脱落				
낫다	治る	낫+아요	→ 나+아요	治ります
짓다	建てる	짓+으려고	→ 지+으려고	建てようと

・감기가 **나으면** 연락할게요.　　風邪が治ったら連絡します。
　작년에 집을 **지었어요**.　　昨年家を建てました。
　고양이 이름은 내가 **지었어요**.　　猫の名前は私が付けました。

☞注意　語幹が「ㅅ」で終わっていても母音で始まる語尾の前で「ㅅ」が脱落せず規則的に活用するものもある。

※規則活用のもの：웃다（笑う）、씻다（洗う）、벗다（脱ぐ）など			
웃다	笑う	웃+었어요 → 웃었어요	笑いました
씻다	洗う	씻+으려고 → 씻으려고	洗おうと
벗다	脱ぐ	벗+어요 → 벗어요	脱ぎます

・큰 소리로 **웃었어요**.　　大きな声で笑いました。
　비누로 손을 **씻어요**.　　石けんで手を洗います。
　양말을 **벗고** 발을 **씻었어요**.　　靴下を脱いで足を洗いました。

3　ㅂ（ピウプ）不規則活用

「ㅂ」パッチムで終わる用言の語幹に母音で始まる語尾が結合すると、パッチム「ㅂ」が「우」に変わる。この活用を「ㅂ（ピウプ）不規則活用」という。

①「아/어」で始まる語尾の前で語幹のパッチム「ㅂ」は「우」に変わり、その結果すべて「우+어」→「워」の形で接続する。

パッチム「ㅂ」が「우」に変わり、「어」で始まる語尾が接続					
덥다	暑い	덥+어요	➡ 더+우+어요	➡ 더워요	暑いです
맵다	辛い	맵+어요	➡ 매+우+어요	➡ 매워요	辛いです
가깝다	近い	가깝+아요	➡ 가까+우+어요	➡ 가까워요	近いです

②「으」で始まる語尾の前で語幹のパッチム「ㅂ」が「우」に変わり、調音素「으」はなくなる。

パッチム「ㅂ」が「우」に変わり、「으」は消滅			
춥다	暑い	춥+으니까 ➡ 추+우+(으)니까 ➡ 추우니까	暑いから
어렵다	難しい	어렵+으니까 ➡ 어렵+우+(으)니까 ➡ 어려우니까	難しいから
고맙다	有難い	고맙+으니까 ➡ 고맙+우+(으)니까 ➡ 고마우니까	有難いから

・김치는 **매워서** 못 먹어요.　　　キムチは辛くて食べられません。
　회사가 **가까워서** 걸어서 다녀요.　会社が近いので歩いて通います。
　추우니까 창문을 닫으세요.　　　寒いから窓を閉めてください。
　저는 **매운** 음식을 좋아해요.　　私は辛い食べ物が好きです。

☞注意1 「돕다, 곱다」の二語は「아」で始まる語尾の前でパッチム「ㅂ」が「우」ではなく「오」に変わり、その結果「오+아」→「와」の形で接続する。

パッチム「ㅂ」が「오」に変わり、「아」で始まる語尾が接続			
돕다	助ける	돕+아요 → 도+오+아요 → 도와요	助けます
곱다	きれいだ	곱+아요 → 고+오+아요 → 고와요	きれいです

しかし、「으」で始まる語尾に接続する場合は他と同じく「우」に変わる。

「으」で始まる語尾の前では「우」に変わり、「으」が消滅			
돕다	助ける	돕+으니까 → 도+우+(으)니까 → 도우니까	助けるから
곱다	きれいだ	곱+으니까 → 고+우+(으)니까 → 고우니까	きれいだから

- 할머니를 **도와서** 음식을 만들어요. 祖母を手伝って料理を作ります。
  고운 목소리로 노래를 불렀어요. きれいな声で歌を歌いました。

☞注意2 語幹が「ㅂ」で終わっていても母音で始まる語尾の前で「ㅂ」が変化せず規則的に活用するものもある。

※規則活用のもの：입다 (着る)、잡다 (つかむ)、좁다 (狭い) など			
입다	着る	입+었어요 → **입었어요**	着ています
잡다	つかむ	잡+으려고 → **잡으려고**	つかもうと
좁다	狭い	좁+아요 → **좁아요**	狭いです

- 이 옷 **입어** 봐도 돼요? この服、着てみてもいいですか。
  빨리 날짜를 **잡읍시다**. 早く日にちを決めましょう。
  방이 **좁아서** 불편해요. 部屋が狭くて不便です。

4　르（ル）不規則活用

用言の語幹の最終音節「르」に母音「-아/-어」で始まる語尾が結合すると、「르」の母音「ㅡ」が脱落すると同時にその前の音節に「ㄹ」パッチムが追加され、「ㄹ라」、「ㄹ러」の形に変わる。これを「르（ル）不規則活用」という。

① 「르」語幹の前の音節の母音が「ㅏ・ㅗ」の場合、「아」で始まる語尾と結合して「ㄹ라」に変わる。

모르다	知らない	모르+아요 → 모르ㄹ+아요 → 몰라요	知りません
다르다	違う	다르+아요 → 다르ㄹ+아요 → 달라요	違います
빠르다	速い	빠르+아요 → 빠르ㄹ+아요 → 빨라요	速いです

② 「르」語幹の前の音節の母音が「ㅏ・ㅗ」以外の場合、「어」で始まる語尾と結合して「ㄹ러」に変わる。

흐르다	流れる	흐르+어요 → 흐르ㄹ+어요 → 흘러요	流れます
부르다	歌う	부르+어요 → 부르ㄹ+어요 → 불러요	歌います

・글자와 발음이 **달라서** 어려워요.　文字と発音が違って難しいです。
　노래방에 가서 노래를 **불렀어요**.　カラオケに行って歌を歌いました。
　한 달에 두 번쯤 산에 **올라요**.　一ヶ月に二回ぐらい山に登ります。
　배가 **불러서** 못 먹겠어요.　お腹がいっぱいで食べられません。

☞**注意**　語幹が「르」で終わっていても母音で始まる語尾の前で「ㅡ」が脱落するだけの規則活用をするものもある。

※規則活用のもの：따르다（注ぐ・従う）、치르다（支払う）等			
따르다	注ぐ	따르+아요 → 따라요	注ぎます
치르다	支払う	치르+었어요 → 치렀어요	支払いました

・맥주를 한 잔만 **따라** 주세요.　ビールを一杯だけ注いでください。
　음식 값은 제가 **치렀어요**.　食事代は私が払いました。

5　ㅎ（ヒウッ）不規則活用

「ㅎ」パッチムで終わる一部の形容詞の語幹に母音で始まる語尾が結合すると、パッチム「ㅎ」が脱落する。この活用を「ㅎ（ヒウッ）不規則活用」という。

① 「아」で始まる語尾の前で語幹のパッチム「ㅎ」が脱落し、語幹の母音「아/야」＋語尾の「아」は「ㅐ/ㅒ」に変わる。

パッチム「ㅎ」が脱落、語幹の「아/야」＋語尾の「아」が「ㅐ/ㅒ」に変化			
빨갛다	赤い	빨갛+아요 → 빨ㄱ+ㅐ요 → 빨개요	赤いです
노랗다	黄色い	노랗+아요 → 노ㄹ+ㅐ요 → 노래요	黄色いです
까맣다	黒い	까맣+아요 → 까ㅁ+ㅐ요 → 까매요	黒いです
하얗다	白い	하얗+아요 → 하ㅇ+ㅒ요 → 하얘요	白いです

② 「어」で始まる語尾の前で語幹のパッチム「ㅎ」が脱落し、語幹の母音「어/여」＋語尾の「어」は「ㅔ/ㅖ」に変わる。

パッチム「ㅎ」が脱落、語幹の「어/여」＋語尾の「어」が「ㅔ/ㅖ」に変化			
퍼렇다	青い	퍼렇+어요 → 퍼ㄹ+ㅔ요 → 퍼레요	青いです
꺼멓다	黒い	꺼멓+어요 → 꺼ㅁ+ㅔ요 → 꺼메요	黒いです
허옇다	白い	허옇+어요 → 허ㅇ+ㅖ요 → 허예요	白いです

③ ただし、指示形容詞「이렇다, 그렇다, 저렇다, 어떻다」などは語幹の母音と語尾が「ㅖ」ではなく「ㅐ」に変わる。

그렇다	そうだ	그렇+어요 → 그ㄹ+ㅐ요 → 그래요?	そうでしょうか
어떻다	どうだ	어떻+어요 → 어ㄸ+ㅐ요 → 어때요?	どうでしょうか

④ 「으」で始まる語尾の前で語幹のパッチム「ㅎ」が脱落する。脱落とともに調音素「으」はなくなる。

パッチム「ㅎ」が脱落し、「으」は消滅する。		
이렇다	こうだ	이렇+으니까 → 이러+니까 → 이러니까	こうだから
어떻다	どうだ	어떻+을까요 → 어떠+ㄹ까요 → 어떨까요?	どうでしょうか
빨갛다	赤い	빨갛+은+고추 → 빨가+ㄴ+고추 → 빨간고추	赤い唐辛子

171

- **까만** 바지를 살까요?　　　　　黒いズボンを買いましょうか。
  이 치마 **어때요**?　　　　　　　このスカート、どうですか。
  그래요? 꼭 읽어 볼게요.　　　そうですか。必ず読んでみます。
  빨간 색 볼펜으로 쓰세요.　　　赤いボールペンで書いてください。

☞**注意**　語幹が「ㅎ」で終わっていても母音で始まる語尾の前で「ㅎ」が脱落せず規則的に活用するものもある。

※規則活用のもの：좋다（良い）、놓다（置く）、넣다（入れる）、낳다（生む）、쌓다（積む）、싫다（いやだ）、많다（多い）、괜찮다（大丈夫だ）など			
좋다	良い	좋+은　➜ 좋은 날씨	良い天気
넣다	入れる	넣+으려고　➜ 넣으려고	入れようと
놓다	置く	놓+을까요?　➜ 놓을까요?	置きましょうか
싫다	いやだ	싫+어요　➜ 싫어요	いやです

- 뭐 **좋은** 방법이 없을까요?　　　何か良い方法はないでしょうか。
  많은 사람들과 친해졌어요.　　　多くの人たちと親しくなりました。
  설탕을 많이 **넣어서** 달아요.　　砂糖をたくさん入れたので甘いです。

6　여（ヨ）不規則活用

「하다」および「하다」で終わるすべての用言に結合する語尾「아」は「여」に変わる。「여不規則活用」という。

「하다」用言に結合する語尾「아」は「여」に変わって「하+아요 ➜ 하+여요」になる。「하+여요」は「해요」に縮約されて用いられる。			
하다	する	하+아요 ➜ 하+여요 ➜ 해요	します
공부하다	勉強する	공부하+아요 ➜ 공부하+여요 ➜ 공부해요	勉強します
일하다	働く	일하+았어요 ➜ 일하+였어요 ➜ 일했어요	働きました

- 늦었으니까 다음에 **해요**.　　　　遅くなったから次にやりましょう。
  문제를 전혀 풀지 못**했**어요.　　　問題を全然解けなかったです。

☞参考 ハン検5級〜4級出題の不規則活用用言リスト

① ㄷ（ティグッ）不規則用言

걷다	歩く	묻다	尋ねる	듣다	聞く
알아듣다	理解する				

② ㅅ（シオッ）不規則用言

낫다	治る	짓다	(名を) つける、建てる

③ ㅂ（ピウプ）不規則用言

가깝다	近い	덥다	暑い	맵다	辛い
고맙다	有難い	반갑다	嬉しい	쉽다	易しい
눕다	横になる	무겁다	重い	아름답다	美しい
어둡다	暗い	춥다	寒い	어렵다	難しい

④ 르（ル）不規則用言

다르다	異なる	흐르다	流れる	부르다	呼ぶ、歌う
모르다	知らない	빠르다	速い	오르다	登る、上がる

⑤ ㄹ（リウル）脱落用言

걸다	掛ける	달다	甘い	멀다	遠い
길다	長い	돌다	回る	불다	吹く
늘다	増える	들다	持つ	살다	住む
놀다	遊ぶ	만들다	作る	알다	わかる
힘들다	大変だ	울다	泣く	열다	開ける
팔다	売る	풀다	解く		

⑥ ㅡ（ウ）脱落用言

고프다	空腹だ	쓰다	書く	바쁘다	忙しい
끄다	消す	뜨다	(目を) 開く	아프다	痛い
나쁘다	悪い	슬프다	悲しい	예쁘다	きれいだ
모으다	集める	크다	大きい	기쁘다	うれしい

第6章 基本文法事項(2)

173

練習＜15＞

☞ 解答は294ページへ

1 次の動詞に語尾「-아요/어요」、「-으려고」を結合してみよう。

基本形		-아요/-어요 〜ます	-으려고 〜ようと
묻다	尋ねる		
듣다	聞く		
걷다	歩く		
싣다	載せる		
믿다*	信じる		
받다*	もらう		
닫다*	閉める		
얻다*	得る		

※「*」は規則動詞。　　　　　　　　　　　　　　　　➡ ㄷ不規則はp.166へ

2 次の動詞に語尾「-아요/어요」、「-으면」を結合してみよう。

基本形		-아요/-어요 〜ます	-으면 〜は、〜たら
낫다	治る		
짓다	建てる		
웃다*	笑う		
씻다*	洗う		
벗다*	脱ぐ		

※「*」は規則動詞。　　　　　　　　　　　　　　　　➡ ㅅ不規則はp.167へ

練習

☞ 解答は 295 ページへ

3 次の用言に語尾「-아요/어요」、「-으니까」を結合してみよう。

基本形		-아요/어요 ～ます、～です	-으니까 ～から、～ので
아름답다	美しい		
어둡다	暗い		
가볍다	軽い		
무겁다	重い		
어렵다	難しい		
쉽다	易しい		
맵다	辛い		
고맙다	有り難い		
덥다	暑い		
춥다	寒い		
즐겁다	楽しい		
가깝다	近い		
돕다	助ける		
곱다	きれいだ		
입다*	着る		
좁다*	狭い		

※「*」は規則用言。　　　　　　　　　　　➡ ㅂ不規則は p.168 へ

練習

☞ 解答は 296 ページへ

4 次の用言に語尾「-아요/어요」、「-아서/어서」を結合してみよう。

基本形		-아요/어요 ～ます、～です	-아서/어서 ～て、～ので
부르다	歌う		
고르다	選ぶ		
빠르다	速い		
기르다	育てる		
자르다	切る		
오르다	上がる		
모르다	知らない		
서두르다	急ぐ		

➡ 르不規則は p.170 へ

5 次の用言に語尾「-아요/어요」、「-으니까」を結合してみよう。

基本形		-아요/어요 ～です	-으니까 ～から
빨갛다	赤い		
노랗다	黄色い		
하얗다	白い		
퍼렇다	青い		
그렇다	そうだ		
이렇다	こうだ		

➡ ㅎ不規則は p.171 へ

練習

☞ 解答は296ページへ

6 보기 のように文末の用言を해요体に直してみよう。

| 보기 김치는 (맵다). ➜ 매워요 | キムチは (辛い)。 ➜ 辛いです |

（1） 매일 한 시간쯤 (걸다).　　　　　毎日1時間ぐらい（歩く）
➜

（2） 노래방에서 노래를 (부르다).　　　カラオケで歌を（歌う）
➜

（3） 여기서 회사가 (가깝다).　　　　　ここから会社が（近い）
➜

（4） 친구들이 모두 (웃다).　　　　　　友だちがみんな（笑う）
➜

（5） 시험이 너무 (어렵다).　　　　　　試験がとても（難しい）
➜

（6） 자주 음악을 (듣다).　　　　　　　よく音楽を（聴く）
➜

（7） 여기는 날씨가 (좋다).　　　　　　ここは天気が（良い）
➜

（8） 언니와 성격이 (다르다).　　　　　姉と性格が（違う）
➜

（9） 감기가 좀처럼 안 (낫다).　　　　風邪がなかなか（治ら）ない
➜

（10） 이 방은 너무 (좁다).　　　　　　この部屋はとても（狭い）
➜

（11） 고추가 아주 (빨갛다).　　　　　唐辛子がとても（赤い）
➜

（12） 버스보다 지하철이 (빠르다).　　バスより地下鉄が（速い）
➜

24 代名詞の縮約

話し言葉では代名詞に助詞が接続すると縮約されて用いられることが多い。

(1)「代名詞(人)＋助詞」の縮約形

代名詞＋助詞	縮約形	意味	代名詞＋助詞	縮約形	意味
나＋가	내가	私が	너＋가	네가	君が
나＋는	난	私は	너＋는	넌	君は
나＋에게	내게	私に	너＋를	널	君を
나＋를	날	私を	너＋에게	네게	君に
저＋가	제가	私が	우리＋는	우린	私たちは
저＋는	전	私は	우리＋를	우릴	私たちを
저＋에게	제게	私に	저희＋는	저흰	私たちは
저＋를	절	私を	저희＋를	저흴	私たちを
누구＋가	누가	誰が	누구＋를	누굴	誰を
나＋의	내	私の	저＋의	제	私の

(2)「代名詞(事物)＋助詞」の縮約形

代名詞＋助詞	縮約形	意味	代名詞＋助詞	縮約形	意味
이것＋을	이걸	これを	이것＋이	이게	これが
그것＋을	그걸	それを	그것＋이	그게	それが
저것＋을	저걸	あれを	저것＋이	저게	あれが
이것＋은	이건	これは	이것＋으로	이걸로	これで
그것＋은	그건	それは	그것＋으로	그걸로	それで
저것＋은	저건	あれは	저것＋으로	저걸로	あれで
무엇	뭐	何	무엇＋이	뭐가	何が
무엇＋을	뭘	何を	것 / 것＋이	거 / 게	ものが

(3)「代名詞（場所）＋助詞」の縮約形

代名詞＋助詞	縮約形	意味	代名詞＋助詞	縮約形	意味
여기＋는	여긴	ここは	여기＋를	여길	ここを
거기＋는	거긴	そこは	거기＋를	거길	そこを
저기＋는	저긴	あそこは	저기＋를	저길	あそこを
여기＋에서	여기서	ここで	어디＋를	어딜	どこを
거기＋에서	거기서	そこで	저기＋에서	저기서	あそこで

① **난** 우유를 싫어해요.　　　　　　私は牛乳が嫌いです。
　가수는 **누굴** 좋아해요?　　　　　歌手は誰が好きですか。
　어느 **게** 좋아요?　　　　　　　　どれがいいですか。
　이건 누구 **거**예요?　　　　　　　これは誰のものですか。
　그건 내 **게** 아니에요.　　　　　　それは私のものではありません。

② **이걸** 보세요.　　　　　　　　　これをみてください。
　이게 우리 가족사진이에요.　　　これが私の家族写真です。
　이걸로 할까요?　　　　　　　　これにしましょうか。
　그건 잘 모르겠어요.　　　　　　それはよくわかりません。
　이게 뭐예요?　　　　　　　　　それは何ですか。
　뭘 먹을까요?　　　　　　　　　何を食べましょうか。
　뭐가 좋을까요?　　　　　　　　何がいいでしょうか。

③ **여긴** 어디예요?　　　　　　　　ここはどこですか。
　거긴 날씨가 어때요?　　　　　　そこの天気はどうですか。
　저긴 뭐 하는 곳이에요?　　　　あそこは何をするところですか。
　여길 보세요.　　　　　　　　　ここを見てください。
　어딜 가세요?　　　　　　　　　どこへ行かれますか。

練習＜16＞

☞ 解答は296ページへ

1 보기 のよう縮約形に直しなさい。

| 보기 (누구를)만났어요? →
    누굴 | (誰に) 会いましたか。→
誰に |

（1）(여기를) 보세요.　　　　　　　　　　ここを見てください
　→

（2）(무엇을) 먹을까요?　　　　　　　　何を食べましょうか
　→

（3）(거기는) 날씨가 어때요?　　　　　そこは天気はどうですか
　→

（4）(이것은) 얼마예요?　　　　　　　　これはいくらですか
　→

（5）(어느 것이) 좋을까요?　　　　　　どれがいいでしょうか
　→

（6）(저는) (이것으로) 하겠어요?　　　私はこれにします
　→

（7）(무엇이) 좋을까요?　　　　　　　　何がいいでしょうか
　→

（8）(여기는) 어디예요?　　　　　　　　ここはどこですか
　→

（9）(우리는) 대학생이에요.　　　　　　私達は大学生です
　→

（10）(저에게) 전화 주세요.　　　　　　私に電話ください
　→

（11）(이것이) 뭐예요?　　　　　　　　　これは何ですか
　→

（12）(나는) 냉면을 먹겠어요.　　　　　私は冷麺にします
　→

180

練習 ☞ 解答は296ページへ

2 보기 のよう縮約形に直しなさい。

보기 (이것은) 뭐예요? ➜ 　　　이건	(これは) 何ですか。➜ これは

(1) (나를) 따라서 하세요. 　　　　　私についてやってください
➜

(2) (저것이) 뭐예요? 　　　　　　　あれは何ですか
➜

(3) (그것은) 값이 비싸요. 　　　　　それは値段が高いです
➜

(4) (이것으로) 할까요? 　　　　　　これにしましょうか
➜

(5) (저기를) 건너가세요. 　　　　　あそこを渡ってください
➜

(6) (나에게) 온 편지예요. 　　　　　私に来た手紙です
➜

(7) (저것은) 무슨 건물이에요? 　　あれは何の建物ですか
➜

(8) (저기는) 도서관이에요. 　　　　あそこは図書館です
➜

(9) (무엇이) 있어요? 　　　　　　　何がありますか
➜

(10) (무엇을) 마실까요? 　　　　　　何を飲みましょうか
➜

(11) (이것이) 아니에요. 　　　　　　これではありません
➜

(12) (저는) 안 가겠어요. 　　　　　　私は行きません
➜

メモ

第7章

助詞(2)
(ハングル検定4級レベル)

25 助詞(2)

25 助詞（2）

助詞（2）では主にハングル検定4級出題レベルの助詞をまとめて解説する。

1 가/이 ②　　〜になる

助詞　「되다」とともに用いられて変化の対象を表す。
接続　母音体言には「가」、子音体言には「이」の形で接続する。

母音体言 ＋가 (되다)	의사+**가** 되었다	医者になった
子音体言 ＋이 (되다)	얼음+**이** 되었다	氷になった

※「가/이①」は p.66 を参照。

・어떤 사람**이** 되고 싶어요?　　どんな人になりたいですか。
　형처럼 의사**가** 되고 싶어요.　　兄のように医者になりたいです。
　졸업후에 회사원**이** 됐어요.　　卒業後に会社員になりました。
　물이 얼어서 얼음**이** 됐어요.　　水が凍って氷になりました。

2 께　　〜（人）に

助詞　人を表す名詞に付いて尊敬の対象を表す。「에게」、「한테」の尊敬語。

人を表す名詞 ＋께	부모님+**께**	両親に	사장님+**께**	社長に
	교수님+**께**	教授に	부장님+**께**	部長に

※ p.73〜74 の「에게」、「한테」を参照。

・할머니**께** 인사를 드렸습니다.　　祖母にご挨拶申し上げました。
　선생님**께** 말씀드렸어요.　　先生に申し上げました。
　부장님**께** 전화해 보세요.　　部長に電話してみてください。

3 께서　　　　　　　　～(人)が

助詞　人を表す名詞に付いて尊敬の意を表す。主格助詞「가/이」(p.66)の尊敬語。

人を表す名詞 +께서	부모님+께서	両親が	사장님+께서	社長が
	교수님+께서	教授が	부장님+께서	部長が

- 세종대왕**께서** 만드셨습니다.　　世宗大王が作られました。
  선생님**께서** 그렇게 말씀하셨어요.　先生がそうおっしゃいました。
  저분**께서** 가르쳐 주셨어요.　　　あの方が教えてくださいました。
  어머님**께서** 젊으시네요.　　　　　お母様がお若いですね。

☞参考　께서는 / 께서도 / 께서만 : ～は／～も／～だけ
「께서」は助詞「는」、「도」、「만」と結合して「께서는」、「께서도」、「께서만」の形で用いられ、尊敬の意を表す。

- 할아버지**께서는** 이제 괜찮으세요?　　おじいさんはもう大丈夫ですか。
  선생님**께서도** 그렇게 말씀하셨어요.　先生もそうおっしゃいました。
  아저씨**께서만** 오셨어요.　　　　　　おじさんだけが来られました。

4 밖에　　　　　　　　～しか

助詞　否定の表現とともに用いられて、特定の事柄や条件以外のものをすべて否定する意を表す。

名詞 +밖에	이것+밖에	これしか	하나+밖에	一つしか
	오늘+밖에	今日しか	공부+밖에	勉強しか

- 오늘**밖에** 시간이 없어요.　　　　今日しか時間がありません。
  역까지 십 분**밖에** 안 걸려요.　　駅まで10分しかかかりません。
  공부**밖에** 모르는 사람이에요.　　勉強しか知らない人です。
  한 개**밖에** 안 팔아요.　　　　　一つしか売りません。

5 에 ②　　　　　　　　　～で、～に

助詞　①道具、手段、②単位を表す。

名詞 +에	물+에	水で	한장+에	一枚で
	햇볕+에	日光で	한장+에	一個で

① 배추를 물에 씻어 놓았어요.　　白菜を水で洗っておきました。
　햇볕에 빨래를 말려요.　　　　　日光で洗濯物を乾かします。
　그때는 촛불에 책을 읽었어요.　　当時は蝋燭で本を読みました。

② 한 사람에 한 장씩 받으세요.　　一人で一枚ずつもらってください。
　책을 일주일에 한 권씩 읽는다.　　本を一週間に一冊ずつ読みます。
　이건 두 개에 오천 원이에요.　　これは2個で5000ウォンです。

6 에게서　　　　　　　　　～ (人) から

助詞　人や動物を表す名詞に付いて出所を表す。

人を表す名詞 +에게서	언니+에게서	姉から	딸+에게서	娘から
	아저씨+에게서	叔父から	아들+에게서	息子から

・누구에게서 들었어요?　　　　　誰から聞きましたか。
　언니에게서 받은 선물이에요.　　姉からもらったプレゼントです。
　친구에게서 책을 빌렸어요.　　　友だちから本を借りました。
　민수에게서 한국어를 배웠어요.　ミンスから韓国語を学びました。

☞**参考**　「에게서」は同じ意味の助詞「한테서」と置き換えられる。「한테서」は主に会話体で用いられる。

・누구(**에게서** / **한테서**) 들었어요?　誰から聞きましたか。
　언니(**에게서** / **한테서**) 받았어요.　姉からもらいました。

7　한테서　　　　　　　　～(人)から

助詞　人や動物を表す名詞に付いて出所を表す。書き言葉でも用いられる助詞「에게서」に対して主に会話体で用いられる。

人を表す名詞 ＋한테서	언니+**한테서**	姉から	딸+**한테서**	娘から
	아저씨+**한테서**	叔父から	아들+**한테서**	息子から

・누구**한테서** 들었어요?　　　　　誰から聞きましたか。
　언니**한테서** 받은 선물이에요.　　姉からもらったプレゼントです。
　친구**한테서** 책을 빌렸어요.　　　友だちから本を借りました。
　민수**한테서** 한국어를 배웠어요.　ミンスから韓国語を学びました。

☞**注意**　助詞「에게서/한테서：(人) から」と「에게/한테：(人) に」(p.73)は必ず人を表す名詞に接続する。対象を表す助詞「에 (に)」と起点を表す助詞「부터 (から)」とよく混同されるので注意が必要。

・엄마(×부터, ○**한테서**) 들었어요.　母 (から) 聞きました。
　언니(×에, ○**한테**) 전화했어요.　姉 (に) 電話しました。

8　처럼　　　　　　　　～のように

助詞　比喩や例示の対象を表す。

名詞 ＋처럼	새+**처럼**	鳥のように	부모+**처럼**	親のように
	돌+**처럼**	石のように	말+**처럼**	言葉のように

・새**처럼** 하늘을 날고 싶어요.　　　鳥のよう空を飛びたいです。
　가수**처럼** 노래를 잘해요.　　　　歌手のように歌がうまいです。
　저**처럼** 해 보세요.　　　　　　　私のようにやってみてください。
　어린 아이**처럼** 울지 마세요.　　　子供のように泣かないでください。

☞**参考** 「처럼」は同じ意味の助詞「같이」(p.67) と置き換えられる。

- 낮(**처럼/같이**) 밝아요. 昼間(のように)明るいです。
  말(**처럼/같이**) 쉽지 않아요. 言葉(のように)簡単ではありません。

9 (이)라도　　　　　　　　　～でも

助詞 ①例示、不十分な容認、②「누구, 언제, 어디, 무엇, 아무」などの不定称の指示語に付いて全面的な肯定、③時間や数量の言葉に付いてその意味を強調する意を表す。

接続 母音体言には「라도」、子音体言には「이라도」の形で接続する。

| 母音体言 +라도 | 식사+**라도** | 食事でも | 누구+**라도** | 誰でも |
| 子音体言 +이라도 | 밥+**이라도** | ご飯でも | 일 분+**이라도** | 一分でも |

① 영화**라도** 보러 갈까요? 映画でも見に行きましょうか。
　술**이라도** 한잔합시다. お酒でも一杯やりましょう。
　얘기**라도** 좀 해 주세요. ちょっと話でもしてください。

② 언제**라도** 괜찮아요. いつでも大丈夫です。
　장소는 어디**라도** 좋아요. 場所はどこでもいいです。
　무엇**이라도** 사 주고 싶어요. 何でも買ってやりたいです。

③ 하루**라도** 더 있고 싶어요. 一日でも長くいたいです。
　일 초**라도** 더 빨리 갑시다. 一秒でも早く行きましょう。
　잠시**라도** 이 일은 쉴 수 없어요. 少しでもこの仕事は休めません。

10 ㄴ　　　　　　　　　　～は

助詞　助詞「는」の縮約形で、①主題、②対照、③強調の意を表す。
接続　母音で終わる体言や副詞、語尾などに接続する。

母音体言 ＋ㄴ	나+ㄴ=난	私は	산에+ㄴ=산엔	山には
	사과+ㄴ=사관	リンゴは	멀지+ㄴ=멀진	遠くは

① **난** 학생이에요.　　　　　　　私は学生です。
　이 **사관** 좀 비싸요.　　　　　　このリンゴは少し高いです。
　이번 주말**엔** 뭐 해요?　　　　　今週末は何をしますか。

② **바나난** 괜찮은데 **포돈** 씨가 있어서….
　バナナはいいが、ブドウは種があるので…。
　어젠 추웠는데 오늘은 따뜻해요.
　昨日は寒かったが今日は暖かいです。

③ 그렇게 **멀진** 않아요.　　　　　　そんなに遠くないです。
　편지를 **남기곤** 가 버렸어요.　　　手紙を残して行ってしまいました。
　다음부턴 늦으면 안 돼요.　　　　次からは遅れてはいけません。

11 ㄹ　　　　　　　　　　～を

助詞　助詞「를」の縮約形で、動作・作用の対象・目標を表す。
接続　母音で終わる体言や副詞、語尾などに接続する。

母音体言 ＋ㄹ	누구+ㄹ=누굴	誰を	엄마+ㄹ=엄말	母を
	바지+ㄹ=바질	ズボンを	청소+ㄹ=청솔	掃除を

・오늘 **바질** 샀어요.　　　　　　今日ズボンを買いました。
　누굴 만났어요?　　　　　　　誰に会いましたか。
　엄말 도와 **청솔** 했어요.　　　母を手伝って掃除をしました。
　어젠 **영활** 보러 갔어요.　　　　昨日は映画を見に行きました。

189

練習＜17＞

☞ 解答は297ページへ

1 次の（　）に入る適当な助詞を 보기 から選んで書き入れなさい。

보기 ①에, ②밖에, ③께, ④께서, ⑤처럼, ⑥(이)라도, ⑦가/이, ⑧한테서	①に, ②しか, ③に, ④が, ⑤のように, ⑥でも, ⑦が・に, ⑧から

(1) 오늘(　　　) 시간이 없어요.　　　　今日、時間がない

(2) 졸업하고 회사원(　　　) 됐어요.　　卒業、会社員、なる

(3) 누구(　　　) 빌렸어요?　　　　　　誰、借りる

(4) 새(　　　) 날고 싶어요.　　　　　　鳥、飛びたい

(5) 언제(　　　) 괜찮아요.　　　　　　いつ、大丈夫だ

(6) 이건 한 개(　　　) 천 원이에요.　　これ、一個、千ウォン

(7) 아이(　　　) 울지 마세요.　　　　　子供、泣く

(8) 선생님(　　　) 쓰셨어요.　　　　　先生、お書きになる

(9) 할머니(　　　) 말씀드렸어요?　　おばあさん、申し上げる

(10) 여기서 십 분(　　　) 안 걸려요.　ここから、10分、かかる

(11) 영화(　　　) 보러 갈까요?　　　　映画、見に行く

(12) 형(　　　) 의사(　　　) 되고 싶어요.　兄、医者

練習

☞解答は 297 ページへ

2 (　) の中に適切な助詞を①〜④の中から一つ選びなさい。

(1) 커피 (　) 마실까요?
　① 라서　② 라도　　③ 에서도　④ 로

(2) 이 꽃 누구 (　) 받은 거예요?
　① 부터　② 께서　　③ 에서　　④ 한테서

(3) 하루 (　) 더 있고 싶어요.
　① 처럼　② 같이　　③ 라도　　④ 한테

(4) 여동생 (　) 시계를 선물했어요.
　① 에　　② 에게　　③ 한테서　④ 께

(5) 오빠는 졸업 후에 교사 (　) 됐어요.
　① 에게서 ② 가　　　③ 에　　　④ 에게

(6) 지금 할머니 (　) 와 계세요.
　① 께　　② 에게　　③ 께서　　④ 에게서

(7) 언니는 주말에도 책 (　) 읽어요.
　① 밖에　② 만　　　③ 라도　　④ 보다

(8) 선생님 (　) 무슨 선물을 할까요?
　① 께　　② 에게서　③ 께서　　④ 에

(9) 돈이 이것 (　) 없어요.
　① 처럼　② 라서　　③ 한테　　④ 밖에

(10) 어린 아이 (　) 울지 마세요.
　① 에게　② 께　　　③ 한테　　④ 처럼

メモ

第8章

語尾（2）
（ハングル検定4級レベル）

26 終結語尾（2）
27 連結語尾（2）

26 終結語尾（2）

　ここでは主にハングル検定4級出題レベルの終結語尾をまとめて解説する。

1　-(으)ㄹ게요　　　　　　　　　〜しますから、〜しますよ

語尾　動詞の語幹に付いて意志の表明や約束の意を表す。
接続　「-ㄹ게요」は母音語幹・ㄹ語幹に、「-을게요」は子音語幹に接続する。

| 母音語幹 ＋ㄹ게요 | 하다 | 하+ㄹ게요 ➡ 할게요 | しますよ |
| 子音語幹 ＋을게요 | 먹다 | 먹+을게요 ➡ 먹을게요 | 食べますよ |

・청소는 내가 할게요.　　　　　　掃除は私がやりますよ。
　한번 만나 볼게요.　　　　　　　一度会ってみます。
　그럼 1층에서 기다릴게요.　　　では、1階で待ってます。
　구두는 내가 닦을게요.　　　　　くつは私が磨きます。

2　-(으)ㄹ까요？　②　　　　　　〜でしょうか、〜ましょうか

語尾　用言の語幹に付いて①疑問や推測、②意志の確認や提案の意を表す。
接続　「-ㄹ까요」は母音語幹・ㄹ語幹に、「-을까요」は子音語幹に接続する。

| 母音語幹 ＋ㄹ까요？ | 가다 | 가+ㄹ까요 ➡ 갈까요？ | 行きましょうか |
| 子音語幹 ＋을까요？ | 앉다 | 앉+을까요 ➡ 앉을까요？ | 座りましょうか |

① 방법이 이것밖에 없을까요?　　　方法がこれしかないでしょうか。
　몇 시쯤 도착할까요?　　　　　　何時ごろ到着するでしょうか。
　약속 시간에 늦지 않을까요?　　約束の時間に遅れないでしょうか。

② 몇 시에 떠날**까요**? 何時に出発しましょうか。
어디서 만날**까요**? どこで会いましょうか。
같이 밥 먹으러 갈**까요**? 一緒にご飯を食べに行きましょうか。

3 -(으)ㅂ시다　　～ましょう

語尾 動詞の語幹に付いて勧誘の意を表す。

接続 「-ㅂ시다」は母音語幹・ㄹ語幹に、「-읍시다」は子音語幹に接続する。

母音語幹 +ㅂ시다	가다	가+ㅂ시다 ➔ 갑시다	行きましょう
子音語幹 +읍시다	먹다	먹+읍시다 ➔ 먹읍시다	食べましょう

・여기 앉**읍시다**. ここに座りましょう。
　내일 만납**시다**. 明日会いましょう。
　밥 먹으러 갑**시다**. ご飯を食べに行きましょう。
　같이 찾아 봅**시다**. 一緒に探してみましょう。

4 -(으)려고요　　～ようと思いまして、～ようと思います

語尾 動詞の語幹に付いて意図を説明する意を表す。

接続 「-려고요」は母音語幹・ㄹ語幹に、「-으려고요」は子音語幹に接続する

母音語幹 +려고요	사다	사+려고요 ➔ 사려고요	買おうと思って
子音語幹 +으려고요	읽다	읽+으려고요 ➔ 읽으려고요	読もうと思って

・어디 가세요? どこに行きますか。
　- 시장에 가요. － 市場に行きます。
　과일을 사**려고요**. 果物を買おうと思いまして。
　누굴 만나**려고요**? 誰に会おうとするんですか。
　- 친굴 만나**려고요**. － 友だちに会おうと思いまして。

5 -(으)십시오　　　～てください、お／ご～ください

語尾　動詞の語幹に付いて、丁寧な命令や勧誘の意を表す。
接続　「-십시오」は母音語幹・ㄹ語幹に、「-으십시오」は子音語幹に接続する

母音語幹 +십시오	보다	보+십시오 ➜ 보십시오	見てください
子音語幹 +으십시오	찍다	찍+으십시오 ➜ 찍으십시오	撮ってください

- 빨리 오**십시오**.　　　　　　　　早く来てください。
  여기서 기다리**십시오**.　　　　　ここでお待ちください。
  좋은 꿈 꾸**십시오**.　　　　　　　良い夢を見てください。
  제 말을 믿**으십시오**.　　　　　　私の話を信じてください。

☞**参考**　打ち解けた言い方では해요体の「-(으)세요」がよく用いられる。
- 빨리 오**세요**.　　　　　　　　　早く来てください。
  여기에 앉**으세요**.　　　　　　　ここにお座りください。

6 -(이)라서요　　　～なので、～だからです

語尾　名詞（指定詞이다／아니다の語幹）に付いて理由や根拠を表す。
接続　「-라서요」は母音体言に、「-이라서요」は子音体言に接続する。

母音体言 +라서요	가다	가+ㄹ까요 ➜ 갈까요?	行きましょうか
子音体言 +이라서요	앉다	앉+을까요 ➜ 앉을까요?	座りましょうか

- 그 아이는 아직 어린애**라서요**.　あの子はまだ子供なのですから。
  오늘은 쉬어요. 휴일**이라서요**.　今日は休みます。休日なので。
  전 돈이 없어요. 학생**이라서요**.　私はお金がないです。学生なので。
  그건 제 일이 아니**라서요**.　　　それは私の仕事ではありませんので。

7 -아서요 / -어서요　　　〜からです、〜ので

語尾 用言の語幹に付いて理由、根拠を説明する意を表す。
接続 ①「-아서요」は ㅏ, ㅗ の語幹に、②「-어서요」は ㅏ, ㅗ 以外の語幹に、③「-여서요」は하다用言の語幹に接続する。

① ㅏ, ㅗの語幹 ＋아서요	좁다	좁+**아서요**	狭いので
② ㅏ, ㅗ以外の語幹 ＋어서요	넓다	넓+**어서요**	広いので
③ 하다の語幹 ＋여서요	하다	하+**여서요** ➡ 해서요	するので

※ 接続の詳細は p.33 〜 p.35 の해요体の作り方を参照。

- 왜 점심을 안 먹었어요?　　　　なんで昼食を食べなかったのですか。
  - 일이 바빠**서요**.　　　　　　− 仕事が忙しかったので
  담배 끊었어요?　　　　　　　　タバコやめましたか。
  - 네, 건강에도 안 좋**아서요**.　− ええ、健康にもよくないので。
  못 가요. 갑자기 일이 생**겨서요**. 行けません。急に用事ができまして。

8 -아요 / -어요 ②　　　①お〜ください、〜てください、②〜ましょう

語尾 動詞の語幹に付いて命令、勧誘の意を表す。
接続 ①「-아요」は ㅏ, ㅗ の語幹に、②「-어요」は ㅏ, ㅗ 以外の語幹に、③「-여요」は하다用言の語幹に接続する。

① ㅏ, ㅗの語幹 ＋아요	앉다	여기 앉+**아요**	ここに座って
② ㅏ, ㅗ以外の語幹 ＋어요	먹다	같이 먹+**어요**	一緒に食べましょう
③ 하다の語幹 ＋여요	정하다	빨리 정**해요**	早く決めましょう

- 그럼 역 앞에서 **기다려요**.　　では駅の前で待ってください。
  이쪽으로 와서 **앉아요**.　　　こっちに来て座ってください。
  이것 좀 먹어 **봐요**.　　　　　これを食べてみて。
  빨리 **가요**. 시간에 늦겠어요. 早く行きましょう。時間に遅れそうです。

9 -거든요　　　　　　　　　　〜んですよ、〜するからです

語尾　用言の語幹に付いて理由や原因、根拠を説明する意を表す。

語幹 +거든요	오다	비가 오+거든요	雨が降っているんですよ
	좋다	날씨가 좋+거든요	天気が良いからです

- 오늘은 시간이 없어요.　　　　　　今日は時間がありません。
  일이 너무 바쁘**거든요**.　　　　　　仕事がとても忙しいものですから。
  감기약을 먹었**거든요**.　　　　　　風邪薬を飲んだんですよ。
  그래서 오늘은 운전을 못해요.　　だから今日は運転ができません。

☞**参考**　名詞には「-(이)거든요」の形で接続する。
  학생**이거든요**. 돈이 없어요.　　　学生なんですよ。お金がないんです。
  걸어서 5분**이거든요**. 가까워요.　歩いて5分です。近いです。

10 -네요　　　　　　　　　　　　〜ですね、〜ますね

語尾　用言の語幹に付いて話し手の感想、詠嘆の意を表す。

語幹 +네요	비싸다	값이 비싸+네요	値段が高いですね。
	좋다	날씨가 좋+네요	天気がいいですね。

- 한국말을 잘하**네요**.　　　　　　　韓国語が上手ですね。
  가을 하늘은 역시 높**네요**.　　　　秋の空はやはり高いですね。
  또 일등이요? 정말 대단하**네요**.　また一位ですか。本当にすごいですね。

☞**参考**　形容詞の語幹 +군요/ 動詞の語幹 +는군요：〜ですね、〜ますね
話し手の感想や認識、確認、詠嘆の意を表す。「-네요」とほぼ同じ意で用いられる。
- 시간이 참 빠르**군요**.　　　　　　時間が本当に早いですね。
  눈이 내리**는군요**.　　　　　　　　雪が降っていますね。

11 -잖아요　　　　　　　　　　～じゃないですか、～でしょう

語尾　用言の語幹に付いて、確認や訂正の意を表す。「-지 않아요」の縮約形で慣用表現だが、ここでは便宜的に終結語尾として取り上げる。

語幹 +잖아요	바쁘다	요즘 바쁘+**잖아요**	最近忙しいじゃないですか
	있다	회의가 있+**잖아요**	会議があるじゃないですか

- 가을에 만났**잖아요**.　　　　　秋に会ったじゃないですか。
  지난번에 알려 줬**잖아요**.　　　前回教えてあげたじゃないですか。
  내일 하기로 했**잖아요**.　　　　明日やることにしたじゃないですか。
  비가 아니라 눈이 오**잖아요**.　　雨じゃなく雪が降っているじゃないですか。

12 -겠- ②　　　　　　　　　　①～しそうだ、②～いたします

先語末語尾　用言の語幹に付いて①未来のことに対する判断や推測、②丁寧・控えめな気持ちの意を表す。

語幹 +겠-	맵다	아주 맵+**겠**+어요	とても辛そうですね
	알다	네, 알+**겠**+습니다	はい、わかりました

※意志を表す「-겠- ①」は p.90 を参照。

① 내일은 비가 오**겠**네요.　　　　明日は雨が降りそうですね。
   흰색이 잘 어울리**겠**어요.　　　白い色がよく似合いそうです。
   비행기 시간에 늦**겠**어요.　　　飛行機の時間に遅れそうです。
   밝고 넓은 방이 좋**겠**어요.　　　明るくて広い部屋がいいと思います。

② 처음 뵙**겠**습니다.　　　　　　初めてお目にかかります。
   길 좀 묻**겠**습니다.　　　　　　ちょっと道をお尋ねします。
   도와 주시면 고맙**겠**어요.　　　手伝っていただければ有難いです。
   글쎄요. 잘 모르**겠**어요.　　　　さあ、よくわかりません。

☞**参考1** 用言の語幹 ＋ -았겠-/-었겠- : ～したのだろう、～だったのだろう
用言の語幹に付いて過去や完了したことへの推測の意を表す。

- 지금쯤 부산에 도착**했겠**네요.　　今頃は釜山に着いたでしょうね。
  수업은 벌써 끝**났겠**어요.　　　　授業はすでに終わったでしょうね。
  많이 바**빴겠**어요.　　　　　　　　とても忙しかったでしょう。
  기분이 좋**았겠**어요.　　　　　　　気持ちよかったでしょうね。

☞**参考2** 「-ㅂ시다/-읍시다」と「-아요/-어요」

① 勧誘の意の語尾「-ㅂ시다/-읍시다」(p.195)は同輩や目下に対して、女性よりは男性が、若い人よりは中年以上の人で用いられる傾向があり、やや硬い感じを与える。目上の人には用いない。同輩に対しては「-아요/-어요」形を、より丁寧には「-(으)ㄹ까요」形を用いる。

- 내일 만**납시다**.　　　　　明日会いましょう。
  내일 만**나요**.　　　　　　明日会いましょう。
  내일 만**날까요**.　　　　　明日会いましょうか。

② 勧誘と命令の意の語尾「-아요/-어요」(p.197)は同輩や目下、親しい目上の人に対して用いる。目上の人に対して丁寧に言うときは「-(으)세요」(p.97)、「-(으)시지요」(p.243)形が用いられる。

- 여기서 기다**려요**.　　　　ここで待ってください。
  여기서 기다리**세요**.　　　ここでお待ちください。
  여기서 기다리**시지요**.　　ここでお待ちくださいませんか。

練習<18>

☞ 解答は 297 ページへ

1 보기 のように文を作りなさい。　　　➡「-(으)ㄹ게요」は p.194 へ

보기 누구, 문, 닫다 / 나 ➡ 누가 문을 닫겠어요? - 내가 닫을게요.	誰、ドア、閉める／私 ➡ 誰がドアを閉めますか。 — 私が閉めます。

(1) 어디, 기다리다 / 역 앞　　　　　　　どこ、待つ／駅の前
➡

(2) 무엇, 타고 가다 / 버스　　　　　　何、乗って行く／バス
➡

(3) 몇 시, 가다 / 열 시　　　　　　何時、行く／10 時
➡

(4) 언제, 출발하다 / 오후　　　　　　いつ、出発する／午後
➡

(5) 언제, 만나다 / 토요일　　　　　　いつ、会う／土曜日
➡

2 보기 のように文を作りなさい。　　　➡「-(으)ㄹ까요?」は p.194 へ

보기 몇 시쯤에 도착하다 ➡ 몇 시쯤에 도착할까요?	何時頃に到着する ➡ 何時頃に到着するでしょうか

(1) 내일도 비가 오다 ➡　　　　　　明日も雨が降る

(2) 시간에 늦지 않다 ➡　　　　　　時間に遅れない

(3) 꽃이 피었다 ➡　　　　　　花が咲いた

(4) 어느 것이 좋다 ➡　　　　　　どれがいい

(5) 이 김치는 맵다 ➡　　　　　　このキムチは辛い

練習

☞ 解答は 297 ページへ

3 보기 のように文を作りなさい。　　　　➡「-(으)ㅂ시다」は p.195 へ

보기 이, 닦다 ➜ 이를 닦읍시다.	歯、磨く ➜ 歯を磨きましょう。

(1) 신발, 벗다 ➜　　　　　　　　　　　　　　　　　　　靴、脱ぐ

(2) 텔레비전, 켜다 ➜　　　　　　　　　　　　　　　　　テレビ、つける

(3) 옷, 갈아입다 ➜　　　　　　　　　　　　　　　　　　服、着替える

(4) 창문, 열다 ➜　　　　　　　　　　　　　　　　　　　窓、開ける

(5) 맥주, 시키다 ➜　　　　　　　　　　　　　　　　　　ビール、注文する

4 보기 のように文を作りなさい。　　　　➡「-(으)려고요」は p.195 へ

보기 커피숍 / 커피, 마시다 　➜ 커피숍에 가요. 　　커피를 마시려고요.	コーヒーショップ/コーヒー、飲む ➜ コーヒーショップに行きます。 コーヒーを飲もうと思いまして。

(1) 백화점 / 구두, 사다　　　　　　　　　　　　　　　デパート/靴、買う
➜

(2) 도서관 / 책, 빌리다　　　　　　　　　　　　　　　図書館/本、借りる
➜

(3) 우체국 / 편지, 부치다　　　　　　　　　　　　　　郵便局/手紙、出す
➜

(4) 카페 / 음악, 듣다　　　　　　　　　　　　　　　　カフェ/音楽、聞く
➜

(5) 식당 / 냉면, 먹다　　　　　　　　　　　　　　　　食堂/冷麺、食べる
➜

練習

☞ 解答は298ページへ

5 보기 のように文を作りなさい。　　　➡「-(으)십시오」は p.196 へ

| 보기 질문을 하다 ➡
　　질문을 하세요. / 하십시오. | 質問をする ➡
質問をしてください。 |

（1） 모두 자리에 앉다 ➡　　　　　　　　　みんな席に座る

（2） 사전을 가지고 오다 ➡　　　　　　　　辞書を持ってくる

（3） 큰 소리로 읽다 ➡　　　　　　　　　　大きな声で読む

（4） 우리 집에 놀러 오다 ➡　　　　　　　　我が家に遊びに来る

（5） 제 말을 잘 듣다 ➡　　　　　　　　　　私の話をよく聞く

6 보기 のように文を作りなさい。　　　➡「-아서요/어서요」は p.197 へ

| 보기 사전을 안 샀다 / 돈이 없다 ➡
　　왜 사전을 안 샀**어요**?
　　- 돈이 없**어서요**. | 辞書を買わなかった／お金がない ➡
なぜ辞書を買わなかったのですか。
－ お金がないので…。 |

（1） 영화를 안 봤다 / 시험이 있다　　映画を見なかった／試験がある
　　➡

（2） 야구를 안 했다 / 비가 오다　　　野球をしなかった／雨が降る
　　➡

（3） 등산을 안 갔다 / 눈이 내리다　　登山に行かなかった／雪が降る
　　➡

（4） 약을 먹다 / 감기가 들다　　　　薬を飲む／風邪を引く
　　➡

（5） 파티에 안 왔다 / 일이 바쁘다　パーティーに来なかった／仕事が忙しい
　　➡

第8章　語尾(2)

練習

☞ 解答は 298 ページへ

7 보기 のように文を作りなさい。　　　　　➡「-아요/어요」は p.197 へ

| 보기 뭘 먹다 / 냉면 ➜
　뭘 먹**을까요**?
　- 냉면을 먹**어요**. | 食べる／冷麺 ➜
何を食べましょうか。
― 冷麺を食べましょう。 |

(1) 언제 만나다 / 내일 ➜　　　　　　　　　いつ会う／明日

(2) 몇 시에 시작하다 / 열 시 ➜　　　　　何時に始める／10 時

(3) 누구한테 부탁하다 / 민수 씨 ➜　　　誰に頼む／ミンスさん

(4) 여행은 어디로 가다 / 경주 ➜　　　　旅行はどこに行く／慶州

(5) 무엇을 마시다 / 맥주 ➜　　　　　　　何を飲む／ビール

8 보기 のように文を作りなさい。　　　　　➡「-거든요」は p.198 へ

| 보기 바지만 입다 / 바지가 편하다 ➜
　왜 바지만 입**어요**?
　- 바지가 편하**거든요**. | ズボンばかり着る／ズボンが楽だ
➜ なぜズボンばかり着るのですか。
― ズボンが楽だからです。 |

(1) 점심을 못 먹었다 / 일이 바쁘다　　昼食を食べなかった／仕事が忙しい
➜

(2) 여기서 사다 / 시장보다 싸다　　　　ここで買う／市場より安い
➜

(3) 지하철을 타다 / 버스보다 빠르다　　地下鉄に乗る／バスより速い
➜

(4) 밥을 남기다 / 아까 빵을 먹었다　　ご飯を残す／さっきパンを食べた
➜

(5) 약을 먹다 / 감기가 들었다　　　　　薬を飲む／風邪を引いた
➜

練習

☞ 解答は 298 ページへ

9 보기 のように文を作りなさい。　　　　➡「-네요」は p.198 へ

| 보기 눈이 많이 오다 ➔
 　　　눈이 많이 **오네요**. | 雪がたくさん降る ➔
 雪がたくさん降っていますね。 |

(1) 발음이 아주 좋다 ➔　　　　　　　　発音がとてもいい

(2) 한국어를 잘하다 ➔　　　　　　　　韓国語が上手だ

(3) 키가 아주 크다 ➔　　　　　　　　背がとても高い

(4) 글씨를 예쁘게 쓰다 ➔　　　　　　　字をきれいに書く

(5) 손님이 많이 오셨다 ➔　　　　　　　お客さんがたくさん来られた

10 보기 のように文を作りなさい。　　　　➡「-잖아요」は p.199 へ

| 보기 어제 약속했다 ➔
 　　　어제 약속했**잖아요**. | 昨日約束した ➔
 昨日約束したじゃないですか。 |

(1) 목요일에는 시험이 있다　　　　　　木曜日には試験がある
 ➔

(2) 네 시에 만나기로 했다　　　　　　　4時に会うことにした
 ➔

(3) 비가 아니라 눈이 오다　　　　　　　雨ではなく雪が降る
 ➔

(4) 벌써 세 시가 넘었다　　　　　　　　もう3時が過ぎた
 ➔

(5) 연말에는 바쁘다　　　　　　　　　　年末は忙しい
 ➔

練習

☞ 解答は 299 ページへ

11 보기 のように文末表現の練習をしてみよう。

보기 문을 닫다. ➜	ドアを閉める。 ➜
① 문을 닫읍시다. ② 문을 닫을게요. ③ 문을 닫으려고요. ④ 문을 닫으십시오. ⑤ 문을 닫아요.	① ドアを閉めましょう。 ② ドアを閉めますよ。 ③ ドアを閉めようと思いまして。 ④ ドアを閉めてください。 ⑤ ドアを閉めましょう。

(1) 여기에 앉다　　　　　　　　　　　　　　　　ここに座る
➜

(2) 여기서 기다리다　　　　　　　　　　　　　　ここで待つ
➜

(3) 빨리 가다　　　　　　　　　　　　　　　　　早く行く
➜

(4) 큰 소리로 읽다　　　　　　　　　　　　　　大きな声で読む
➜

(5) 창문을 닦다　　　　　　　　　　　　　　　　窓を拭く
➜

練習

☞ 解答は 299 ページへ

12 보기 のように文末表現の練習をしてみよう。

보기 날씨가 좋다. ➔	天気が良い。➔
① 날씨가 좋을까요?	① 天気が良いでしょうか。
② 날씨가 좋아서요.	② 天気が良いので。
③ 날씨가 좋거든요.	③ 天気が良いんですよ。
④ 날씨가 좋네요.	④ 天気が良いですね。
⑤ 날씨가 좋잖아요.	⑤ 天気が良いじゃないですか。

(1) 사람이 많다　　　　　　　　　　　　　　　人が多い
➔

(2) 비가 오다　　　　　　　　　　　　　　　　雨が降る
➔

(3) 흰색이 잘 어울리다　　　　　　　　　　　白色が良く似合う
➔

(4) 아이들이 좋아하다　　　　　　　　　　　　子供達が喜ぶ
➔

(5) 방법이 없다　　　　　　　　　　　　　　　方法がない
➔

27 連結語尾（2）

ここでは主にハングル検定4級出題レベルの連結語尾をまとめて解説する。

| 1 | -(으)니까 | ①〜から、〜ので、
②〜と、〜たら |

語尾 用言の語幹に付いて、①理由や根拠、②前置きの意を表す。
接続 「-니까」は母音語幹・ㄹ語幹に、「-으니까」は子音語幹に接続する。

| 母音語幹 +니까 | 바쁘다 | 일이 바쁘+**니까** | 仕事が忙しいから |
| 子音語幹 +으니까 | 없다 | 돈이 없+**으니까** | お金がないから |

① 비가 오**니까** 잠깐 쉬고 합시다.
날씨가 추우**니까** 감기 조심하세요.
시간이 없**으니까** 택시로 갑시다.

………………………………

雨が降っているからちょっと休んでからしましょう。
寒いから風邪に気をつけてください。
時間がないからタクシーで行きましょう。

② 약속 장소에 가 보**니까** 아무도 없었어요.
오랜만에 먹**으니까** 맛있네요.
나리타공항에 도착하**니까** 네 시였어요.

………………………………

約束の場所に行ってみると誰もいなかったです。
久しぶりに食べたら美味しいですね。
成田空港に着いたら4時でした。

2 -(으)러　　　　　　　　　　　～(し)に、～するために

語尾　動詞の語幹に付いて、移動の目的を表す。移動の動詞「가다, 오다, 나가다」などとともに用いられる。

接続　「-러」は母音語幹・ㄹ語幹に、「-으러」は子音語幹に接続する。

母音語幹 +러	보다	보+러 가다	見に行く
子音語幹 +으러	먹다	먹+으러 가다	食べに行く

- 같이 밥 먹**으러** 갈까요?　　　　一緒にご飯を食べに行きましょうか。
  연극 보**러** 가지 않겠어요?　　　演劇を見に行きませんか。
  내일 어디 놀**러** 가세요?　　　　明日どこか遊びに行きますか。
  시간 있으면 꼭 놀**러** 와요.　　　時間があればぜひ遊びにきてください。

3 -(으)려고　　　　　　　　　　　～ようと、～ようとして

語尾　動詞の語幹に付いて、意図を表す。

接続　「-려고」は母音語幹・ㄹ語幹に、「-으려고」は子音語幹に接続する。

母音語幹 +려고	사다	사+려고 ➔ 사려고	買おうと
子音語幹 +으려고	읽다	읽+으려고 ➔ 읽으려고	読もうとして

- 일찍 일어나**려고** 일찍 잤어요.　　早く起きようと思って早く寝ました。
  질문을 하**려고** 손을 들었어요.　　質問をしようと手をあげました。
  책을 빌리**려고** 도서관에 가요.　　本を借りようと図書館に行きます。
  유학을 가**려고** 돈을 모았어요.　　旅行に行こうとお金をためました。

☞**参考**　文末では「-(으)려고 하다:〜しようと思う」の形でよく用いられる。
　　※ p.237 の「-(으)려고 하다」を参照。

- 컴퓨터를 배우**려고 해요**.　　　　コンピューターを習おうと思います。
  다음에 얘기하**려고 해요**.　　　　次に話そうと思います。

4　-(으)면　　　　　　　　　～と、～ば、たら、ならば

語尾　用言の語幹に付いて、仮定や条件を表す。
接続　「-면」は母音語幹・ㄹ語幹に、「-으면」は子音語幹に接続する。

母音語幹 ＋면	쉬다	쉬+면 ➡ 쉬면	休めば
子音語幹 ＋으면	씻다	씻+으면 ➡ 씻으면	洗うと

・약을 먹고 쉬면 나을 거예요.　　　薬を飲んで休んだら治るでしょう。
　머리를 감으면 기분이 좋아요.　　　髪を洗うと気持ちいいです。
　시간이 있으면 놀러 와요.　　　　　時間があったら遊びに来てください。
　바쁘면 안 와도 돼요.　　　　　　　忙しかったら来なくていいです。
　사진 있으면 보여주세요.　　　　　　写真があったら見せてください。

5　-(이)라도　　　　　　　　～でも、～であっても

語尾　「이다, 아니다」の語幹に付いて例示や仮定の条件を表す。
接続　「-라도」は母音体言と「아니다」の語幹に、「-이라도」は子音体言に接続する。

母音体言 ＋라도	친구	친구+라도	友だちであっても
子音体言 ＋이라도	가족	가족+이라도	家族であっても

・어른이라도 실수할 때가 있어요.　　大人でもミスするときがあります。
　부자가 아니라도 상관없어요.　　　　金持ちでなくてもかまいません。
　그 말이 거짓말이라도 믿고 싶어요.　その話が嘘でも信じたいです。
　오늘이 아니라도 좋아요.　　　　　　今日でなくてもいいです。

☞**参考**　同形の助詞「(이)라도」は例示、容認などを表す。➡ p.188 参照
・밥이라도 먹으러 갈까요?　　　　　ご飯でも食べに行きましょうか。
　언제라도 괜찮아요.　　　　　　　　いつでもかまいません。

6　- (이)라서　　　〜なので、〜だから

語尾　「이다, 아니다」の語幹に付いて、理由や根拠を表す。
接続　「-라서」は母音体言に、「-이라서」は子音体言に接続する。

母音体言 +라서	아이	아직 아이+**라서**	まだ子供なので
子音体言 +이라서	생일	내일이 생일+**이라서**	明日が誕生日なので

- 주말**이라서** 아무도 안 와요.　　週末なので誰も来ません。
  겨울**이라서** 눈이 자주 내려요.　　冬なので雪がよく降ります。
  아이**라서** 아직 한자를 못 읽어요.　子供なのでまだ漢字が読めません。
  난 부자가 아니**라서** 못 사요.　　　私は金持ちではないので買えません。

7　-아도 / -어도　　　〜ても、〜であっても

語尾　用言の語幹に付いて仮定や譲歩、対立の意を表す。
接続　①「-아도」はㅏ, ㅗの語幹に、②「-어도」はㅏ, ㅗ以外の語幹に、③「-여도」は하다用言の語幹に接続する。

①ㅏ, ㅗの語幹 +아도	좁다	좁+**아도**	狭くても
②ㅏ, ㅗ以外の語幹 +어도	넓다	넓+**어도**	広くても
③하다の語幹 +여도	하다	하+**여도** → **해도**	しても

※ 接続の詳細は p.32〜p.35 の해요体の作り方を参照。

- 비가 **와도** 해야 해요.　　　　雨が降ってもやらなければなりません。
  바빠**도** 꼭 오세요.　　　　　忙しくてもぜひ来てください。
  방은 좁**아도** 괜찮아요.　　　部屋は狭くてもかまいません。
  술을 마셔**도** 취하지 않아요.　酒を飲んでも酔いません。
  돈이 없**어도** 행복해요.　　　お金がなくても幸せです。

8 -아서 / -어서   ～して、～したので、～なので

語尾 用言の語幹に付いて、①時間の前後関係や、②理由や根拠の意を表す。

接続 ①「-아서」はㅏ, ㅗの語幹に、②「-어서」はㅏ, ㅗ以外の語幹に、③「-여서」は하다用言の語幹に接続する。

① ㅏ, ㅗの語幹 ＋아서	찾다	찾+아서	探して
② ㅏ, ㅗ以外の語幹 ＋어서	멀다	멀+어서	遠くて
③ 하다の語幹 ＋여서	따뜻하다	따뜻하+여서	暖かくて

※ 接続の詳細は p.32 ～ p.35 の해요体の作り方を参照。

① 친구를 만나서 영화를 봤어요.　　友達に会って映画を見ました。
　공원에 가서 그림을 그렸어요.　　公園に行って絵を描きました。
　돈을 모아서 회사를 만들었어요.　　お金をためて会社を作りました。

② 설탕을 많이 넣어서 달아요.　　砂糖をたくさん入れて甘いです。
　돈이 모자라서 못 샀어요.　　お金が足りなくて買えなかったです。
　감기가 들어서 병원에 갔어요.　　風邪を引いたので病院に行きました。

☞参考 1 用言の語幹 ＋아/어 : ～て、～ので
語尾「아/어」も時間の前後関係や理由・根拠の意で用いられる。

・사전을 찾아 책을 읽었어요.　　辞書を引いて本を読みました。
　시간이 없어 못 만났어요.　　時間がなくて会えませんでした。
　너무 좁아 못 앉겠어요.　　狭すぎて座れません。

☞参考 2 아서と니까の違い
理由や原因の意を表すのに用いられるが、「-아서/어서」は勧誘形、命令形の前では用いられない。

×시간이 없어서 빨리 갑시다.
○시간이 없으니까 빨리 갑시다.　　時間がないから早く行きましょう。
×비가 와서 택시를 탈까요?
○비가 오니까 택시를 탈까요?　　雨が降っているからタクシーに乗りましょうか。

9 -지만　　　　　　　　　～が、～だが、～けれども

語尾　用言の語幹に付いて①逆接・対比、②並列・補足的説明、③前置きなどを表す。

語幹 + 지만	오다	비가 오+**지만**	雨が降るけれども
	맵다	반찬이 맵+**지만**	おかずが辛いけれど

① 김치는 맵**지만** 맛있어요.　　　　キムチは辛いけど、美味しいです。
　바람은 불**지만** 춥지는 않아요.　　風は吹くけれど、寒くはないです。
　발음이 어렵**지만** 재미있어요.　　発音が難しいけれど、面白いです。
　힘들었**지만** 지금은 괜찮아요.　　大変でしたが、いまは大丈夫です。

② 시간도 없**지만** 돈도 없어요.　　　時間もないが、お金もないです。
　공부도 잘하**지만** 노래도 잘해요. 勉強もできるけど、歌も上手です。
　값도 싸**지만** 물건도 좋아요.　　　値段も安ければものも良いです。
　냉면도 좋**지만** 불고기도 좋아요. 冷麺もいいけれど、焼肉もいいです。

③ 늦었**지만** 축하해요.　　　　　　　遅くなりましたが、おめでとうございます。
　미안하**지만** 지금 와 주세요.　　　すみませんが、いま来てください。
　잘 아시겠**지만** 그건 가짜예요.　よく御存じでしょうが、それは偽物です。
　믿기지 않겠**지만** 사실이에요.　　信じられないでしょうが、事実です。

☞参考　**名詞** + (이)지만：～だけれど、～だが
　名詞には「(이)지만」の形で接続して逆接、前置きなどの意を表す。

・휴가**지만** 아무 계획도 없어요.　　休暇だけど、何の計画もありません。
　휴일**이지만** 수업이 있어요.　　　休日ですが、授業があります。
　방학**이지만** 매일 학교에 가요.　　休みですが、毎日学校に行きます。
　실례**지만** 길 좀 묻겠습니다.　　　失礼ですが、ちょっと道をお尋ねします。

練習＜19＞

☞ 解答は300ページへ

1 次の（　）にあう適当な語尾を 보기 から選んで文を完成しなさい。

보기	①-(으)니까, ②-(으)러, ③-(으)려고, ④-(으)면, ⑤-라서	①～から、②～（し）に、③～ようと、④～ば・～たら、⑤～なので

(1) (방학이다) 학교에 학생들이 없군요.　　休みだ／学生がいない

(2) 기회가 (있다) 다시 공부하고 싶어요.　　機会がある／また勉強する

(3) 주말에 (읽다) 책을 샀어요.　　週末に読む／本を買う

(4) (장마철이다) 매일 비가 와요.　　梅雨時だ／毎日雨が降る

(5) 시간이 (없다) 택시를 탈까요?　　時間がない／タクシーに乗る

(6) 좋은 생각이 (있다) 얘기해 보세요.　　いい考えがある／話してみる

(7) 질문을 (하다) 손을 들었어요.　　質問をする／手をあげる

(8) 저기 자리가 (있다) 빨리 앉으세요.　　あそこに席がある／早く座る

(9) 토요일 저녁에 집에 (놀다) 오세요.　　土曜日の夜うちに遊ぶ／来る

(10) 일찍 (일어나다) 일찍 잤어요.　　早く起きる／早く寝る

(11) 날씨가 (좋다) 걸읍시다.　　天気が良い／歩く

(12) 같이 밥 (먹다) 갈까요?　　一緒にご飯を食べる／行く

練習

☞ 解答は300ページへ

2 次の（　）にあう適当な語尾を 보기 から選んで文を完成しなさい。

보기 ①-아서/어서, ②-아도/어도, ③-지만, ④-(으)면, ⑤-(으)러, ⑥-(으)니까	①〜て、②〜ても、③〜が、 ④〜ば・〜たら、⑤〜(し)に、 ⑥〜から

（1）　조금 (비싸다) 좋은 것을 삽시다. 　　　少し高い／いいものを買う

（2）　밥을 두 그릇 (먹었다) 배가 고파요. 　　ご飯を2杯食べる／お腹がすく

（3）　이 자리에 (앉다) 괜찮아요? 　　　　　この席に座る／大丈夫だ

（4）　책을 (빌리다) 도서관에 왔어요. 　　　本を借りる／図書館に来る

（5）　친구를 (만나다) 영화를 봤어요. 　　　友達に会う／映画を見る

（6）　내일 비가 (오다) 등산을 가겠어요. 　　明日雨が降る／登山に行く

（7）　발음이 (어렵다) 재미있어요. 　　　　　発音が難しい／面白い

（8）　언제 (만나다) 즐거운 친구예요. 　　　いつ会う／楽しい人だ

（9）　배가 (고프다) 빨리 시킵시다. 　　　　お腹がすく／早く注文する

（10）　날씨가 (좋다) 바다에 갈 거예요. 　　　天気が良い／海に行く

（11）　(미안하다) 바빠서 못 가요. 　　　　　すまない／忙しい

（12）　떡국이 (뜨겁다) 조심하세요. 　　　　雑煮が熱い／気を付ける

第8章　語尾(2)

215

メモ

第9章

慣用表現（2）
（ハングル検定4級レベル）

28 慣用表現（2）
29 慣用表現（3）

28 慣用表現（2）

ここでは主にハングル検定4級出題レベルの連結形慣用表現をまとめて解説する。

1 가운데(서) 〜の真ん中で、〜の中で、〜のうち、〜の中から、〜において

慣用表現 名詞に付いて空間の中央や、一定の範囲の中を表す。
助詞「에서」とともに「가운데에서」、またはその縮約形「가운데서」、または助詞を省略した「가운데」の形で用いられる。

名詞 +가운데(서)	길 +가운데서	道路の真ん中で
	여러분 +가운데(서)	皆さんの中で

- 길 **가운데서** 차가 서 있어요.　　道路の真ん中で車が止まっている。
  이 사진 **가운데서** 고르세요.　　この写真の中から選んでください。
  가수들 **가운데** 누굴 좋아해요?　　歌手の中で誰が好きですか。

2 때문에 〜のために、〜のせいで、〜で

慣用表現 名詞に付いて、理由や原因を表す。

名詞 +때문에	날씨	날씨 +때문에	天気のせいで
	시험	시험 +때문에	試験のことで

- 감기 **때문에** 누워 있어요.　　風邪で寝込んでいます。
  어머니 건강 **때문에** 걱정이에요.　母の健康のことで心配しています。
  회사 일 **때문에** 바빠요.　　会社の仕事で忙しいです。

3 중(에서) 〜の中（で）

慣用表現 名詞に付いて比較の範囲を表す。

名詞 +중(에서)	과일 +중에서	果物の中で
	한국 노래 +중에서	韓国の歌の中で

- 가수들 **중에서** 누구를 좋아해요? 歌手の中で誰が好きですか。
  한국 음식 **중에서** 제일 매워요.　韓国料理の中でいちばん辛いです。
  이 옷들 **중에서** 골라 보세요.　この服の中から選んでみてください。

4 -기 때문에 〜から、〜ので

慣用表現 用言の語幹に付いて理由や原因を表す。

語幹 +기 때문에	서로 사랑하+기 때문에	互いに愛しているので
	너무 맵+기 때문에	とても辛いので

- 비가 오**기 때문에** 못 가요.　雨が降っているので行けません。
  한자가 많**기 때문에** 어려워요.　漢字が多いので難しいです。
  돈이 없**기 때문에** 못 샀어요.　お金がないので買えなかったです。

5 -기 전(에) 〜する前に、〜である前に

慣用表現 動詞の語幹に付いて、ある動作や状態になるより先に、の意を表す。

語幹 +기 전(에)	잠을 자+기 전에	寝る前に
	약을 먹+기 전에	薬を飲む前に

- 떠나**기 전에** 한번 만납시다.　出発する前に一度会いましょう。
  밥을 먹**기 전에** 손을 씻어요.　ご飯を食べる前に手を洗います。
  이 약은 자**기 전에** 드세요.　この薬を寝る前に飲んでください。

第9章　慣用表現(2)

219

6 -(으)ㄴ 가운데 / -는 가운데　　～中で、～である中で

慣用表現　用言の語幹に付いて、行為や事件の背景、状況などを表す。

接続　①「-(으)ㄴ 가운데」は用言の語幹に、②「-는 가운데」は動詞の語幹に接続する。

① 用言の語幹 ＋(으)ㄴ 가운데	바쁘시+ㄴ 가운데	お忙しい中で
	장소도 좁+은 가운데	場所も狭い中で
	모두가 모이+ㄴ 가운데	皆が集まった中で
② 動詞の語幹 ＋는 가운데	준비하+는 가운데	準備する中で
	아이를 찾+는 가운데	子供を捜す中で

① 어려운 **가운데**서도 늘 남을 도와요.
　바쁘신 **가운데** 와 주셔서 고맙습니다.
　많은 사람들이 모인 **가운데** 결혼식을 올렸습니다.
．．．．．．．．．．．．．．．．．
（生活が）苦しい中でもいつも人を助けます。
お忙しい中を来てくださって有難うございます。
多くの人が集まった中で結婚式をあげました。

② 모두가 지켜보는 **가운데** 춤을 췄어요.
　눈이 내리는 **가운데** 출발했어요.
　비가 오는 **가운데** 운동회를 했어요.
　유학 생활을 하는 **가운데** 좋은 친구들을 많이 사귀었어요.
．．．．．．．．．．．．．．．．．
みんなが見守っている中で踊りました。
雪が降っている中で出発しました。
雨が降っている中で運動会をしました。
留学生活を送る中で良い友達とたくさん付き合いました。

7 -(으)ㄴ 것 / -는 것   ~なこと、~であること

慣用表現　用言の語幹に付いて事実、内容を指し示す。

接続　①「-(으)ㄴ 것」は用言の語幹に、②「-는 것」は動詞の語幹に接続する。

① 用言の語幹 ＋ (으)ㄴ 것	보+ㄴ 것 → 어제 본 것	昨日見たもの
	좋+은 것 → 물건이 좋은 것	物が良いこと
② 動詞の語幹 ＋는 것	부르+는 것 → 노래 부르는 것	歌を歌うこと
	보+는 것 → 지금 보는 것	今見ているもの

・날씨가 좋은 것이 특징입니다.　天気がいいことが特徴です。
　지난번에 본 것은 재미있었어요.　この間見たものは面白かったです。
　지하철을 타는 것이 편리해요.　地下鉄に乗るのが便利です。
　전 노래 부르는 것을 좋아해요.　私は歌を歌うのが好きです。

8 -(으)ㄴ 것처럼 / -는 것처럼   ~したように、~したとおり

慣用表現　用言の語幹に付いて例え、例示を表す。

接続　①「-(으)ㄴ 것처럼」は用言の語幹に、②「-는 것처럼」は動詞の語幹に接続する。

① 用言の語幹 ＋ (으)ㄴ 것처럼	먹어 보+ㄴ 것처럼	食べてみたように
	좁+은 것처럼	狭いように
② 動詞の語幹 ＋는 것처럼	부르+는 것	歌っているように
	보+는 것	見ているように

・마치 직접 본 것처럼 말했어요.　まるで直接見たように話した。
　표정이 어두운 것처럼 보였어요.　表情が暗いように見えた。
　새가 나는 것처럼 춤을 추었어요.　鳥が飛んでいるように踊りました。
　여기 그린 것처럼 만들어 주세요.　ここに描いたとおり作ってください。

9 - (으)ㄴ 결과　　　　　　　　〜した結果

慣用表現　動詞の語幹に付いて結果を表す。

語幹 + (으)ㄴ 결과	열심히 공부하+ㄴ 결과	一生懸命勉強した結果
	계속 먹+은 결과	食べ続けた結果

- 열심히 일한 **결과** 사장이 되었다. 一生懸命働いた結果社長になった。
  노력한 **결과** 합격할 수 있었어요. 努力した結果合格できました。
  여러 번 읽은 **결과** 이해할 수 있었다. 何度も読んだ結果理解できた。

10 - (으)ㄴ 끝에　　　　　　　　〜した末に、〜したあげく

慣用表現　動詞の語幹に付いて、結果や結末を表す。

語幹 + (으)ㄴ 끝에	고민하+ㄴ 끝에	悩んだ末に
	오랫동안 기다리+ㄴ 끝에	長い間待った末に

- 오래 생각한 **끝에** 결정을 내렸다. 長く考えた末に決定を下した。
  고생을 한 **끝에** 좋은 결과를 얻었다. 苦労をした末にいい結果を得た
  3년 동안 연애한 **끝에** 결혼했어요. 3年間恋愛した後に結婚しました。

11 - (으)ㄴ 다음(에)　　　　　　〜した後 (に)、〜てから

慣用表現　動詞の語幹に付いて、前の行為、状況が終了してから後続の行為が起こると、の意を表す。

語幹 + (으)ㄴ 다음(에)	식사를 하+ㄴ 다음에	食事をした後で
	이를 닦+은 다음에	歯を磨いた後

- 졸업한 **다음에** 유학을 갈 거예요. 卒業した後留学するつもりです。
  깨끗이 씻은 **다음에** 요리를 해요. きれいに洗った後料理をします。
  다 읽은 **다음에** 이야기합시다.　　全部読んでから話しましょう。

222

12 -(으)ㄴ 데 / -는 데 〜したところ・した点、〜なところ・〜な点

慣用表現 用言の語幹に付いて、①場所、②事柄、状況を表す。

接続 ①「-(으)ㄴ 데」は用言の語幹に、②「-는 데」は動詞の語幹に接続する。

① 用言の語幹 +(으)ㄴ 데	값이 싸+ㄴ 데	値段が安いところ
	사진을 찍+은 데	写真を撮ったところ
② 動詞の語幹 +는 데	지금 사+는 데	いま住んでいるところ
	공부하+는 데만	勉強することだけに

① 사는 데가 어디예요? 　住んでいるところはどこですか。
　 가 보고 싶은 데가 있어요? 　行ってみたいところがありますか。
　 위험한 데는 가지 마세요. 　危ないところは行かないでください。

② 내가 아는 데까지만 말할게요. 私が知っているところまで話します。
　 이렇게 된 데에는 책임이 있어요. こうなったことには責任があります。
　 머리 아픈 데 먹는 약 있어요? 頭が痛い場合に飲む薬はありますか。

13 -(으)ㄴ 뒤(에) 〜した後（に）、〜てから

慣用表現 動詞の語幹に付いて、行為、状況が終了してから、の意を表す。11の「-(으)ㄴ 다음(에)」と置き換えられる。

語幹 +(으)ㄴ 뒤(에)	잠깐 생각하+ㄴ 뒤에	少し考えた後に
	옷을 벗+은 뒤에	服を脱いだ後に

・식사를 한 뒤에 이를 닦아요. 　食事をしたあと歯を磨きます。
　 문을 닫은 뒤에 음악을 들었어요. ドアを閉めた後音楽を聴きました。
　 시험이 끝난 뒤에 영화를 봤어요. 試験が終わった後映画を見ました。

14　-(으)ㄴ 이상　　　　　　　　〜(した)以上、〜である以上

慣用表現　動詞と「이다」の語幹に付いて、覚悟、責任、当然を表す。

語幹 + (으)ㄴ 이상	의사가 되+ㄴ 이상	医者になった以上
	담배를 끊+은 이상	タバコをやめた以上

- 일을 맡은 **이상** 열심히 하겠어요.　仕事を引き受けた以上頑張ります。
  결정된 **이상** 바꿀 수 없어요.　　決定された以上変えられません。
  학생인 **이상** 공부를 해야 해요.　学生である以上勉強をするべきです。

15　-(으)ㄴ 후(에)　　　　　　　〜した後(に)、〜てから

慣用表現　動詞の語幹に付いて、前の行為、状況が終了してから、の意を表す。⑬の「-(으)ㄴ 뒤(에)」と置き換えられる。

語幹 + (으)ㄴ 후(에)	영화를 보+ㄴ 후에	映画を見た後に
	손을 씻+은 후에	手を洗った後に

- 운동을 한 **후에** 목욕을 합니다.　運動をした後に風呂に入ります。
  점심을 먹은 **후에** 산책을 해요.　昼食を食べた後散歩をします。
  모두가 돌아간 **후에** 청소를 했어요.　皆が帰った後掃除をしました。

16　-(으)ㄴ 사이(에)　　　　〜(した)間(に)、
　　　-는 사이(에)　　　　　　〜(する)間(に)

慣用表現　動詞の語幹に付いて、ある動作や状態が続いている期間を表す。

① 語幹 + (으)ㄴ 사이(에)	학교에 가+ㄴ 사이에	学校に行っている間に
	문을 닫+은 사이에	ドアを閉めている間に
② 語幹 + 는 사이(에)	빨래를 하+는 사이에	洗濯をしている間に
	책을 찾+는 사이에	本を探している間に

- 서울에 다녀온 **사이에** 가을이 되었어요.
  나도 모르는 **사이에** 얼굴이 붉어졌어요.
  잠깐 옷을 보는 **사이에** 어디 가 버렸어요.

....

ソウルに行って来た間に秋になりました。
私も知らない間に顔が赤くなりました。
ちょっと服を見ている間にどっか行ってしまいました。

17 도 아닌데　　　　　　～でもないのに

慣用表現　名詞に付いて逆接、意外感や疑念の意を表す。

名詞 ＋도 아닌데	여자+도 아닌데	女子でもないのに
	여름+도 아닌데	夏でもないのに

- 휴일도 **아닌데** 사람이 많았어요.　休日でもないのに人が多いです。
  봄도 **아닌데** 벚꽃이 피었어요.　　春でもないのに桜が咲きました。
  겨울도 **아닌데** 매일 눈이 와요.　　冬でもないのに毎日雪が降っています。

18 -(으)ㄹ 것이 아니라　　　　～のではなく、～わけではなく

慣用表現　動詞に付いて否定、訂正の意を表す。

語幹 ＋(으)ㄹ 것이 아니라	기다리+ㄹ 것이 아니라	待つのでなく
	닫+을 것이 아니라	閉めるのではなく

- 보고만 있을 **것이 아니라** 직접 해 보세요.
  얘기만 할 **것이 아니라** 빨리 시작해 봐요.

....

見ているだけでなくやってみてください。
話すばかりでなく早く始めてみてください。

19 -(으)ㄹ 때(에)　　　　　～時に、～場合に

慣用表現　用言の語幹に付いて、時や場合を表す。

語幹 +(으)ㄹ 때(에)	식사를 하+ㄹ 때(에)	食事をする時に
	책을 읽+을 때(에)	本を読む時に

- 피곤할 **때**는 쉬는 게 좋아요.　　疲れている時は休んだほうがいいです。
  날씨가 좋을 **때**는 공원에 가요.　天気がいい時は公園に行きます。
  서울에 갔을 **때** 찍은 거예요.　　ソウルに行った時撮ったものです。

20 -(이)라고 하면　　　　　～と言えば

慣用表現　名詞に付いて、ある話題を取り上げて示す意を表す。

名詞 +(이)라고 하면	사과+**라고 하면**	リンゴと言えば
	소금+**이라고 하면**	塩と言えば

- 제주도**라고 하면** 귤이 유명해요.　済州島と言えばみかんが有名です。
  일본**이라고 하면** 후지산이에요.　　日本と言えば富士山です。
  꽃**이라고 하면** 진달래가 떠올라요.　花と言えばツツジが思い浮びます。

21 와/과 달리　　　　　～と違って

慣用表現　名詞に付いて比較を表す。

名詞 +와/과 달리	일본어+**와 달리**	日本語と違って
	한국 음식+**과 달리**	韓国料理と違って

- 어제**와 달리** 아주 조용해요.　　昨日とちがって今日はとても静かだ。
  그 문제**와는 달리** 쉬워요.　　　その問題とは違ってこれは易しい。
  예상**과 달리** 질 것 같아요.　　　予想と違って負けそうです。

22 와/과 마찬가지로　　～と同じく、～と同様に

慣用表現　名詞に付いて比較、同様を表す。

名詞 +와/과 마찬가지로	한국어+**와 마찬가지로**	韓国語と同じく
	일본+**과 마찬가지로**	日本と同じく

- 다른 꽃**과 마찬가지로** 봄에 피어요.　他の花と同じく春に咲きます。
  한국**과 마찬가지로** 겨울엔 추워요.　韓国と同じく冬は寒いです。
  지난주**와 마찬가지로** 바빴어요.　先週と同じく忙しかったです。

23 -지 말고　　～しないで

慣用表現　動詞の語幹に付いて禁止を表す。

語幹 +지 말고	술은 마시+**지 말고**	酒は飲まないで
	약속에 늦+**지 말고**	約束に遅れないで

- 걱정하**지 말고** 기운을 내세요.　心配しないで元気を出してください。
  남기**지 말고** 다 드세요.　残さず全部食べてください。
  먼저 가**지 말고** 기다리세요.　先に帰らないで待ってください。

☞**参考**　名詞 +말고：①～ではなく、②～を除いて、～の他（以外）にまた
同形の「말고」は助詞として、①～ではなく、②～を除いて、～の他（以外）にまた、の意で用いられる。

- 밥말고 빵을 주세요.　　　　　　ご飯ではなくパンをください。
  거기말고 저기를 보세요.　　　　そこではなくあそこを見てください。
- 나말고 본 사람이 또 있어요?　　私以外に見た人がまたいますか。
  그 사람말고 누가 있어요?　　　彼の他に誰がいますか。

練習 ＜20＞

☞ 解答は 300 ページへ

1 보기 のように文を作りなさい。　　➡「-기 때문에」は p.219 へ

| 보기 | 비가 오다 / 우산을 사다 ➡
비가 오기 때문에 우산을 사야 해요. | 雨が降る／傘を買う➡
雨が降っているので傘を買わなければなりません。 |

(1) 아기가 자고 있다 / 조용히 하다　　赤ちゃんが寝ている／静かにする
➡

(2) 약속이 있다 / 일찍 가다　　約束がある／早く行く
➡

(3) 돈이 모자라다 / 은행에서 빌리다　　お金が足りない／銀行で借りる
➡

(4) 버스가 안 다니다 / 많이 걷다　　バスが通らない／歩く
➡

(5) 내일부터 시험이다 / 공부를 하다　　明日から試験だ／勉強をする
➡

2 보기 のように文を作りなさい。　➡「-기 전에」は p.219 へ／「-은 뒤에」は p.223 へ

| 보기 | 밥을 먹다 / 이를 닦다 ➡
밥을 먹은 뒤에 이를 닦아요.
이를 닦기 전에 밥을 먹어요. | ご飯を食べる／歯を磨く➡
ご飯を食べた後に歯を磨きます。
歯を磨く前にご飯を食べます。 |

(1) 손을 씻다 / 식사를 하다 ➡　　手を洗う／食事をする

(2) 이를 닦다 / 세수를 하다 ➡　　歯を磨く／顔を洗う

(3) 목욕을 하다 / 자다 ➡　　風呂に入る／寝る

(4) 준비 운동을 하다 / 수영을 하다 ➡　　準備運動をする／水泳をする

(5) 창문을 열다 / 청소를 하다 ➡　　窓を開ける／掃除をする

練習

☞ 解答は301ページへ

3 次の（　）にあう適当な語尾を 보기 から選んで文を完成しなさい。

보기 ①-기 때문에, ②-(으)ㄴ 것처럼, ③-(으)ㄴ 결과, ④-(으)ㄴ 다음에, ⑤-(으)ㄴ/는 가운데	①～ので、②～(し)たように、③～(し)た結果、④～(し)た後、⑤～中で

(1) 일이 (끝나다) 다시 얘기해요. 　　　　　仕事が終わる／また話す

(2) 마치 직접 (보다) 말했어요. 　　　　　　まるで直接見る／話す

(3) (노력하다) 합격할 수 있었어요. 　　　　努力する／合格できる

(4) 비가 (오다) 운동회를 했어요. 　　　　　雨が降る／運動会をする

(5) 건강에 (좋다) 매일 운동을 하다 　　　　健康によい／毎日運動をする

(6) 열심히 (일하다) 사장이 되었다. 　　　　一生懸命働く／社長になる

(7) 다 (읽다) 이야기합시다. 　　　　　　　全部読む／話す

(8) 눈이 (내리다) 출발했어요. 　　　　　　雪が降る／出発する

(9) 잘 (생각해 보다) 대답해요. 　　　　　　よく考えてみる／答える

(10) 새가 (날다) 춤을 추었어요. 　　　　　　鳥が飛ぶ／踊る

(11) 손을 (씻다) 식사하다 　　　　　　　　手を洗う／食事する

(12) 날씨가 (좋다) 산책을 자주 하다 　　　　天気がよい／散策をよくする

練習

☞ 解答は301ページへ

4 次の（　）にあう適当な語尾を 보기 から選んで文を完成しなさい。

보기 ①-지 말고, ②-(으)ㄹ 것이 아니라, ③-(으)ㄴ 이상, ④-(으)ㄴ 뒤에, ⑤-(으)ㄴ 사이에	①〜ないで、②〜のではなく、 ③〜(し)た以上、④〜(し)た後、 ⑤〜(し)た間に

（1）（결정되다） 바꿀 수 없어요.　　　　決定される／変えられない

（2）시험이 （끝나다） 영화를 봤어요.　　試験が終わる／映画を見る

（3）（걱정하다） 기운을 내세요.　　　　心配する／元気をだす

（4）나도 （모르다） 얼굴이 붉어졌어요.　私も知らない／顔が赤くなる

（5）보고만 （있다） 해 보세요.　　　　見てばかりいる／やってみる

（6）식사를 （하다） 이를 닦아요.　　　　食事をする／歯を磨く

（7）（학생이다） 공부를 해야 해요.　　　学生だ／勉強をするべきだ

（8）여기서 （먹다） 밖에서 먹죠.　　　　ここで食べる／外で食べる

（9）서울에 （다녀오다） 가을이 되었어요.ソウルに行って来る／秋になる

（10）일을 （맡다） 열심히 하겠어요.　　　仕事を引き受ける／頑張る

（11）（사다） 직접 만들어 봅시다.　　　　買う／直接作ってみる

（12）（남기다） 다 드세요.　　　　　　　残す／全部食べる

230

練習

☞ 解答は 301 ページへ

5 次の( )にあう適当な語尾を 보기 から選んで文を完成しなさい。

보기 ①중에서, ②때문에, ③도 아닌데, ④와/과 마찬가지로, ⑤와/과 달리	①〜の中で、②〜のせいで・で、 ③〜でもないのに、④〜と同じく、 ⑤〜と違って

(1) 봄(　　　) 벚꽃이 피었어요. 　　　　　春/桜が咲く

(2) 감기(　　　) 누워 있어요. 　　　　　風邪/寝込んでいる

(3) 가수들(　　　) 누굴 좋아해요. 　　　歌手/誰が好きだ

(4) 어제(　　　) 아주 조용해요. 　　　　昨日/とても静かだ

(5) 회사 일(　　　) 바빠요. 　　　　　　会社の仕事/忙しい

(6) 한국(　　　) 겨울엔 추워요. 　　　　韓国/冬は寒い

(7) 겨울(　　　) 매일 눈이 와요. 　　　　冬/毎日雪が降る

(8) 벚꽃(　　　) 봄에 피어요. 　　　　　桜/秋に咲く

(9) 이 사진(　　　) 고르세요. 　　　　　この写真/選ぶ

(10) 그 문제(　　　) 이 문제는 쉬워요. 　その問題/この問題は易しい

(11) 아이 학교(　　　) 이사했어요. 　　　子供の学校/引っ越す

(12) 김치도 불고기(　　　) 인기가 있어요. 　キムチも焼肉/人気がある

第9章 慣用表現(2)

231

29 慣用表現（3）

ここでは主にハングル検定4級出題レベルの終結形慣用表現をまとめて解説する。

1 밖에 없다　　～しかない

慣用表現　名詞に付いて、一つの事柄以外はすべて排除・否定する意を表す。

名詞 +밖에 없다	이것 하나+**밖에 없다**	これ一つしかない
	설탕이 조금+**밖에 없다**	砂糖が少ししかない

※助詞「밖에」は p.185 を参照

- 내일**밖에** 시간이 **없어요**.　　明日しか時間がありません。
  방법이 이거**밖에 없을까요**?　　方法はこれしかないでしょうか。
  열심히 노력하는 수**밖에 없어요**.　一生懸命努力するしかありません。

2 -고 계시다　　～ていらっしゃる、～ておられる

慣用表現　動詞の語幹に付いて進行を表す。「-고 있다」の尊敬形。

語幹 +고 계시다	드라마를 보+**고 계시다**	ドラマを見ていらっしゃる
	음악을 듣+**고 계시다**	音楽を聴いていらっしゃる

- 지금 신문을 읽**고 계십니다**.　　いま新聞を読んでいらっしゃいます。
  손님이 기다리**고 계세요**.　　お客さんが待っていらっしゃいます。
  부엌에서 음식을 만들**고 계세요**.　台所で料理をしていらっしゃいます。

3 -고 싶어하다　　　　　〜たがる、たがっている

慣用表現　動詞の語幹に付いて第三者の希望、願望を表す。

語幹 +고 싶어하다	빨리 만나+고 싶어하다	早く会いたがっている
	사진을 찍+고 싶어하다	写真を撮りたがっている

- 혼자서 살고 **싶어해요**.　　　　一人で生活したがっています。
  불고기를 먹고 **싶어해요**.　　　　肉を食べたがっています。
  서울에 가고 **싶어해요**.　　　　ソウルに行きたがっています。

4 -고 있다　　　　　〜ている

慣用表現　動詞の語幹に付いて、進行や継続などの意を表す。

語幹 +고 있다	숙제를 하+고 있다	宿題をしている
	책을 읽+고 있다	本を読んでいる

※状態を表す「-아/어 있다」は p.247 を参照

- 누워서 하늘을 보고 **있습니다**.　　横になって空を見ています。
  누나는 지금 음악을 듣고 **있어요**.　姉はいま音楽を聴いています。
  매일 운동을 하고 **있습니다**.　　　毎日運動をしています。

  동생은 언제나 책만 읽고 **있어요**.　妹はいつも本ばかり読んでいます。
  형은 공항에서 일을 하고 **있어요**.　兄は空港で仕事をしています。
  작년부터 혼자 살고 **있습니다**.　　去年から一人暮らしをしています。

☞**参考**　「-고 있다」は「쓰다 (かける・かぶる), 입다 (着る・履く), 벗다 (脱ぐ), 매다 (締める)」のような着脱動詞と結合すると結果の持続を表す。

- 엄마는 안경을 쓰고 **있어요**.　　　母は眼鏡をかけています。
  언니는 늘 치마를 입고 **있어요**.　姉はいつもスカートを履いています。
  아빠는 모자를 쓰고 **있어요**.　　　パパは帽子をかぶっています。

5　-(으)ㄴ 일이다　　　　～（な）ことだ

慣用表現　形容詞の語幹に付いて話し手の感動、感慨などを表す。

語幹 +(으)ㄴ 일이다	정말 기쁘+ㄴ 일이다	本当に嬉しいことだ
	참 좋+은 일이다	とても良いことだ

・정말 슬픈 **일이에요**.　　　　　本当に悲しいことです。
　참 반가운 **일이에요**.　　　　　とても嬉しいことです。
　너무 고마운 **일이에요**.　　　　非常に有難いことです。

6　-(으)ㄴ 적이 있다(없다)　　～したことがある（ない）

慣用表現　動詞の語幹に付いて、経験の有無を表す。

語幹 +(으)ㄴ 적이 있다 (없다)	보+ㄴ 적이 있다	見たことがある
	받+은 적이 없다	もらったことがない

・중학생 때 가 본 **적이 있어요**.　　中学生の時行ってみたことがあります。
　작년에 한번 만난 **적이 있어요**.　去年一度会ったことがあります。
　이곳저곳 가 본 **적이 있어요**.　　あっちこっち行ったことがあります。
　그런 얘기는 들은 **적이 없어요**.　そんな話は聞いたことがありません。

☞**参考1**　-(으)ㄴ 일이 있다(없다)：～したことがある（ない）
　　経験の有無を表す。「-(으)ㄴ적이 있다(없다)」と置き換えられるが、一般的には「-(으)ㄴ적이 있다(없다)」のほうが多く使われている。

・그 사람을 만난 **일이 있어요**.　　その人にあったことがあります。
　한 번도 들어 본 **일이 없어요**.　　一度も聞いたことがありません。

☞**参考2**　依存名詞「적」は①進行や状態のとき、②過去のあるとき、の意でも用いられる。

① 그녀를 만날 적마다…　　　　　彼女に会うたびに…
② 열 살 적에 찍은 사진　　　　　十歳の時に撮った写真

7　-는 중이다　　～しているところだ

慣用表現　動詞の語幹に付いて動作が行われている最中の意を表す。

語幹 +는 중이다	친구를 기다리+는 중이다	友達を待っているところだ
	지금 읽+는 중이다	いま読んでいるところだ

- 지금 음악을 듣고 있는 **중이에요**.　いま音楽を聴いているところです。
  점심을 먹으러 가는 **중이에요**.　昼食を食べに行くところです。
  여행 계획을 세우고 있는 **중이에요**.　旅行計画を立てているところです。
  볼일이 있어서 나가는 **중이에요**.　用事があって出かけるところです。

8　-(으)ㄹ 거예요　　～(する)でしょう、～(する)と思います、～するつもりです

慣用表現　用言の語幹に付いて①推測・判断、②意志・計画を表す。

① 用言の語幹 +(으)ㄹ 거예요	비가 오+ㄹ 거예요	雨が降るでしょう
	좀 좁+을 거예요	少し狭いと思います
② 用言の語幹 +(으)ㄹ 거예요	꽃을 사+ㄹ 거예요	花を買うつもりです
	책을 읽+을 거예요	本を読むつもりです

① 거기서는 바다가 보일 **거예요**.　そこでは海が見えるでしょう。
   걱정하지 않아도 될 **거예요**.　心配しなくてもいいでしょう。
   약을 먹고 쉬면 나을 **거예요**.　薬を飲んで休んだら治るでしょう。

② 일요일에 뭘 할 **거예요**?　日曜日は何をするつもりですか。
   청소하고 빨래를 할 **거예요**.　これから掃除と洗濯をするつもりです。
   오늘 영화 보러 갈 **거예요**.　今日映画を見に行くつもりです。

9 - (으)ㄹ 생각이다　　　～するつもりだ

慣用表現　動詞の語幹に付いて意図、意志を表す。

語幹 + (으)ㄹ 생각이다	배를 타+ㄹ 생각이다	船に乗るつもりだ
	책을 읽+을 생각이다	本を読むつもりだ

- 한국에 유학을 갈 **생각이에요**.　　韓国に留学するつもりです。
  모레부터 시작할 **생각이에요**.　　あさってから始めるつもりです。
  여름 방학에는 뭘 할 **생각이에요**?　夏休みは何をするつもりですか。
  주말에는 빵을 만들 **생각이에요**.　週末はパンを作るつもりです。

10 - (으)러 가다/오다　　　～に行く／来る

慣用表現　動詞の語幹に付いて、移動動作の目的を表す。

語幹 + (으)러 가다/오다	친구를 만나+러 가다/오다	友達に会いに行く／来る
	밥을 먹+으러 가다/오다	ご飯を食べに行く／来る

※ p.209 の「-(으)러」を参照。

- 한국말을 배우러 **왔어요**.　　　　　韓国語を学びに来ました。
  내일 어디 놀러 **가세요**?　　　　　　明日どこに遊びに行きますか。
  같이 사러 **갈까요**?　　　　　　　　一緒に買いに行きましょうか。
  주말에 연극 보러 **가지 않겠어요**?　週末に芝居を見に行きませんか。

11 -(으)려고 하다 ～ようとする、～ようと思う

慣用表現 動詞の語幹に付いて意志、意図を表す。

語幹 + (으)려(고) 하다	내일 만나+**려고 하다**	明日会おうと思う
	손을 씻+**으려고 하다**	手を洗おうと思う

※ p.209 の「-(으)려고」を参照。

- 어디서 출발하**려고** 하세요? どこから出発するつもりですか。
  저도 물어 보**려고** 했어요. 私も聞いてみようと思いました。
  해외 여행을 가**려고** 해요. 海外旅行をしようと思います。
  내일부터 일찍 일어나**려고** 해요. 明日から早く起きようと思います。

☞参考 「-(으)려고 하다」は無意志的な動詞に付くと、ある動作や変化の直前・寸前の意を表す。

- 여기는 비가 오**려고** 해요. ここは（今にも）雨が降りそうです。
  기차가 막 떠나**려고** 해요. 列車がちょうど出発しようとしています。
  진달래가 피**려고** 해요. ツツジが咲きそうです。

練習 <21>

☞ 解答は 301 ページへ

1 보기 のように文を作りなさい。　　　　　➡「-고 있다」は p.233 へ

| 보기 음악을 듣다 ➜
　　　지금 뭐 해요?
　　　- 음악을 듣고 있어요. | 音楽を聞く ➜
いま何をしていますか。
― 音楽を聞いています。 |

(1) 야채를 씻다 ➜　　　　　　　　　　　　　　　　　　野菜を洗う

(2) 피아노를 치다 ➜　　　　　　　　　　　　　　　　　ピアノを弾く

(3) 배구를 하다 ➜　　　　　　　　　　　　　　　バレーボールをする

(4) 김밥을 먹다 ➜　　　　　　　　　　　　　　　海苔巻きを食べる

(5) 떡을 만들다 ➜　　　　　　　　　　　　　　　　　　もちを作る

2 보기 のように文を作りなさい。　　　➡「-(으)ㄴ 적이 있다」は p.234 へ

| 보기 냉면을 먹어 보다 ➜
　　　냉면을 먹어 본 적이 있어요?
　　　- 아뇨, 먹어 본 적이 없어요. | 冷麺を食べてみる ➜
冷麺を食べたことがありますか。
― いいえ、食べたことがありません。 |

(1) 유명한 사람을 만나다　　　　　　　　　　　　　有名な人に会う
　➜

(2) 아버지에게 선물하다　　　　　　　　　　　　父にプレゼントする
　➜

(3) 상을 받다　　　　　　　　　　　　　　　　　　　賞をもらう
　➜

(4) 친구와 싸우다　　　　　　　　　　　　　　　　友だちと喧嘩する
　➜

(5) 병원에 입원하다　　　　　　　　　　　　　　　　病院に入院する
　➜

練習

☞ 解答は 302 ページへ

3 보기 のように文を作りなさい。 ➡「-(으)ㄹ 거예요」は p.235 へ

| 보기 언제 만나다 / 모레 ➡
언제 만날 **거예요**?
- 모레 만날 **거예요**. | いつ会う／あさって ➡
いつ会うつもりですか。
－あさって会うつもりです。 |

(1) 어디에 가다 / 미술관 ➡　　　　　　　　　どこに行く／美術館

(2) 뭘로 가다 / 지하철 ➡　　　　　　　　　何で行く／地下鉄

(3) 내일 뭐 하다 / 집에서 쉬다 ➡　　　　　明日何をする／家で休む

(4) 몇 시까지 오다 / 세 시 ➡　　　　　　　何時まで来る／3 時

(5) 무슨 옷을 입다 / 검은 옷 ➡　　　　　　何の服を着る／黒い服

4 보기 のように文を作りなさい。 ➡「-(으)려고 하다」は p.237 へ

| 보기 집 / 청소를 하다 ➡
집에서 뭘 할 거예요?
- 청소를 하**려고 해요**. | 家、掃除、する ➡
家で何をするつもりですか。
－掃除をしようと思っています。 |

(1) 식당 / 냉면을 먹다　　　　　　　　　　　食堂／冷麺を食べる
➡

(2) 도서관 / 책을 빌리다　　　　　　　　　　図書館／本を借りる
➡

(3) 우체국 / 편지를 부치다　　　　　　　　　郵便局／手紙を出す
➡

(4) 백화점 / 구두을 사다　　　　　　　　　　デパート／靴を買う
➡

(5) 집 / 음악을 듣다　　　　　　　　　　　　家／音楽を聞く
➡

練習 ☞ 解答は 302 ページへ

5 보기 のように文末表現の練習をしてみよう。

| 보기 책을 읽다 ➡
① 책을 읽고 있어요.
② 책을 읽고 계세요.
③ 책을 읽는 중이에요.
④ 책을 읽고 싶어해요. | 本を読む ➡
① 本を読んでいます。
② 本を読んでいらっしゃいます。
③ 本を読んでいるところです。
④ 本を読みたがっています。 |

(1) 드라마를 보다　　　　　　　　　　　　　　　　ドラマを見る
➡

(2) 음악을 듣다　　　　　　　　　　　　　　　　　音楽を聞く
➡

(3) 편지를 쓰다　　　　　　　　　　　　　　　　　手紙を書く
➡

(4) 한국어를 배우다　　　　　　　　　　　　　　　韓国語を学ぶ
➡

(5) 목욕을 하다　　　　　　　　　　　　　　　　　風呂に入る
➡

練習

☞ 解答は 303 ページへ

6 보기 のように文末表現の練習をしてみよう。

보기 책을 읽다 →	本を読む →
① 책을 읽으러 가요.	① 本を読みに行きます。
② 책을 읽으려고 해요.	② 本を読もうと思います。
③ 책을 읽을 거예요.	③ 本を読むつもりです。
④ 책을 읽을 생각이에요.	④ 本を読むつもりです。
⑤ 책을 읽은 적이 있어요.	⑤ 本を読んだことがあります。

(1) 냉면을 먹다　　　　　　　　　　　　　　冷麺を食べる
→

(2) 옷을 갈아입다　　　　　　　　　　　　　服を着替える
→

(3) 술을 마시다　　　　　　　　　　　　　　酒を飲む
→

(4) 책을 빌리다　　　　　　　　　　　　　　本を借りる
→

(5) 김치를 만들다　　　　　　　　　　　　　キムチを作る
→

12 -(으)면 되다　　～ばいい、～であればいい

慣用表現　動詞の語幹に付いて提案や勧め、必要十分の意を表す。助言をしたり求めたりする場合に用いる。名詞は「-(이)면 되다」の形で接続する。

語幹 +(으)면 되다	버스로 가+면 되다	バスで行けばいい
	이 약을 먹+으면 되다	この薬を飲めばいい

- 어떻게 가면 됩니까?　　どのように行けばいいんですか。
  지하철을 타고 가면 됩니다.　　地下鉄に乗っていけばいいです。
  여기에 주소만 쓰면 됩니다.　　ここに住所だけ書けばいいです。
  화장실은 저쪽으로 가면 돼요.　　トイレはあちらに行けばいいです。
  회비는 천 원이면 됩니다.　　会費は千ウォンでいいです。

☞参考　「되다」の丁寧形「되+어요」は「돼요」に縮約される。

- 도장은 여기에 찍으면 돼요.　　判子はここに押せばいいです。
  언제라도 오면 돼요.　　いつでも来ればいいです。

13 -(으)면 안 되다　　～てはいけない

慣用表現　動詞の語幹に付いて禁止を表す。

語幹 +(으)면 안 되다	말하+면 안 되다	言ってはいけない
	앉+으면 안 되다	座ってはいけない

- 구두를 신고 들어가면 안됩니다.　靴を履いて入ってはいけません。
  연필로 쓰면 안 됩니다.　　鉛筆で書いてはいけません。
  젓가락으로 먹으면 안 돼요.　　箸で食べてはいけません。
  절대로 틀리면 안 돼요.　　絶対に間違ってはいけません。

14 -(으)면 어때요?　　〜たらどうですか

慣用表現　動詞の語幹に付いて提案の意を表す。

語幹 + (으)면 어때요?	연필로 쓰+면 어때요?	鉛筆で書いたらどうですか。
	여기서 찍+으면 어때요?	ここで撮ったらどうですか。

- 좀 쉬고 하면 **어때요**?　　少し休んでからしたらどうですか。
  이렇게 하면 **어때요**?　　こうやったらどうですか。
  한번 말해보면 **어때요**?　　一度言ってみたらどうですか。

15 -(으)시겠어요?　　〜なさいますか、〜なさいませんか

慣用表現　動詞の語幹に付いて丁寧な確認、提案を表す。

語幹 + (으)시겠어요?	같이 가+시겠어요?	一緒に行きませんか。
	여기 앉+으시겠어요?	ここに座られますか。

- 내일은 몇 시에 오**시겠어요**?　　明日は何時に来られますか。
  지금 사진을 찍**으시겠어요**?　　写真を撮ってくださいませんか。
  한 잔 더 하**시겠어요**?　　もう一杯飲みますか。

16 -(으)시죠/-(으)시지요　　〜てください、〜ましょう

慣用表現　動詞の語幹に付いて丁寧な要求、勧誘を表す。

語幹 + (으)시죠	같이 타+시죠	一緒に乗りましょう。
	여기 앉+으시죠	ここにお座りください。

※語尾「-죠」の詳細は p.100 を参照

- 한 마디 말씀하**시죠**.　　一言おっしゃってください。
  한 번 더 연습하**시지요**.　　もう一回練習しましょう。
  주말에 같이 식사라도 하**시죠**.　　週末に一緒に食事でもしましょう。

17　-아/어 가다　　　〜ていく、〜になっていく

慣用表現　用言の語幹に付いて動作や状態の持続・進行を表す。

語幹 +아/어 가다	밤이 깊+**어 가다**	夜が深まっていく
	꽃이 시들+**어 가다**	花がしおれていく

- 가을 밤이 깊**어 갑니다**.　　　　秋の夜が深まっていきます。
  고기가 익**어 가는** 냄새.　　　　肉が焼けていくにおい。
  생활**해 가면서** 배우겠어요.　　生活していきながら学びます。

18　-아/어 오다　　　〜てくる、〜になってくる

慣用表現　用言の語幹に付いて動作の状態の持続・進行を表す。

語幹 +아/어 오다	날이 밝+**아 오다**	夜が明けてくる
	사귀+**어 오다**	付き合ってくる

- 정말 열심히 살**아 왔어요**.　　　　本当に一生懸命生きてきました。
  작년부터 연구**해 온** 일이에요.　　昨年から研究してきたことです。
  학생 때부터 사귀**어 왔어요**.　　　学生時代から付き合ってきました。

19　-아/어 계시다　　　〜ていらっしゃる、〜ておられる

慣用表現　動詞の語幹に付いて状態の持続を表す。

語幹 +아/어 계시다	앉+**아 계시다**	座っていらっしゃる
	살+**아 계시다**	生きていらっしゃる

- 의자에 앉**아 계십니다**.　　　　椅子に座っていらっしゃいます。
  감기로 누**워 계세요**.　　　　　風邪で寝込んでいらっしゃいます。
  아버지는 출장을 **가 계세요**.　　父は出張に行っています。

20 -아/어도 괜찮다　　　　～ても構わない、～てもいい

慣用表現　用言の語幹に付いて許容、許可を表す。

語幹 +-아/어도 괜찮다	방이 좁+**아도 괜찮다**	部屋が狭くても構わない
	사진을 찍+**어도 괜찮다**	写真を撮ってもいい

- 이 물을 마**셔도 괜찮아요**?　　　　この水を飲んでも大丈夫ですか。
  여기에 앉**아도 괜찮죠**?　　　　ここに座ってもいいですか。
  담배를 피**워도 괜찮겠습니까**?　　タバコを吸ってもいいですか。

21 -아/어도 좋다　　　　～てもいい

慣用表現　用言の語幹に付いて許容、許可を表す。

語幹 +아/어도 좋다	창문을 닫+**아도 좋다**	窓を閉めてもいい
	창문을 열+**어도 좋다**	窓を開けてもいい

- **와도 좋고** 안 **와도 좋아요**.　　　来てもいいし、来なくてもいいです。
  틀**려도 좋으니까** 말해 보세요.　　間違ってもいいから言ってみてください。
  결혼식은 안 **해도 좋아요**.　　　　結婚式はしなくてもいいです。

22 -아/어도 되다　　　　～てもいい

慣用表現　動詞の語幹に付いて許可、許容を表す。

語幹 +아/어도 되다	여기 앉+**아도 되다**	ここに座ってもいい
	이거 먹+**어도 되다**	これを食べてもいい

- 신발을 벗**어도 돼요**?　　　　　　靴を脱いでもいいですか。
  여기서 사진을 찍**어도 돼요**?　　　ここで写真を撮ってもいいですか。
  시험이 끝났으니까 놀**아도 돼요**.　試験が終わったから遊んでもいいです。

第9章　慣用表現(2)

☞参考 「-아/어도 괜찮다」、「-아/어도 좋다」、「-아/어도 되다」はともに許容・許可を表す表現で置き換えることができる。

- 지금 질문해도 돼요? いま質問してもいいですか。
  지금 질문해도 괜찮아요? いま質問しても大丈夫ですか。
  지금 질문해도 좋아요? いま質問してもいいですか。
  냉장고가 없어도 돼요. 冷蔵庫がなくてもいいです。
  냉장고가 없어도 괜찮아요. 冷蔵庫がなくても大丈夫です。
  냉장고가 없어도 좋아요. 冷蔵庫がなくてもいいです。

23 -아/어 보다　　　～てみる

慣用表現　動詞の語幹に付いて試み、経験を表す。

語幹 +아/어 보다	한번 만나+아 보다	一回会ってみる
	대학생 때 읽+어 보았다	大学生の時読んでみた

- 이 김치 먹어 봐도 돼요? このキムチ食べてみてもいいですか。
  치마저고리를 입어 봤어요. チマチョゴリを着てみました。
  뭐든지 물어 보세요. 何でも聞いてみてください。

24 -아/어 보고 싶다　　　～てみたい

慣用表現　動詞の語幹に付いて試み、経験への願望、希望を表す。

語幹 +아/어 보고 싶다	외국에 살+아 보고 싶다	外国に住んでみたい
	한번 먹+어 보고 싶다	一度食べてみたい

- 외국에 가 보고 싶어요. 外国に行ってみたいです。
  김치를 만들어 보고 싶어요. キムチを作ってみたいです。
  한복을 입어 보고 싶어요. 韓(国)服を着てみたいです。

25 -아/어야 되다 / -아/어야 하다 ～なければならない

慣用表現 動詞の語幹に付いて必要、義務、当然の意を表す。「-아/어야 되다」と「-아/어야 하다」は置き換えて用いられる。

① 語幹 +아/어야 되다	닦+아야 되다	磨かなければならない
	넘+어야 되다	越えなければならない
② 語幹 +아/어야 하다	깎+아야 하다	むかなければならない
	믿+어야 하다	信じなければならない

- 몇 번 버스를 타야 돼요? 何番のバスに乗らなければなりませんか。
 밥맛이 없어도 먹어야 돼요. 食欲がなくても食べなければなりません。
 여기에 도장을 찍어야 돼요. ここに判子を押さなければなりません。

- 잘사는 사회를 만들어야 해요. 豊かに暮らす社会を作るべきです。
 세 시까지 꼭 와야 해요. 3時までに必ず来なければなりません。
 물로 깨끗이 씻어야 해요. 水できれいに洗わなければなりません。

26 -아/어 있다 ～ている

慣用表現 動詞の語幹に付いて状態の持続を表す。

語幹 +아/어 있다	조용히 앉+아 있다	静かに座っている
	꽃이 피+어 있다	花が咲いている

※進行を表す「-고 있다」は p.233 を参照。「-아 있다」は状態の持続を表す表現で目的語を必要としない動詞にだけ用いることができる。

- 여기 자리가 비어 있어요. ここに席が空いています。
 언니는 병원에 입원해 있어요. 姉は病院に入院しています。
 티켓은 많이 남아 있어요. チケットはたくさん残っています。

練習＜22＞

☞ 解答は 303 ページへ

1 보기 のように文を作りなさい。　→「-(으)시겠어요?」は p.243 へ

보기 몇 시에 가다 / 한 시 → 몇 시에 **가시겠어요?** - 한 시에 가겠어요.	何時に行く／1時 → 何時に行かれますか。 －1時に行きます。

(1) 무엇을 사다 / 시계 → 　　　　　　　　　何を買う／時計

(2) 언제 전화하다 / 오늘 밤 → 　　　　　　　いつ電話する／今晩

(3) 몇 시에 만나다 / 다섯 시 → 　　　　　　　何時に会う／5時

(4) 어디에 가다 / 노래방 → 　　　　　　　　　どこに行く／カラオケ

(5) 뭘 먹다 / 김밥 → 　　　　　　　　　　　　何を食べる／海苔巻き

2 보기 のように文を作りなさい。　→「-(으)면 안 되다」は p.242 へ

보기 어디서 내리다 / 서울역 → 어디서 내리**면 됩니까?** - 서울역에서 내리**면 됩니다.**	どこで降りる／ソウル駅 → どこで降りればいいですか。 －ソウル駅で降りるといいです。

(1) 몇 번 버스를 타다 / 124번 버스　何番のバスに乗る／124番バス
→

(2) 몇 시까지 가다 / 오후 세 시　　　何時まで行く／午後3時
→

(3) 얼마나 더 기다리다 / 30분　　　どのくらい待つ／30分
→

(4) 어디에 도장을 찍다 / 여기　　　どこに判子を押す／ここ
→

(5) 이것은 어떻게 먹다 / 젓가락　　　これはどう食べる／箸
→

練習

➡ 解答は304ページへ

3 보기 のように文を作りなさい。　　　　　➡「-아/어도 되다」はp.245へ

| 보기 사진을 찍다 ➡
　　 사진을 찍**어도 돼요**?
　　 - 아뇨, 찍**으면 안 돼요**. | 写真を撮る ➡
写真を撮ってもいいですか。
— いいえ、撮ってはいけません。 |

(1) 여기서 담배를 피우다 ➡　　　　　　　　　ここでタバコを吸う

(2) 노래를 부르다 ➡　　　　　　　　　　　　　歌を歌う

(3) 여기에 버리다 ➡　　　　　　　　　　　　　ここに捨てる

(4) 연필로 쓰다 ➡　　　　　　　　　　　　　　鉛筆で書く

(5) 창문을 열다 ➡　　　　　　　　　　　　　　窓を開ける

4 보기 のように文を作りなさい。　　　　　➡「-아/어야 하다」はp.247へ

| 보기 언제 가다 / 내일 ➡
　　 언제 가**야 합니까**?
　　 - 내일 가**야 합니다**. | いつ行く／明日 ➡
いつ行かなければなりませんか。
— 明日行かなければなりません。 |

(1) 어디에서 타다 / 서울역　　　　　　　　　どこで乗る／ソウル駅
➡

(2) 언제까지 끝내다 / 내일 아침　　　　　　　いつまで終える／明日の朝
➡

(3) 어디서 사다 / 편의점　　　　　　　　　　どこで買う／コンビニ
➡

(4) 무엇으로 쓰다 / 연필　　　　　　　　　　何で書く／鉛筆
➡

(5) 무엇을 만들다 / 김치　　　　　　　　　　何を作る／キムチ
➡

第9章 慣用表現(2)

練習

☞ 解答は304ページへ

5 보기 のように文末表現の練習をしてみよう。

보기 여기에 놓다 ➡	ここに置く ➡
① 여기에 놓으면 어때요?	① ここに置いたらどうですか。
② 여기에 놓으면 돼요.	② ここに置けばいいです。
③ 여기에 놓아도 돼요?	③ ここに置いてもいいですか。
④ 여기에 놓으면 안 돼요.	④ ここに置いてはいけません。
⑤ 여기에 놓으시죠.	⑤ ここに置いてください。

（1） 이렇게 하다　　　　　　　　　　　　　このようにする
➡

（2） 버스를 타다　　　　　　　　　　　　　バスに乗る
➡

（3） 사전을 보다　　　　　　　　　　　　　辞書を見る
➡

（4） 여기에 앉다　　　　　　　　　　　　　ここに座る
➡

（5） 직접 질문하다　　　　　　　　　　　　直接質問する
➡

練習

☞ 解答は305ページへ

6 보기 のように文末表現の練習をしてみよう。

보기 먹다 ➜	食べる ➜
① 먹어도 돼요.	① 食べてもいいです。
② 먹어도 괜찮아요.	② 食べてもいいです。
③ 먹어야 돼요.	③ 食べなければなりません。
④ 먹어 봤어요.	④ 食べてみました。
⑤ 먹어 보고 싶어요.	⑤ 食べてみたいです。

(1) 바지를 입다　　　　　　　　　　　　　　　ズボンを履く
➜

(2) 사진을 찍다　　　　　　　　　　　　　　　写真を撮る
➜

(3) 술을 마시다　　　　　　　　　　　　　　　酒を飲む
➜

(4) 연필로 쓰다　　　　　　　　　　　　　　　鉛筆で書く
➜

(5) 도장을 만들다　　　　　　　　　　　　　　判子を作る
➜

第9章 慣用表現(2)

251

27 -아/어 주다

① ～てくれる、
② ～てやる・あげる

慣用表現 動詞の語幹に付いて①話し手の受益、②他者への恩恵としての行為を表す。

① 語幹 +아/어 주다	언니가 사+**아 주다**	姉が買ってくれる
	엄마가 만들+**어 주다**	母が作ってくれる
② 語幹 +아/어 주다	언니에게 사+**아 주다**	姉に買ってあげる
	엄마에게 만들+**어 주다**	母に作ってあげる

① 와 **줘서** 정말 기뻐요. 　　　来てくれて本当にうれしいです。
　엄마가 가방을 사 **주었어요**. 　母がかばんを買ってくれました。
　언니가 숙제를 도와 **주었어요**. 姉が宿題を手伝ってくれました。

② 아이에게 책을 읽**어 주었어요**. 　子供に本を読んであげました。
　여동생한테 가방을 사 **주었어요**. 妹にかばんを買ってあげました。
　종이 비행기를 만들**어 주었어요**. 紙飛行機を作ってあげました。

28 -아/어 드리다

～てさしあげる

慣用表現 動詞の語幹に付いて他の人のために何かの行為をすることを表す。

語幹 +아/어 드리다	시계를 찾+**아 드리다**	時計を探してあげる
	가방을 들+**어 드리다**	かばんを持ってあげる

・제가 안내**해 드릴게요**. 　　　　私がご案内いたします。
　다른 방을 보**여 드리겠습니다**. 他の部屋をお見せします。
　그러면 오백 원 깎**아 드리죠**. 　では 500 ウォンおまけします。
　제가 도**와 드리겠습니다**. 　　　私がお手伝いします。

29　-아/어 주세요　　～てください

慣用表現　動詞の語幹に付いて、丁寧な依頼、指示、命令を表す。

語幹 +아/어 주세요	문을 닫+**아 주세요**	ドアを閉めてください
	문을 열+**어 주세요**	ドアを開けてください

- 조금만 더 기다**려 주세요**.　　もう少し待ってください。
  일주일만 빌**려 주세요**.　　一週間だけ貸してください。
  새 주소 좀 가르**쳐 주세요**.　　新しい住所を教えてください。

☞参考　「-아/어 주세요」は「～てくださいます」のように単純に説明の意としても用いられる。

- 선생님이 쉽게 설명**해 주세요**.　　先生が易しく説明してくださいます。
  아주머니가 만들**어 주세요**.　　おばさんが作ってくださいます。

30　-아/어 줘요　　① ～てください
　　　　　　　　　　② ～てくれます

慣用表現　動詞の語幹に付いて依頼、指示、命令を表す。「-아/어 주세요」に比べ、同等か目下の人に対して用いられる。

語幹 +아/어 줘요	닫+**아 줘요** ➡ 닫아 줘요	閉めてください
	열+**어 줘요** ➡ 열어 줘요	開けてください

- 창문 좀 닫**아 줘요**.　　窓を閉めてください。
  이것 좀 도**와 줘요**.　　これをちょっと手伝ってください。

☞参考　「-아/어 줘요」は「～てくれます」のように単純に説明の意としても用いられる。

- 언니가 숙제를 도**와 줘요**.　　姉が宿題を手伝ってくれます。
  엄마가 구두를 닦**아 줘요**.　　母が靴を磨いてくれます。

31 -아/어 주면 좋겠다　　～てほしい、～てくれたらいい

慣用表現　動詞の語幹に付いて、提案、依頼を表す。

語幹 +아/어 주면 좋겠다	닫+아 주면 좋겠어요	閉めてほしいのですが
	기다리+어 주면 좋겠어요	待ってほしいのですが

- 창문을 좀 열어 주면 좋겠어요.　　窓を開けてほしいのですが。
  빨리 와 주면 좋겠는데요.　　早く来てくれたらいいのですが。
  다른 걸로 바꿔 주면 좋겠는데요.　他のものに変えてほしいのですが。

32 -아/어하다　　～がる、～く思う

慣用表現　主に感情を表す形容詞の語幹に付いて、第三者がそのように思う、感じる、振る舞う、の意を表す。一つの単語として定着したものが多く、形容詞を他動詞に変える機能をする。

感情を表す形容詞の語幹 +아/어하다				
귀찮다	面倒だ	귀찮+아하다 →	귀찮아하다	面倒がる
싫다	嫌だ	싫+어하다 →	싫어하다	嫌がる
슬프다	悲しい	슬프+어하다 →	슬퍼하다	悲しがる
불안하다	不安だ	불안하+여하다 →	불안해하다	不安がる
그립다	懐かしい	그립+어하다 →	그리워하다	懐かしがる
재미있다	面白い	재미있+어하다 →	재미있어하다	面白がる
쓸쓸하다	寂しい	쓸쓸하+여하다 →	쓸쓸해하다	寂しがる
귀엽다	かわいい	귀엽+어하다 →	귀여워하다	かわいがる

- 내일이 발표라서 불안해해요.　　明日が発表なので不安がっています。
  아이가 개를 아주 싫어해요.　　子供が犬をとても嫌がります。
  친구가 요즘 많이 힘들어해요.　　友達が最近かなり苦しがっています。

33 안 -(으)ㄴ 건 아니다 〜なかったわけではない、〜くないわけではない

慣用表現 用言の語幹に付いて、間接的で婉曲な否定を表す。現在の状況や直前の発言から当然導き出される事柄を否定するのに用いる。

① 안 [用言の語幹] + (으)ㄴ 건 아니다	안 먹+은 건 아니다	食べなかったわけではない
	안 좋+은 건 아니다	よくないわけではない
② 안 [動詞の語幹] + 는 건 아니다	안 먹+는 건 아니다	食べないわけではない
	안 보+는 건 아니다	見ないわけではない

- 약을 **안** 먹은 건 **아니에요**. 薬を飲まなかったわけではない。
  공부를 **안** 한 건 **아니에요**. 勉強をやらなかったわけではない。
  건강이 **안** 좋은 건 **아니에요**. 健康がよくないわけではないです。

- 전혀 **안** 들리는 건 **아니에요**. まったく聞こえないわけではないです。
  돈이 없어 **안** 사는 건 **아니에요**. お金がなくて買わないわけではないです。
  바빠서 **안** 먹는 건 **아니에요**. 忙しくて食べないわけではありません。

34 -이/가 되다 〜になる

慣用表現 名詞に付いて①変化、②ある時刻や時期に至る意を表す。

[名詞] +이/가 되다	의사+**가 되다**	医者になる
	회사원+**이 되다**	会社員になる

① 어떤 사람**이 되고** 싶어요? どんな人になりたいですか。
  형은 노력 끝에 의사**가 되었어요**. 兄は努力の末に医者になりました。
  졸업 후에 회사원**이 되었어요**. 卒業した後に会社員になりました。

② 한국에 온 지 1년**이 되었어요**. 韓国に来てから1年になりました。
  벌써 12시**가 되었군요**. もう12時になりましたね。
  올해 스무 살**이 돼요**. 今年20歳になります。

35 -이/가 어떻게 되세요?　　～はどうなりますか

慣用表現　名詞に付いて、その名詞の内容を婉曲で丁寧に質問する意を表す。名詞の内容に合わせて「おいくつですか」、「なんですか」、「何番ですか」、「何名ですか」などと適切に訳さなければならない。「몇 살이에요?」、「뭐예요?」の直接的な表現に比べ、間接的で丁寧度が高い。

名詞 +이/가 어떻게 되세요?	주소+가 어떻게 되세요?	ご住所はどこですか
	전공+이 어떻게 되세요?	ご専門は何ですか

- 나이가 어떻게 되세요?　　　　お年はおいくつですか。
  연세가 어떻게 되세요?　　　　お年はおいくつになられますか。
  이름이 어떻게 되세요?　　　　お名前は何ですか。
  성함이 어떻게 됩니까?　　　　お名前はなんとおっしゃいますか。
  전화번호가 어떻게 돼요?　　　電話番号は何番ですか。
  가족이 어떻게 되세요?　　　　ご家族は何人ですか。
  형제가 어떻게 되세요?　　　　ご兄弟は何人ですか。
  직업이 어떻게 되세요?　　　　お仕事は何ですか。

36 -잖아요　　～じゃないですか

慣用表現　「-지 않아요」の縮約形。用言の語幹に付いて聞き手への確認、訂正の意を表す。

語幹 +잖아요	비가 오+잖아요	雨が降っているじゃないですか
	너무 춥+잖아요	すごく寒いじゃないですか

- 연말에는 우체국이 바쁘잖아요.　　年末は郵便局が忙しいじゃないですか。
  오후에 하기로 했잖아요.　　　　　午後にやることにしたじゃないですか。
  아무도 안 오잖아요.　　　　　　　誰も来ないじゃないですか。
  오늘 회화 수업이 있잖아요.　　　　今日は会話の授業があるじゃないですか。

37　-지 마세요
　　　-지 마십시오　　　　　～しないでください

慣用表現　動詞の語幹に付いて制止、禁止の命令・指示を表す。

語幹 +지 마세요	보+**지 마세요**	見ないでください
지 마십시오	울+**지 마세요**	泣かないでください
	들어가+**지 마십시오**	入らないでください

※ p.151の「-지 말다」否定を参照。

- 연필로 쓰**지 마세요**.　　　　　　鉛筆で書かないでください。
  잔디밭에 들어가**지 마세요**.　　　芝生に入らないでください。
  어린아이처럼 울**지 마세요**.　　　子供のように泣かないでください。
  여기서 사진을 찍**지 마십시오**.　　ここで写真を撮らないでください。

参考　同等、又は目下の親しい関係では「-지 마요」、または「-지 말아요」が用いられる。「-지 말아요」の形は学校文法では正しい活用として認められていないが、ハン検ではこの「-지 말아요」の形でも出題される。

- 볼펜으로 쓰**지 마요/말아요**.　　　ボールペンで書かないでください。
  너무 마시**지 마요/말아요**.　　　　飲みすぎないでください。
  그곳에는 가**지 마요/말아요**.　　　そこには行かないでください。

38　-지 말아야 하다　　　～しないようにしなければならない

慣用表現　動詞の語幹に付いて　禁止の必要、不可欠を表す。

語幹 +지 말아야 하다	보+**지 말아야 해요**	見ないようにしなければなりません
	읽+**지 말아야 해요**	読まないようにしなければなりません

- 밥은 남기**지 말아야 해요**.　　　油断しないようにしなければならない。
  이 약은 먹**지 말아야 해요**.　　　この薬は飲まないようにしなければならない。
  담배는 피우**지 말아야 해요**.　　タバコは吸わないようにしなければなりません。

39　-지 말아 주다　　～しないようにしてくれる、～するのはやめる

慣用表現　動詞の語幹に付いて禁止の依頼や要求を表す。

語幹 +지 말아 주다	보+지 말아 주세요	見るのはやめてください
	찾+지 말아 주세요	探すのはやめてください

- 결과는 알리지 말아 주세요.　　結果は教えないようにしてください。
  술은 마시지 말아 주세요.　　酒は飲まないようにしてください。
  쓰레기는 버리지 말아 주세요.　ごみは捨てないようにしてください。

40　-지 못하다　　～られない

慣用表現　動詞の語幹に付いて不可能、能力の無さ、否定の意を表す。

語幹 +지 못하다	보+지 못해요	見られません
	먹+지 못해요	食べられません

- 나는 한자를 읽지 못해요.　　私は漢字が読めません。
  바빠서 약속을 지키지 못했어요.　忙しくて約束を守れなかったです。
  한 문제도 풀지 못했어요.　　一問も解けなかったです。

41　-지 않다　　～(し)ない

慣用表現　用言の語幹に付いて否定を表す。

語幹 +지 않다	먹+지 않아요	食べません
	덥+지 않아요	暑くないです

- 이 김치는 맵지 않아요.　　このキムチは辛くありません。
  아무도 대답하지 않았어요.　誰も答えなかったです。
  방이 어둡지 않아요?　　部屋が暗くありませんか。

42 -지 않으면 안 되다　　　～しなければならない

慣用表現　動詞の語幹に付いて義務、必要を表す。

語幹 +지 않으면 안 되다	만나+지 않으면 안 되다	会わなければならない
	먹+지 않으면 안 되다	食べなければならない

- 빨리 가지 않으면 안 돼요.　　　早く行かなければなりません。
  이걸로 바꾸지 않으면 안 돼요.　これに変えなければなりません。
  종이로 만들지 않으면 안 돼요.　紙で作らなければなりません。

43 -지 않으시겠어요?　　　～なさいませんか

慣用表現　動詞の語幹に付いて丁寧な勧誘、提案の意を表す。

語幹 +지 않으시겠어요?	만나+지 않으시겠어요?	お会いしませんか
	보+지 않으시겠어요?	ご覧になりませんか

- 집에 놀러 오지 않으시겠어요?　家に遊びにいらっしゃいませんか。
  연극 보러 가지 않으시겠어요?　演劇を見にいらっしゃいませんか。
  같이 춤을 추지 않으시겠어요?　一緒に踊りませんか。

練習＜23＞

☞ 解答は 305 ページへ

1 보기 のように文を作りなさい。　　　　　　　➡「-아/어 주다」は p.252 へ

보기 언니, 구두, 닦다 ➔ 언니에게 구두를 **닦아 주었습니다**. 언니가 구두를 **닦아 주었습니다**.	姉、靴、磨く ➔ 姉に靴を磨いてやりました。 姉が靴を磨いてくれました。

(1) 아들, 과일, 깎다 ➔　　　　　　　　　　　　　息子、果物、むく

(2) 친구, 영어, 가르치다 ➔　　　　　　　　　　　友だち、英語、教える

(3) 오빠, 청바지, 사다 ➔　　　　　　　　　　　　兄、ジーパン、買う

(4) 아이, 종이 비행기, 만들다 ➔　　　　　　　　子供、紙飛行機、作る

(5) 누나, 사진, 찍다 ➔　　　　　　　　　　　　　姉、写真、撮る

2 보기 のように文を作りなさい。　　　　　　　➡「-아/어 드리다」は p.252 へ

보기 사과를 깎다 ➔ 사과를 **깎아 드릴까요?** - 네, **깎아 주세요**.	リンゴをむく ➔ リンゴをむいてあげましょうか。 - はい、むいてください。

(1) 사진을 찍다　　　　　　　　　　　　　　　　写真を撮る
➔

(2) 숙제를 돕다　　　　　　　　　　　　　　　　宿題を手伝う
➔

(3) 학교를 안내하다　　　　　　　　　　　　　　学校を案内する
➔

(4) 다른 것으로 바꾸다　　　　　　　　　　　　他のものにかえる
➔

(5) 한자로 쓰다　　　　　　　　　　　　　　　　漢字で書く
➔

練習

☞ 解答は 306 ページへ

3 보기 のように文を作りなさい。　　→「안 -(으)ㄴ 건 아니다」は p.255 へ

| 보기 약을 먹다 ➜
　　 약을 안 먹은 건 아니에요. | 薬を飲む ➜
薬を飲まなかったわけではありません。 |

(1) 공부를 하다 ➜　　　　　　　　　　　　　　　　　　勉強をする

(2) 일기를 쓰다 ➜　　　　　　　　　　　　　　　　　　日記を書く

(3) 신문을 읽다 ➜　　　　　　　　　　　　　　　　　　新聞を読む

(4) 술을 마시다 ➜　　　　　　　　　　　　　　　　　　酒を飲む

(5) 약속 시간에 늦다 ➜　　　　　　　　　　　　　　　約束の時間に遅れる

4 보기 のように文を作りなさい。　　→「-지 마세요」は p.257 へ

| 보기 여기에 앉다 ➜
　　 여기에 앉을까요?
　　 - 아뇨, 앉지 마세요. | ここに座る ➜
ここに座りましょうか。
ー いいえ、座らないでください。 |

(1) 여기서 기다리다　　　　　　　　　　　　　　　　　ここで待つ
➜

(2) 구두를 벗다　　　　　　　　　　　　　　　　　　　靴を脱ぐ
➜

(3) 택시를 타다　　　　　　　　　　　　　　　　　　　タクシーに乗る
➜

(4) 문을 닫다　　　　　　　　　　　　　　　　　　　　ドアを閉める
➜

(5) 이것을 사다　　　　　　　　　　　　　　　　　　　これを買う
➜

第9章　慣用表現(2)

練習

☞ 解答は 306 ページへ

5 보기 のように文末表現の練習をしてみよう。

| 보기 가방을 들다 ➜
① 가방을 들어 주세요.
② 가방을 들어 줘요.
③ 가방을 들어 드리겠어요.
④ 가방을 들어 주면 좋겠어요. | かばんを持つ ➜
① かばんを持ってください。
② かばんを持ってください。
③ かばんをお持ちします。
④ かばんを持ってほしいです。 |

(1) 서울을 안내하다 ソウルを案内する
➜

(2) 문을 닫다 ドアを閉める
➜

(3) 사진을 찍다 写真を撮る
➜

(4) 다른 것으로 바꾸다 他のものにかえる
➜

(5) 사전을 빌리다 辞書を貸す
➜

練習

☞ 解答は 306 ページへ

6 보기 のように文末表現の練習をしてみよう。

| 보기 찾다 ➔
 ① 찾지 마세요.
 ② 찾지 않으면 안 돼요.
 ③ 찾지 않으시겠어요?
 ④ 찾지 못해요. | 探す ➔
 ① 探さないでください。
 ② 探さなければなりません。
 ③ 探しませんか。
 ④ 探せません。 |

(1) 춤을 추다　　　　　　　　　　　　　　　　踊る
➔

(2) 사진을 찍다　　　　　　　　　　　　　　　写真を撮る
➔

(3) 술을 마시다　　　　　　　　　　　　　　　酒を飲む
➔

(4) 종이로 만들다　　　　　　　　　　　　　　紙で作る
➔

(5) 한자로 쓰다　　　　　　　　　　　　　　　漢字で書く
➔

メモ

第10章

発音（2）

（ハングル検定4級レベル）

30 激音化
31 鼻音化（2）
32 流音化、口蓋音化
33 絶音化
34 濃音化（2）

30 激音化

平音「ㄱ, ㄷ, ㅂ, ㅈ」は「ㅎ」の前や後では激音「ㅋ, ㅌ, ㅍ, ㅊ」で発音される。「ㄱ, ㄷ, ㅂ, ㅈ」の前後に「ㅎ」があれば激音化に注意する。

(1) 「ㄱ, ㄷ, ㅂ, ㅈ」の後に「ㅎ」がくると、「ㄱ, ㄷ, ㅂ, ㅈ」+「ㅎ」は激音「ㅋ, ㅌ, ㅍ, ㅊ」で発音される。

ㄱ, ㄷ, ㅂ, ㅈ + ㅎ → ㅋ, ㅌ, ㅍ, ㅊ

① ㄱ + ㅎ → ㅋ

백화점 [배콰점] デパート　　노력하다 [노려카다] 努力する
도착하다 [도차카다] 到着する　번역하다 [버녀카다] 翻訳する
기억하다 [기어카다] 記憶する　계획하다 [게회카다] 計画する
목욕하다 [모교카다] 入浴する　계속하다 [게소카다] 続ける
약속하다 [약소카다] 約束する　약하다 [야카다] 弱い
부탁하다 [부타카다] 頼む　　　생각하다 [생가카다] 考える
시작하다 [시자카다] 始める　　축하하다 [추카하다] 祝う

② ㄷ + ㅎ → ㅌ

맏형 [마텽] 長兄
못하다 → 몯하다 [모타다] できない
따뜻하다 → 따뜯하다 [따뜨타다] 暖かい
비슷하다 → 비슫하다 [비스타다] 似ている
잘못하다 → 잘몯하다 [잘모타다] 間違う

③ ㅂ + ㅎ → ㅍ

　　입학 [이팍] 入学　　　　　연습하다 [연스파다] 練習する
　　대답하다 [대다파다] 答える　졸업하다 [조러파다] 卒業する
　　시합하다 [시하파다] 試合する

④ ㅈ + ㅎ → ㅊ

　　맞히다 [마치다] 当てる　　앉히다 [안치다] 座らせる

(2) パッチム「ㅎ」の後に「ㄱ, ㄷ, ㅈ」がくると、「ㅎ」+「ㄱ, ㄷ, ㅈ」は激音「ㅋ, ㅌ, ㅊ」で発音される。

$$\boxed{ㅎ} + \boxed{ㄱ, ㄷ, ㅈ} \rightarrow \boxed{ㅋ, ㅌ, ㅊ}$$

① ㅎ + ㄱ → ㅋ

　　놓고 [노코] 置いて　　　　넣고 [너코] 入れて
　　좋고 [조코] 良くて　　　　그렇게 [그러케] そのように
　　이렇게 [이러케] このように　저렇게 [저러케] あのように

② ㅎ + ㄷ → ㅌ

　　좋다 [조타] いい　　　　　놓다 [노타] 置く
　　넣다 [너타] 入れる　　　　괜찮다 [괜찬타] 大丈夫だ
　　많다 [만타] 多い　　　　　끊다 [끈타] 切る・断つ
　　잃다 [일타] 失う　　　　　옳다 [올타] 正しい

③ ㅎ + ㅈ → ㅊ

　　많지요 [만치요] 多いです　　좋지요 [조치요] いいですよ
　　그렇지만 [그러치만] だが　　넣지 말고 [너치말고] 入れないで

31 鼻音化（2）

パッチム「ㄱ, ㄷ, ㅂ」の後に鼻音「ㄴ, ㅁ」が続くと、パッチム「ㄱ, ㄷ, ㅂ」は鼻音化して「ㅇ, ㄴ, ㅁ」で発音される。

(1) パッチム「ㄱ, ㄷ, ㅂ」の後に鼻音「ㄴ」が続くと、パッチム「ㄱ, ㄷ, ㅂ」は鼻音化して「ㅇ, ㄴ, ㅁ」で発音される。

$$\boxed{ㄱ, ㄷ, ㅂ} + \boxed{ㄴ} \rightarrow \boxed{ㅇ, ㄴ, ㅁ} + \boxed{ㄴ}$$

① ㄱ + ㄴ → ㅇ + ㄴ

　　작년 [장년] 昨年　　　　국내 [궁내] 国内
　　학년 [항년] 学年　　　　재작년 [재장년] 一昨年

② ㄷ + ㄴ → ㄴ + ㄴ

　　끝나다 [끈나다] デパート　끝내다 [끈내다] 努力する
　　믿는다 [민는다] 信じる　　옛날 [옌날] 昔
　　있는 [인는] ある　　　　　잊는다 [인는다] 忘れる
　　꽃나무 [꼰나무] 花木　　　찾는 [찬는] 探す

※ パッチム「ㅌ, ㅅ, ㅆ, ㅈ, ㅊ」は代表音「ㄷ」による鼻音化になる。

③ ㅂ + ㄴ → ㅁ + ㄴ

　　십년 [심년] 十年　　　　앞날 [암날] 将来
　　갑니다 [감니다] 行きます　덥습니다 [덥씀니다] 暑いです
　　합니까 [함니까] しますか　춥습니까 [춥씀니까] 寒いですか

☞参考　数詞における「육」（六）は、①語頭では「육」、②ㄹパッチムや母音音節の後では「륙」、③ㄹ以外のパッチムの後では「뉵」と発音される。

① 육십이 [육씨비] 六十二　육백오십 [육빼고십] 六百五十
② 칠육팔육 [칠륙팔륙] 七六八六　이육사육 [이륙사륙] 二六四六
③ 십육 [심뉵] 十六　이십육 [이심뉵] 二十六　삼십육 [삼심뉵] 三十六
　 백육십 [뱅뉵씹] 百六十　삼육공육 [삼뉵공뉵] 三六〇六

(2) パッチム「ㄱ, ㄷ, ㅂ」の後に鼻音「ㅁ」が続くと、パッチム「ㄱ, ㄷ, ㅂ」は鼻音化して「ㅇ, ㄴ, ㅁ」で発音される。

$$\boxed{ㄱ, ㄷ, ㅂ} + \boxed{ㅁ} \rightarrow \boxed{ㅇ, ㄴ, ㅁ} + \boxed{ㅁ}$$

① $\boxed{ㄱ} + \boxed{ㅁ} \rightarrow \boxed{ㅇ} + \boxed{ㅁ}$

　　한국말 [한궁말] 韓国語　　　　학문 [항문] 学問
　　박물관 [방물관] 博物館　　　　국민 [궁민] 国民

② $\boxed{ㄷ} + \boxed{ㅁ} \rightarrow \boxed{ㄴ} + \boxed{ㅁ}$

　　낱말 [난말] 単語　　　　　　　콧물 [콘물] 鼻水
　　다섯 명 [다선명] 五名　　　　　여섯 명 [여선명] 六名
　　꽃만 [꼰만] 花だけ　　　　　　낮마다 [난마다] 毎昼

※パッチム「ㅌ, ㅅ, ㅆ, ㅈ, ㅊ」は代表音「ㄷ」による鼻音化になる。

③ $\boxed{ㅂ} + \boxed{ㅁ} \rightarrow \boxed{ㅁ} + \boxed{ㅁ}$

　　입문 [임문] 入門　　　　　　　업무 [엄무] 業務
　　일곱 명 [일곰명] 七名　　　　　아홉 명 [아홈명] 九名
　　입맛 [임맏] 食欲　　　　　　　앞만 [암만] 前だけ

第10章　発音(2)

32 流音化、口蓋音化

1 流音化

パッチムと初声の組合せが「ㄴ+ㄹ」か「ㄹ+ㄴ」の場合、「ㄴ」はどちらも「ㄹ」で発音される。これを流音化という。

(1) パッチム「ㄴ」の後に初声「ㄹ」が続くと、パッチム「ㄴ」は流音「ㄹ」で発音される。

$$\boxed{ㄴ} + \boxed{ㄹ} \rightarrow \boxed{ㄹ} + \boxed{ㄹ}$$

편리 [펄리] 便利　　연락 [열락] 連絡
인류 [일류] 人類　　진리 [질리] 真理
분류 [불류] 分類　　언론 [얼론] 言論

(2) パッチム「ㄹ」の後に初声「ㄴ」が続くと、初声「ㄴ」は流音「ㄹ」で発音される。

$$\boxed{ㄹ} + \boxed{ㄴ} \rightarrow \boxed{ㄹ} + \boxed{ㄹ}$$

일년 [일련] 一年　　칠년 [칠련] 七年
팔년 [팔련] 八年　　달님 [달림] お月様
설날 [설랄] 元日　　오늘날 [오늘랄] 今日

2 口蓋音化

パッチム「ㄷ, ㅌ」の後に母音「ㅣ」が続くと、「ㄷ, ㅌ」は連音時に「ㅈ, ㅊ」で発音される。これを口蓋音化という。

(1) パッチム「ㄷ」の後に母音「ㅣ」が続くと、「ㄷ」は連音時に「ㅈ」で発音される。

$$\boxed{ㄷ} + \boxed{이} \rightarrow \boxed{지}$$

굳이 [구지] 敢えて　　맏이 [마지] 長子
해돋이 [해도지] 日の出　곧이 [고지] まっすぐに
미닫이 [미다지] 引き戸

(2) パッチム「ㅌ」の後に母音「ㅣ」が続くと、「ㅌ」は連音時に「ㅊ」で発音される。

$$\boxed{ㅌ} + \boxed{이} \rightarrow \boxed{치}$$

같이 [가치] 一緒に　　끝이 [끄치] 終わりが
바깥이 [바까치] 外が　햇볕이 [핻뼈치] 日差しが
밑이 [미치] 下が　　　밭이 [바치] 畑が

☞参考　母音「이」以外に「히」がパッチム「ㄷ」の後に続く場合も口蓋音「치」で発音される。

닫히다 [다치다] 閉まる　묻히다 [무치다] 埋もれる
걷히다 [거치다] 晴れる

33 絶音化

パッチム「ヲ/ㅌ, ㅅ, ㅆ, ㅈ/ㅊ」の後に母音「ㅏ, ㅓ, ㅗ, ㅜ, ㅟ」で始まる後続の単語がある場合は、前のパッチムがそのまま連音せず、その代表音「ㄱ/ㄷ/ㅂ」が連音される。これを絶音化という。

(1) パッチム「ㅋ」の後に母音「ㅏ, ㅓ, ㅗ, ㅜ, ㅟ」で始まる後続の単語がある場合は、そのまま連音せず、その代表音「ㄱ」が連音される。

$$\boxed{ㅋ} \rightarrow \boxed{ㄱ} \rightarrow \boxed{連音}$$

부엌 안 ➡ 부억+ 안 [부어간] 台所の中

(2) パッチム「ㅌ, ㅅ, ㅈ, ㅊ」の後に母音「ㅏ, ㅓ, ㅗ, ㅜ, ㅟ」で始まる後続の単語がある場合は、そのまま連音せず、その代表音「ㄷ」が連音される。

$$\boxed{ㅌ}, \boxed{ㅅ}, \boxed{ㅈ}, \boxed{ㅊ} \rightarrow \boxed{ㄷ} \rightarrow \boxed{連音}$$

몇 월 ➡ 멷+월 [며둴] 何月
꽃 위 ➡ 꼳+위 [꼬뒤] 花の上
맛없다 ➡ 맏+업따 [마덥따] まずい
몇 인분 ➡ 멷+인분 [며딘분] 何人前
첫인상 ➡ 첟+인상 [처딘상] 第一印象
멋없다 ➡ 먿+업따 [머덥따] 不格好だ

☞参考 「맛+있다/멋+있다」も [마딛따/머딛따] に発音すべきだが、実際は「마싣따/머싣따」で発音されることが多いので両方とも標準発音としている。

맛있다 [마싣따]/[마딛따] 美味しい

멋있다 [머싣따]/[머딛따] 素敵だ、格好いい

(3) パッチム「ㅍ」の後に母音「ㅏ, ㅓ, ㅗ, ㅜ, ㅟ」で始まる後続の単語がある場合は、そのまま連音せず、その代表音「ㅂ」が連音される。

| ㅍ | ➡ | ㅂ | ➡ | 連音 |

잎 위 ➡ 입+위 [이뷔] 葉の上

☞参考 否定の副詞[못]が母音で始まる後続の単語と結合する場合も、終声「ㅅ」の代表音「ㄷ」が連音される。

못 알아듣다	➡ 몯+아라듣따	➡ [모다라듣따]	聞き取れない
못 알리다	➡ 몯+알리다	➡ [모달리다]	知らせられない
못 오르다	➡ 몯+오르다	➡ [모도르다]	登れない
못 옵니다	➡ 몯+옵니다	➡ [모돔니다]	来られません
못 와요	➡ 몯+와요	➡ [모돠요]	来られません
못 올라가다	➡ 몯+올라가다	➡ [모돌라가다]	上れない
못 올리다	➡ 몯+올리다	➡ [모돌리다]	上げられない
못 움직이다	➡ 몯+움지기다	➡ [모둠지기다]	動かせない
못 외우다	➡ 몯+외우다	➡ [모뙤우다]	暗記できない
못 없애다	➡ 몯+업쌔다	➡ [모덥쌔다]	なくせない
못 어울리다	➡ 몯+어울리다	➡ [모더울리다]	付き合えない

第10章 発音(2)

34 濃音化（2）

「濃音化（1）」（p.132）の濃音化規則（パッチム「ㄱ, ㄷ, ㅂ」の後に来る「ㄱ, ㄷ, ㅂ, ㅅ, ㅈ」が濃音化）以外に、①「ㄴ, ㅁ」パッチムの語幹の後で、②連体形語尾「-(으)ㄹ」の後で、③漢字語のパッチム「ㄹ」の後でも濃音化が起きる。

(1) 語幹「ㄴ, ㅁ」の後での濃音化

用言の語幹のパッチム「ㄴ, ㅁ」と結合する「ㄱ, ㄷ, ㅅ, ㅈ」で始まる語尾は濃音化されて「ㄲ, ㄸ, ㅆ, ㅉ」で発音される。もちろん「ㄱ, ㄷ, ㅂ」で終わる語幹の後でも濃音化（1）の規則の通り濃音で発音される。

① ㄴ + ㄱ, ㄷ, ㅅ, ㅈ → ㄴ + ㄲ, ㄸ, ㅆ, ㅉ

신고 [신꼬] 履いて　　신습니다 [신씀니다] 履きます
신다 [신따] 履く　　신지 않고 [신찌안코] 履かないで

② ㅁ + ㄱ, ㄷ, ㅅ, ㅈ → ㅁ + ㄲ, ㄸ, ㅆ, ㅉ

남고 [남꼬] 残って　　남습니다 [남씀니다] 残ります
남다 [남따] 残る　　남지 않고 [남찌안코] 残らないで

③ 먹다 [먹따] 食べる　　먹고 [먹꼬] 食べて　　걷다 [걷따] 歩く
걷고 [걷꼬] 歩いて　　씻다 [씯따] 洗う　　씻고 [씯꼬] 洗って
좁다 [좁따] 狭い　　좁고 [좁꼬] 狭くて

☞参考　2文字パッチムの語幹「ㄵ, ㄻ, ㄼ」の後に来る語尾「ㄱ, ㄷ, ㅅ, ㅈ」も濃音で発音される。

앉다 [안따] 座る　　앉고 [안꼬] 座って　　젊다 [점따] 若い
젊고 [점꼬] 若くて　　넓다 [널따] 広い　　넓게 [널께] 広く
짧습니다 [짤씀니다] 短いです　　짧지 않다 [짤찌 안타] 短くない

(2) 語尾「-(으)ㄹ」の後での濃音化

連体形語尾「-(으)ㄹ」の後に来る「ㄱ, ㄷ, ㅂ, ㅅ, ㅈ」は「ㄲ, ㄸ, ㅃ, ㅆ, ㅉ」の濃音で発音する。「-(으)ㄹ」で始まる語尾の場合もこれに準じて発音する。

① 먹을 것 [머글껃] 食べるもの　　마실 것 [마실껃] 飲み物
　 갈 곳 [갈꼳] 行くところ　　　　갈게요 [갈께요] 行きます
② 갈 데가 [갈떼가] 行くところが　　쉴 데 [쉴떼] 休むところ
③ 할 바를 [할빠를] すべきことを
④ 갈 생각 [갈쌩각] 行くつもり　　만날 사람 [만날싸람] 会う人
⑤ 할지도 [할찌도] するかも　　　　올지도 [올찌도] 来るかも

(3) 漢字語の「ㄹ」の後での濃音化

漢字語でパッチム「ㄹ」に続く「ㄷ, ㅅ, ㅈ」は濃音で発音する。
결정 [결쩡] 決定　　발전 [발쩐] 發展　　출신 [출씬] 出身
절대로 [절때로] 絶対に　　　　열심히 [열씨미] 熱心に

☞参考1　合成語の濃音化

連体形の機能を持つ合成語のパッチム「ㄴ, ㄹ, ㅁ, ㅇ」の後に来る「ㄱ, ㄷ, ㅂ, ㅅ, ㅈ」は濃音で発音される。
손-가락 [손까락] 指　　길-가 [길까] 道端　　비빔-밥 [비빔빱] ビビンバ
술-잔 [술짠] 杯　　　강-가 [강까] 川辺　　손-수건 [손쑤건] ハンカチ

☞参考2　パッチムのある数詞の後に来る平音の単位名詞の濃音化

① **固有数詞**：다섯, 여섯, 일곱, 여덟, 아홉, 열＋개(個), 잔(杯), 권(冊), 번(回), 분(方), 살(歲), 번째(番目), 시(時)
・ 다섯 개 [다섣깨] 五個、여섯 잔 [여섣짠] 六杯、일곱 번 [일곱뻔] 七回、여덟 살 [여덜쌀] 八歲、아홉 번째 [아홉뻔째] 九番目、열 시 [열씨] 十時

② **漢数詞**：일, 삼, 육, 칠, 팔, 십＋점(点), 주일(週間)
・ 일주일 [일쭈일] 一週間、팔십 점 [팔씹쩜] 八十点

練習 <24>

☞ 解答は 307 ページへ

1 発音どおり表記したものを①～④の中から1つ選びなさい。

(1) 같이
　① [가티]　　② [가찌]　　③ [가치]　　④ [가시]

(2) 연락해요
　① [열라캐요]　② [연나캐요]　③ [열나캐요]　④ [연라깨요]

(3) 끝내요
　① [끌래요]　　② [끙내요]　　③ [끔내요]　　④ [끈내요]

(4) 약속해요
　① [약소깨요]　② [약소캐요]　③ [약쏘깨요]　④ [약쏘캐요]

(5) 여덟 시
　① [여덜씨]　　② [여덥씨]　　③ [여덜시]　　④ [여덥시]

(6) 작년
　① [잠년]　　② [잔년]　　③ [장연]　　④ [장년]

(7) 따뜻해요
　① [따뜨태요]　② [따든해요]　③ [따뜨해요]　④ [따뜬새요]

(8) 몇 학년
　① [며항년]　　② [며탕년]　　③ [며당년]　　④ [면항년]

(9) 몇 월
　① [며월]　　② [며뭘]　　③ [며훨]　　④ [면뭘]

(10) 잘못해요
　① [잘모대요]　② [잘모때요]　③ [잘모새요]　④ [잘모태요]

練習

☞ 解答は 307 ページへ

2 発音どおり表記したものを①〜④の中から１つ選びなさい。

（１）맛없다
　① [마섭타]　② [마섭따]　③ [마덥타]　④ [마덥따]

（２）이십육
　① [이섭뉴]　② [이심뉴]　③ [이시붉]　④ [이신뉴]

（３）못 옵니다
　① [모돔니다]　② [모솜니다]　③ [모손니다]　④ [모돈니다]

（４）붙입니다
　① [부팁니다]　② [부팀니다]　③ [부침니다]　④ [부딤니다]

（５）여덟 번
　① [여덜번]　② [여덥펀]　③ [여덜뻔]　④ [여덥뻔]

（６）비슷해요
　① [비스태요]　② [비스대요]　③ [비슨태요]　④ [비슫때요]

（７）열심히
　① [열씸이]　② [열씨미]　③ [열시미]　④ [열씨이]

（８）끝났어요
　① [끈나써요]　② [끋나써요]　③ [끈나서요]　④ [끈낟써요]

（９）일 년
　① [일련]　② [인년]　③ [일녕]　④ [일령]

（10）그것만
　① [그검만]　② [그겅만]　③ [그건만]　④ [그껀만]

第10章 発音(2)

277

メモ

練習問題
解答編

練習問題 01 ～ 24

練習問題 01　　　　　　　　　　p.24 ～ p.25

1
(1) 오십삼
(2) 이십칠
(3) 사십일
(4) 칠십구
(5) 백이십삼
(6) 사백십구
(7) 팔천삼백일
(8) 천칠백육십오
(9) 오만사천삼백십팔
(10) 만이천구십일

2
(1) 천구백사십오년 팔월 십오일
(2) 천구백오십년 유월 이십오일
(3) 천구백육십년 사월 십구일
(4) 천구백칠십구년 시월 이십육일
(5) 천구백팔십팔년 구월 십칠일

3
(1) 다섯
(2) 일곱
(3) 아홉
(4) 열여섯
(5) 쉰둘
(6) 예순여덟
(7) 여든셋
(8) 열일곱
(9) 쉰넷
(10) 스물아홉

4
(1) 여섯 시 팔 분
(2) 여덟 시 오십삼 분
(3) 한 시 사십구 분
(4) 다섯 시 삼십팔 분
(5) 네 시 육 분
(6) 열두 시 삼십 분
(7) 두 시 사십삼 분
(8) 일곱 시 사십 분
(9) 세 시 이십 분
(10) 열한 시 삼십사 분

練習問題 02　　　　　　　　　　p.36 ～ p.37

1

基本形		語幹＋ㅂ니다/습니다	語幹＋ㅂ니까?/습니까?
오다	来る	옵니다	옵니까?
일하다	働く	일합니다	일합니까?
마시다	飲む	마십니다	마십니까?

읽다	読む	읽습니다	읽습니까?
타다	乗る	탑니다	탑니까?
입다	着る	입습니다	입습니까?
쉬다	休む	쉽니다	쉽니까?
듣다	聞く	듣습니다	듣습니까?
사다	買う	삽니다	삽니까?
만나다	会う	만납니다	만납니까?
있다	ある	있습니다	있습니까?
크다	大きい	큽니다	큽니까?
좋다	良い	좋습니다	좋습니까?
바쁘다	忙しい	바쁩니다	바쁩니까?
싸다	安い	쌉니다	쌉니까?
맵다	辛い	맵습니다	맵습니까?

2

語幹 +아요/어요/여요					
찾다	探す	찾아요	오다	来る	와요
받다	もらう	받아요	보다	見る	봐요
주다	くれる	줘요	먹다	食べる	먹어요
입다	着る	입어요	살다	住む	살아요
타다	乗る	타요	넣다	入れる	넣어요
읽다	読む	읽어요	알다	わかる	알아요
가다	行く	가요	있다	ある	있어요
벗다	脱ぐ	벗어요	잊다	忘れる	잊어요
자다	寝る	자요	놀다	遊ぶ	놀아요
웃다	笑う	웃어요	열다	開ける	열어요
사다	買う	사요	마시다	飲む	마셔요
울다	泣く	울어요	짜다	塩辛い	짜요
만나다	会う	만나요	좋다	良い	좋아요
배우다	学ぶ	배워요	높다	高い	높아요
건너다	渡る	건너요	길다	長い	길어요
바꾸다	変える	바꿔요	멀다	遠い	멀어요

練習問題 03   p.44 〜 p.45

1

語幹 ＋았/었＋어요						
찾다	探す	찾았어요	오다	来る		왔어요
받다	もらう	받았어요	보다	見る		봤어요
주다	くれる	줬어요/주었어요	먹다	食べる		먹었어요
입다	着る	입었어요	살다	住む		살았어요
타다	乗る	탔어요	넣다	入れる		넣었어요
읽다	読む	읽었어요	알다	わかる		알았어요
가다	行く	갔어요	있다	ある		있었어요
벗다	脱ぐ	벗었어요	잊다	忘れる		잊었어요
자다	寝る	잤어요	놀다	遊ぶ		놀았어요
웃다	笑う	웃었어요	열다	開ける		열었어요
사다	買う	샀어요	마시다	飲む		마셨어요
울다	泣く	울었어요	짜다	塩辛い		짰어요
만나다	会う	만났어요	좋다	良い		좋았어요
배우다	学ぶ	배웠어요	높다	高い		높았어요
건너다	渡る	건넜어요	길다	長い		길었어요
바꾸다	変える	바꿨어요	멀다	遠い		멀었어요

2

(1) 그저께는 내 생일이었어요.
(2) 할머니는 의사였어요.
(3) 어제는 어린이날이었어요.
(4) 시험은 열 시부터였어요.
(5) 선물은 시계이었어요.

3

(1) 우유를 마시겠어요.
(2) 내일 전화를 하겠어요.
(3) 다섯 시에 가겠어요.
(4) 소설 책을 사겠어요.
(5) 축구를 하겠어요.

練習問題 04　　p.50 〜 p.51

1

基本形		語幹 ＋ ㅂ니다	語幹 ＋ 니까
살다	住む	삽니다	사니까
열다	開ける	엽니다	여니까
만들다	作る	만듭니다	만드니까
울다	泣く	웁니다	우니까
팔다	売る	팝니다	파니까
달다	甘い	답니다	다니까
멀다	遠い	멉니다	머니까

2

基本形		語幹 ＋ 십니다	語幹 ＋ 아요/어요
살다	住む	사십니다	살아요
열다	開ける	여십니다	열어요
만들다	作る	만드십니다	만들어요
울다	泣く	우십니다	울어요
놀다	遊ぶ	노십니다	놀아요
팔다	売る	파십니다	팔아요
알다	わかる	아십니다	알아요

3

基本形		-아서/어서	-아요/어요
아프다	痛い	아파서	아파요
바쁘다	忙しい	바빠서	바빠요
기쁘다	嬉しい	기뻐서	기뻐요
슬프다	悲しい	슬퍼서	슬퍼요
나쁘다	悪い	나빠서	나빠요
쓰다	書く	써서	써요
크다	大きい	커서	커요

4

(1) 일이 바빠서 모임에 늦었어요.
(2) 영화가 너무 슬퍼서 울었어요.
(3) 눈이 나빠서 안경을 썼어요.

(4) 머리가 아파서 병원에 갔어요.
(5) 배가 고파서 빵과 우유를 샀어요.

練習問題 05   p.57 ~ p.59

1

(1) 일본 사람이 아닙니다. 한국 사람입니다.
(2) 선생님이 아닙니다. 학생입니다.
(3) 가수가 아닙니다. 배우입니다.
(4) 연필이 아닙니다. 볼펜입니다.
(5) 책이 아닙니다. 사전입니다.

2

(1) 중국 사람이 아니라 한국 사람입니다.
(2) 볼펜이 아니라 연필입니다.
(3) 여자이 아니라 남자입니다.
(4) 책이 아니라 잡지입니다.
(5) 목요일이 아니라 금요일입니다.

3

(1) 아뇨, 안 좋아해요.
(2) 아뇨, 안 와요.
(3) 아뇨, 안 달아요.
(4) 아뇨, 안 가요.
(5) 아뇨, 안 샀어요.

4

(1) 표를 샀어요? - 아뇨, 못 샀어요.
(2) 숙제를 했어요? - 아뇨, 못 했어요.
(3) 사진을 찍었어요? - 아뇨, 못 찍었어요.
(4) 담배를 끊었어요? -아뇨, 못 끊었어요.
(5) 선생님을 만났어요? -아뇨, 못 만났어요.

5

(1) ① 술을 안 마셔요.
    ② 술을 마시지 않아요.
(2) ① 여행을 안 가요.
    ② 여행을 가지 않아요.

③ 술을 못 마셔요.　　　　　　③ 여행을 못 가요.
　　④ 술을 마시지 못해요.　　　　④ 여행을 가지 못해요.

(3) ① 일요일에도 안 쉬어요.　　(4) ① 치마를 안 입어요.
　　② 일요일에도 쉬지 않아요.　　　② 치마를 입지 않아요.
　　③ 일요일에도 못 쉬어요.　　　　③ 치마를 못 입어요.
　　④ 일요일에도 쉬지 못해요.　　　④ 치마를 입지 못해요.

(5) ① 한자로 안 써요.
　　② 한자로 쓰지 않아요.
　　③ 한자로 못 써요.
　　④ 한자로 쓰지 못해요.

練習問題 06　　p.79～p.81

1
(1) 을　(2) 를　(3) 가　(4) 과　(5) 부터, 까지　(6) 을
(7) 에　(8) 로　(9) 에서　(10) 로　(11) 를　(12) 과, 으로

2
(1) ④　(2) ②　(3) ④　(4) ①　(5) ①
(6) ④　(7) ④　(8) ④　(9) ③

3
(1) ①　(2) ②　(3) ④　(4) ③　(5) ②
(6) ①　(7) ③　(8) ②　(9) ①

練習問題 07　　p.101～p.107

1
(1) 그렸어요　　(3) 잤어요　　(5) 봤어요
(2) 만났어요　　(4) 쉬었어요

2
(1) 무엇을 읽습니까? - 책을 읽습니다.
(2) 무엇을 먹습니까? - 밥을 먹습니다.

(3) 무엇을 봅니까? - 영화를 봅니다.
(4) 무엇을 배웁니까? - 한국어를 배웁니다.
(5) 무엇을 만듭니까? - 의자를 만듭니다.

3

(1) 무엇을 찍어요? - 꽃을 찍어요.
(2) 무엇을 해요? - 축구를 해요.
(3) 무엇을 마셔요? - 주스를 마셔요.
(4) 무엇을 팔아요? - 과일을 팔아요.
(5) 무엇을 써요? - 편지를 써요.

4

(1) 타다   (4) 보내다   (7) 내리다   (10) 나쁘다
(2) 열다   (5) 공부하다   (8) 가다
(3) 나오다   (6) 세우다   (9) 비싸다

5

(1) 문을 닫을까요?
(2) 지하철을 탈까요?
(3) 같이 갈까요?
(4) 일찍 출발할까요?
(5) 내일 만날까요?

6

(1) 무엇을 보세요? - 영화를 봐요.
(2) 언제 가세요? - 월요일에 가요.
(3) 누구를 만나요? - 친구를 만나요.
(4) 어디에 살아요? - 학교 근처에 살아요.
(5) 무엇을 해요? - 청소를 해요.

7

(1) 사전을 가지고 오세요.
(2) 우표를 붙이세요.
(3) 우리 집에 놀러 오세요.
(4) 여기에 앉으세요.
(5) 지금 길을 건너세요.

8

(1) 안경이에요.
(2) 시계예요.
(3) 3층이에요.
(4) 도서관이에요.
(5) 소예요.

9

(1) 눈이 많이 오지요? - 네, 정말 많이 와요.
(2) 역이 멀지요? - 네, 정말 멀어요.
(3) 한국말을 잘하지요? - 네, 정말 잘해요.
(4) 값이 비싸지요? - 네, 정말 비싸요.
(5) 음식이 맛있지요? - 네, 정말 맛있어요.

10

(1) 월요일이죠? - 아뇨, 화요일이에요.
(2) 아홉시이죠? - 아뇨, 열 시예요.
(3) 내일이죠? - 아뇨, 모레예요.
(4) 설탕이죠? - 아뇨, 소금이에요.
(5) 교과서이죠? - 아뇨, 노트예요.

11

(1) ① 일요일입니까?
    ② 일요일이에요.
    ③ 일요일이었어요.
    ④ 일요일이지요?
    ⑤ 일요일일까요?

(2) ① 가을입니까?
    ② 가을이에요.
    ③ 가을이었어요.
    ④ 가을이지요?
    ⑤ 가을일까요?

(3) ① 시험입니까?
    ② 시험이에요.
    ③ 시험이었어요.
    ④ 시험이지요?
    ⑤ 시험일까요?

(4) ① 유월입니까?
    ② 유월이에요.
    ③ 유월이었어요.
    ④ 유월이지요?
    ⑤ 유월일까요?

(5) ① 처음입니까?
    ② 처음이에요.
    ③ 처음이었어요.

④ 처음이지요?
⑤ 처음일까요?

12

(1) ① 사진을 찍겠어요.
② 사진을 찍었어요.
③ 사진을 찍습니다.
④ 사진을 찍을까요?
⑤ 사진을 찍으세요.

(2) ① 역에서 기다리겠어요.
② 역에서 기다렸어요.
③ 역에서 기다립니다.
④ 역에서 기다릴까요?
⑤ 역에서 기다리세요.

(3) ① 영화를 보겠어요.
② 영화를 봤어요.
③ 영화를 봅니다.
④ 영화를 볼까요?
⑤ 영화를 보세요.

(4) ① 문을 닫겠어요.
② 문을 닫았어요.
③ 문을 닫습니다.
④ 문을 닫을까요?
⑤ 문을 닫으세요.

(5) ① 우산을 쓰겠어요.
② 우산을 썼어요.
③ 우산을 씁니다.
④ 우산을 쓸까요?
⑤ 우산을 쓰세요.

練習問題 08　　p.111 ~ p.113

1

(1) 이를 닦고 세수를 했습니다.
(2) 점심을 먹고 차를 마셨습니다.
(3) 편지를 부치고 친구를 만났습니다.
(4) 식사를 하고 숙제를 했습니다.
(5) 책을 사고 영화를 봤습니다.

2

(1) 일찍 자고 일찍 일어납니다.
(2) 키도 크고 공부도 잘합니다.
(3) 비가 오고 바람이 붑니다.
(4) 그녀는 예쁘고 친절합니다.
(5) 이것은 책이고 저것은 공책입니다.

3

(1) 옵니다만
(2) 민수라고
(3) 하고
(4) 싫습니다만
(5) 보고
(6) 경숙이라고
(7) 옵니다만
(8) 길고
(9) 미안합니다만
(10) 소금이고
(11) 내리고
(12) 봄입니다만

4

(1) ① 값이 비싸요.
    ② 값이 비쌌어요.
    ③ 값이 비쌀까요?
    ④ 값이 비싸지요?
    ⑤ 값이 비싸겠죠?

(2) ① 사람이 많아요.
    ② 사람이 많았어요.
    ③ 사람이 많을까요?
    ④ 사람이 많지요?
    ⑤ 사람이 많겠죠?

(3) ① 음식이 맛있어요.
    ② 음식이 맛있었어요.
    ③ 음식이 맛있을까요?
    ④ 음식이 맛있지요?
    ⑤ 음식이 맛있겠죠?

(4) ① 다리가 아파요.
    ② 다리가 아팠어요.
    ③ 다리가 아플까요?
    ④ 다리가 아프지요?
    ⑤ 다리가 아프겠죠?

(5) ① 역이 멀어요.
    ② 역이 멀었어요.
    ③ 역이 멀까요?
    ④ 역이 멀지요?
    ⑤ 역이 멀겠죠?

練習問題 09　　　p.121 ～ p.123

1

(1) 무엇을 했어요? - 점심을 먹고 왔어요.
(2) 무엇을 했어요? - 술을 마시고 왔어요.
(3) 무엇을 했어요? - 숙제를 끝내고 왔어요.
(4) 무엇을 했어요? - 노래를 부르고 왔어요.
(5) 무엇을 했어요? - 영화를 보고 왔어요.

2

(1) 우산을 가지고 가세요.

(2) 바지를 입고 가세요.
(3) 운동화를 신고 가세요.
(4) 모자를 쓰고 가세요.
(5) 버스를 타고 가세요.

3

(1) 무엇을 하고 싶어요? - 머리를 감고 싶어요.
(2) 무엇을 하고 싶어요? - 목욕을 하고 싶어요.
(3) 무엇을 하고 싶어요? - 세수를 하고 싶어요.
(4) 무엇을 하고 싶어요? - 이를 닦고 싶어요.
(5) 무엇을 하고 싶어요? - 피아노를 치고 싶어요.

4

(1) 언니와 같이 한국어를 배웁니다.
(2) 어머니와 같이 음식을 만듭니다.
(3) 가족와 같이 저녁을 먹습니다.
(4) 친구와 같이 음악을 듣습니다.
(5) 오빠와 같이 영화를 봅니다.

5

(1) ① 커피 맛입니다.
　　② 커피 맛이에요.
　　③ 커피 맛이 아닙니다.
　　④ 커피 맛이 아니에요.
　　⑤ 커피 맛과 같은

(2) ① 꿈입니다.
　　② 꿈이에요.
　　③ 꿈이 아닙니다.
　　④ 꿈이 아니에요.
　　⑤ 꿈과 같은

(3) ① 제 구두입니다.
　　② 제 구두예요.
　　③ 제 구두가 아닙니다.
　　④ 제 구두가 아니에요.
　　⑤ 제 구두와 같은

(4) ① 어머니입니다.
　　② 어머니예요.
　　③ 어머니가 아닙니다.
　　④ 어머니가 아니에요.
　　⑤ 어머니와 같은

(5) ① 이 책입니다.
　　② 이 책이에요.
　　③ 이 책이 아닙니다.
　　④ 이 책이 아니에요.
　　⑤ 이 책과 같은

練習問題 10　　　　　　　　p.135 ～ p.137

1

(1) ②　(2) ④　(3) ④　(4) ④　(5) ②
(6) ③　(7) ③　(8) ③　(9) ①

2

(1) ④　(2) ①　(3) ④　(4) ①　(5) ③
(6) ①　(7) ④　(8) ②　(9) ①

3

(1) ④　(2) ①　(3) ③　(4) ④　(5) ③
(6) ①　(7) ④　(8) ②　(9) ②

練習問題 11　　　　　　　　p.146 ～ p.147

1

基本形		-(으)시+다/-(ら)れる	-(으)십니다/-(ら)れます
오다	来る	오시다	오십니다
가다	行く	가시다	가십니다
보다	見る	보시다	보십니다
하다	する	하시다	하십니다
읽다	読む	읽으시다	읽으십니다
앉다	座る	앉으시다	앉으십니다
씻다	洗う	씻으시다	씻으십니다

2

(1) 무엇을 하십니까? - 산책을 합니다.
(2) 무엇을 읽으십니까? - 신문을 읽습니다.
(3) 무엇을 배우십니까? - 한국어를 배웁니다.
(4) 무엇을 가르치십니까? - 일본어를 가르칩니다.
(5) 무엇을 만드십니까? - 음식을 만듭니다.

3

(1) 언제 오세요? /언제 오셨어요?
(2) 어디에 가세요? /어디에 가셨어요?

291

(3) 무엇을 읽으세요? /무엇을 읽으셨어요?
(4) 무엇을 사세요? /무엇을 사셨어요?
(5) 누구를 만나세요? /누구를 만나셨어요?

4

(1) 할아버지는 차를 드십니다.
(2) 아버지는 주무십니다.
(3) 할머니는 빵을 잡수십니다./드십니다.
(4) 아저씨는 집에 계십니다.
(5) 어머니는 음식을 만드십니다.

練習問題 12　　　　　　　　　p.152 ～ p.153

1

(1) 날씨가 나쁩니까? - 아니요, 나쁘지 않습니다.
(2) 키가 작습니까? - 아니요, 작지 않습니다.
(3) 키가 큽니까? - 아니요, 크지 않습니다.
(4) 한국어가 어렵습니까? - 아니요, 작지 않습니다.
(5) 바지가 작습니까? - 아니요, 작지 않습니다.

2

(1) 아니요, 만나지 못했어요./못 만났어요.
(2) 아니요, 많이 찍지 못했어요./많이 못 찍었어요.
(3) 아니요, 쉬지 못했어요./못 쉬었어요.
(4) 아니요, 끊지 못했어요./못 끊었어요.
(5) 아니요, 사지 못했어요./못 샀어요.

3

(1) 사진을 찍지 마세요.
(2) 공부만 하지 마세요.
(3) 연필로 쓰지 마세요.
(4) 담배를 피우지 마세요.
(5) 전화를 끊지 마세요.

4

(1) 도장을 찍지 말고 이름을 쓰세요.
(2) 공부만 하지 말고 운동도 하세요.
(3) 연필로 쓰지 말고 볼펜으로 쓰세요.
(4) 기다리지 말고 먼저 가세요.
(5) 전화를 끊지 말고 기다리세요.

練習問題 13　　p.158〜p.159

1

(1) 어제 읽은 책
(2) 잘 먹는 음식
(3) 산에서 찍은 사진
(4) 저기 있는 사람
(5) 지난주 본 영화
(6) 자주 듣는 음악
(7) 내일 만날 약속
(8) 언니가 그린 그림
(9) 학교에서 먹을 빵
(10) 다음주에 할 일
(11) 내가 보낸 편지
(12) 서울에 갔을 때

2

(1) 짧은 치마
(2) 젊은 사람
(3) 짠 음식
(4) 시간이 있을 때
(5) 서울에 갔을 때

3

(1) 공원에서 찍은 사진
(2) 한국어를 배우는 사람
(3) 비가 올 때
(4) 보고 싶은 영화
(5) 친구를 만날 약속

練習問題 14　　p.164〜p.165

1

(1) ① 사진을 찍어 보세요.
　　② 사진을 찍고 있어요.
　　③ 사진을 찍고 계세요.
　　④ 사진을 찍어 주세요.
　　⑤ 사진을 찍어 드릴까요?

(2) ① 그림을 그려 보세요.
　　② 그림을 그리고 있어요.
　　③ 그림을 그리고 계세요.
　　④ 그림을 그려 주세요.
　　⑤ 그림을 그려 드릴까요?

(3) ① 손수건을 만들어 보세요.
② 손수건을 만들고 있어요.
③ 손수건을 만들고 계세요.
④ 손수건을 만들어 주세요.
⑤ 손수건을 만들어 드릴까요?

(4) ① 문제를 풀어 보세요.
② 문제를 풀고 있어요.
③ 문제를 풀고 계세요.
④ 문제를 풀어 주세요.
⑤ 문제를 풀어 드릴까요?

(5) ① 주소를 써 보세요.
② 주소를 쓰고 있어요.
③ 주소를 쓰고 계세요.
④ 주소를 써 주세요.
⑤ 주소를 써 드릴까요?

2

(1) ① 손을 씻지 마세요.
② 손을 씻지 말고
③ 손을 씻으려고 해요.
④ 손을 씻어야 해요.
⑤ 손을 씻고 싶어요.

(2) ① 여기서 기다리지 마세요.
② 여기서 기다리지 말고
③ 여기서 기다리려고 해요.
④ 여기서 기다려야 해요.
⑤ 여기서 기다리고 싶어요.

(3) ① 돈을 빌리지 마세요.
② 돈을 빌리지 말고
③ 돈을 빌리려고 해요.
④ 돈을 빌려야 해요.
⑤ 돈을 빌리고 싶어요.

(4) ① 구두를 신지 마세요.
② 구두를 신지 말고
③ 구두를 신으려고 해요.
④ 구두를 신어야 해요.
⑤ 구두를 신고 싶어요.

(5) ① 연필로 쓰지 마세요.
② 연필로 쓰지 말고
③ 연필로 쓰려고 해요.
④ 연필로 써야 해요.
⑤ 연필로 쓰고 싶어요.

練習問題 15　　　　p.174 ～ p.177

1

基本形		-아요/-어요	-으려고
묻다	尋ねる	물어요	물으려고
듣다	聞く	들어요	들으려고

걷다	歩く	걸어요	걸으려고
싣다	載せる	실어요	실으려고
믿다*	信じる	믿어요	믿으려고
받다*	もらう	받아요	받으려고
닫다*	閉める	닫아요	닫으려고
얻다*	得る	얻어요	얻으려고

2

基本形		-아요/-어요	-으면
낫다	治る	나아요	나으면
짓다	建てる	지어요	지으면
웃다*	笑う	웃어요	웃으면
씻다*	洗う	씻어요	씻으면
벗다*	脱ぐ	벗어요	벗으면

3

基本形		-아요/어요	-으니까
아름답다	美しい	아름다워요	아름다우니까
어둡다	暗い	어두워요	어두우니까
가볍다	軽い	가벼워요	가벼우니까
무겁다	重い	무거워요	무거우니까
어렵다	難しい	어려워요	어려우니까
쉽다	易しい	쉬워요	쉬우니까
맵다	辛い	매워요	매우니까
고맙다	有り難い	고마워요	고마우니까
덥다	暑い	더워요	더우니까
춥다	寒い	추워요	추우니까
즐겁다	楽しい	즐거워요	즐거우니까
가깝다	近い	가까워요	가까우니까
돕다	助ける	도와요	도우니까
곱다	きれいだ	고와요	고우니까
입다*	着る	입어요	입으니까
좁다*	狭い	좁아요	좁으니까

4

基本形		-아요/어요	-아서/어서
부르다	歌う	불러요	불러서
고르다	選ぶ	골라요	골라서
빠르다	速い	빨라요	빨라서
기르다	育てる	길러요	길러서
자르다	切る	잘라요	잘라서
오르다	上がる	올라요	올라서
모르다	知らない	몰라요	몰라서
서두르다	急ぐ	서둘러요	서둘러서

5

基本形		-아요/어요	-으니까
빨갛다	赤い	빨개요	빨가니까
노랗다	黄色い	노래요	노라니까
하얗다	白い	하얘요	하야니까
퍼렇다	青い	퍼래요	퍼러니까
그렇다	そうだ	그래요	그러니까
이렇다	こうだ	이래요	이러니까

6

(1) 걸어요 (2) 불러요 (3) 가까워요 (4) 웃어요
(5) 어려워요 (6) 들어요 (7) 좋아요 (8) 달라요
(9) 나아요 (10) 좁아요 (11) 빨개요 (12) 빨라요

練習問題 16　　p.180 ～ p.181

1

(1) 여길 (2) 뭘 (3) 거긴 (4) 이건
(5) 어느 게 (6) 전 (7) 뭐가 (8) 여긴
(9) 우린 (10) 제게 (11) 이게 (12) 난

2

(1) 날 (2) 저게 (3) 그건 (4) 이걸로
(5) 저길 (6) 내게 (7) 저건 (8) 저긴
(9) 뭐가 (10) 뭘 (11) 이게 (12) 전

練習問題 17 p.190 ~ p.191

1

(1) 밖에 (2) 이 (3) 한테서 (4) 처럼
(5) 라도 (6) 에 (7) 처럼 (8) 께서
(9) 께 (10) 밖에 (11) 라도 (12) 처럼, 가

2

(1) ② (2) ④ (3) ③ (4) ② (5) ②
(6) ③ (7) ② (8) ① (9) ④ (10) ④

練習問題 18 p.201 ~ p.207

1

(1) 어디서 기다리겠어요? - 역 앞에서 기다릴게요.
(2) 무엇을 타고 가겠어요? - 버스를 타고 갈게요.
(3) 몇 시에 가겠어요? - 열 시에 갈게요.
(4) 언제 출발하겠어요? - 오후에 출발할게요.
(5) 언제 만나겠어요? - 토요일에 만날게요.

2

(1) 내일도 비가 올까요?
(2) 시간에 늦지 않을까요?
(3) 꽃이 피었을까요?
(4) 어느 것이 좋을까요?
(5) 이 김치는 매울까요?

3

(1) 신발을 벗읍시다.
(2) 텔레비전을 켭시다.
(3) 옷을 갈아입읍시다.
(4) 창문을 엽시다.
(5) 맥주를 시킵시다.

4

(1) 백화점에 가요. 구두를 사려고요.

297

(2) 도서관에 가요. 책을 빌리려고요.
(3) 우체국에 가요. 편지를 부치려고요.
(4) 카페에 가요. 음악을 들으려고요.
(5) 식당에 가요. 냉면을 먹으려고요.

5

(1) 모두 자리에 앉으세요./앉으십시오.
(2) 사전을 가지고 오세요./오십시오.
(3) 큰 소리로 읽으세요./읽으십시오.
(4) 우리 집에 놀러 오세요./오십시오.
(5) 제 말을 잘 들으세요./들으십시오.

6

(1) 왜 영화를 안 봤어요? - 시험이 있어서요.
(2) 왜 야구를 안 했어요? - 비가 와서요.
(3) 왜 등산을 안 갔어요? - 눈이 내려서요.
(4) 왜 약을 먹어요? - 감기가 들어서요.
(5) 왜 파티에 안 왔어요? - 일이 바빠서요.

7

(1) 언제 만날까요? - 내일 만나요.
(2) 몇 시에 시작할까요? - 열 시에 시작해요.
(3) 누구한테 부탁할까요? - 민수 씨한테 부탁해요.
(4) 여행은 어디로 갈까요? - 경주로 가요.
(5) 무엇을 마실까요? - 맥주를 마셔요.

8

(1) 왜 점심을 못 먹었어요? - 일이 바쁘거든요.
(2) 왜 여기서 사요? - 시장보다 싸거든요.
(3) 왜 지하철을 타요? - 버스보다 빠르거든요.
(4) 왜 밥을 남겨요? - 아까 빵을 먹었거든요.
(5) 왜 약을 먹어요? - 감기가 들었거든요.

9

(1) 발음이 아주 좋네요.
(2) 한국어를 잘하네요.
(3) 키가 아주 크네요.

(4) 글씨를 예쁘게 쓰네요.
(5) 손님이 많이 오셨네요.

10

(1) 목요일에는 시험이 있잖아요.
(2) 네 시에 만나기로 했잖아요.
(3) 비가 아니라 눈이 오잖아요.
(4) 벌써 세 시가 넘었잖아요.
(5) 연말에는 바쁘잖아요.

11

(1) ① 여기에 앉읍시다.
    ② 여기에 앉을게요.
    ③ 여기에 앉으려고요.
    ④ 여기에 앉으십시오.
    ⑤ 여기에 앉아요.

(2) ① 여기서 기다립시다.
    ② 여기서 기다릴게요.
    ③ 여기서 기다리려고요.
    ④ 여기서 기다리십시오.
    ⑤ 여기서 기다려요.

(3) ① 빨리 갑시다.
    ② 빨리 갈게요.
    ③ 빨리 가려고요.
    ④ 빨리 가십시오.
    ⑤ 빨리 가요.

(4) ① 큰 소리로 읽읍시다.
    ② 큰 소리로 읽을게요.
    ③ 큰 소리로 읽으려고요.
    ④ 큰 소리로 읽으십시오.
    ⑤ 큰 소리로 읽어요.

(5) ① 창문을 닦읍시다.
    ② 창문을 닦을게요.
    ③ 창문을 닦으려고요.
    ④ 창문을 닦으십시오.
    ⑤ 창문을 닦아요.

12

(1) ① 사람이 많을까요?
    ② 사람이 많아서요.
    ③ 사람이 많거든요.
    ④ 사람이 많네요.
    ⑤ 사람이 많잖아요.

(2) ① 비가 올까요?
    ② 비가 와서요.
    ③ 비가 오거든요.
    ④ 비가 오네요.
    ⑤ 비가 오잖아요.

(3) ① 흰색이 잘 어울릴까요?

(4) ① 아이들이 좋아할까요?

② 흰색이 잘 어울려서요.
③ 흰색이 잘 어울리거든요.
④ 흰색이 잘 어울리네요.
⑤ 흰색이 잘 어울리잖아요.

② 아이들이 좋아해서요.
③ 아이들이 좋아하거든요.
④ 아이들이 좋아하네요.
⑤ 아이들이 좋아하잖아요.

(5) ① 방법이 없을까요?
② 방법이 없어서요.
③ 방법이 없거든요.
④ 방법이 없네요.
⑤ 방법이 없잖아요.

練習問題 19   p.214 ～ p.215

1

(1) 방학이라서
(2) 있으면
(3) 읽으려고
(4) 장마철이라서
(5) 없으니까
(6) 있으면
(7) 하려고
(8) 있으니까
(9) 놀러
(10) 일어나려고
(11) 좋으니까
(12) 먹으러

2

(1) 비싸도
(2) 먹었지만
(3) 않아도
(4) 빌리러
(5) 만나서
(6) 와도
(7) 어렵지만
(8) 만나도
(9) 고프니까
(10) 좋으면
(11) 미안하지만
(12) 뜨거우니까

練習問題 20   p.228 ～ p.231

1

(1) 아기가 자고 있기 때문에 조용히 해야 해요.
(2) 약속이 있기 때문에 일찍 가야 해요.
(3) 돈이 모자라기 때문에 은행에서 빌려야 해요.
(4) 버스가 안 다니기 때문에 많이 걸어야 해요.
(5) 내일부터 시험이기 때문에 공부를 해야 해요.

2

(1) 손을 씻은 뒤에 식사를 해요.
식사를 하기 전에 손을 씻어요.

(2) 이를 닦은 뒤에 세수를 해요.
　　세수를 하기 전에 이를 닦아요.
(3) 목욕을 한 뒤에 자요.
　　자기 전에 목욕을 해요.
(4) 준비 운동을 한 뒤에 수영을 해요.
　　수영을 하기 전에 준비 운동을 해요.
(5) 창문을 연 뒤에 청소를 해요.
　　청소를 하기 전에 창문을 열어요.

3

(1) 끝난 다음에
(2) 본 것처럼
(3) 노력한 결과
(4) 오는 가운데
(5) 좋기 때문에
(6) 일한 결과
(7) 읽은 다음에
(8) 내리는 가운데
(9) 생각해 본 다음에
(10) 나는 것처럼
(11) 씻은 다음에
(12) 좋기 때문에

4

(1) 결정된 이상
(2) 끝난 뒤에
(3) 걱정하지 말고
(4) 모르는 사이에
(5) 있지 말고/있을 것이 아니라
(6) 한 뒤에
(7) 학생인 이상
(8) 먹지 말고/먹을 것이 아니라
(9) 다녀온 사이에
(10) 말은 이상
(11) 사지 말고/살 것이 아니라
(12) 남기지 말고

5

(1) 봄도 아닌데
(2) 감기 때문에
(3) 가수들 중에서
(4) 어제와 달리
(5) 회사 일 때문에
(6) 한국과 마찬가지로
(7) 겨울도 아닌데
(8) 벚꽃과 마찬가지로
(9) 이 사진 중에서
(10) 그 문제와 달리
(11) 아이 학교 때문에
(12) 김치도 불고기와 마찬가지로

練習問題 21　　p.238〜p.241

1

(1) 지금 뭐 해요? - 야채를 씻고 있어요.

(2) 지금 뭐 해요? - 피아노를 치고 있어요.
(3) 지금 뭐 해요? - 배구를 하고 있어요.
(4) 지금 뭐 해요? - 김밥을 먹고 있어요.
(5) 지금 뭐 해요? - 떡을 만들고 있어요.

2

(1) 유명한 사람을 만난 적이 있어요? - 아뇨, 만난 적이 없어요.
(2) 아버지에게 선물한 적이 있어요? - 아뇨, 선물한 적이 없어요.
(3) 상을 받은 적이 있어요? - 아뇨, 받은 적이 없어요.
(4) 친구와 싸운 적이 있어요? - 아뇨, 싸운 적이 없어요.
(5) 병원에 입원한 적이 있어요? - 아뇨, 입원한 적이 없어요.

3

(1) 어디에 갈거예요? - 미술관에 갈 거예요.
(2) 뭘로 갈거예요? - 지하철로 갈 거예요.
(3) 내일 뭐 할 거예요? - 집에서 쉴 거예요.
(4) 몇 시까지 올 거예요? - 세 시까지 올 거예요.
(5) 무슨 옷을 입을 거예요? - 검은 옷을 입을 거예요.

4

(1) 식당에서 뭘 할 거예요? - 냉면을 먹으려고 해요.
(2) 도서관에서 뭘 할 거예요? - 책을 빌리려고 해요.
(3) 우체국에서 뭘 할 거예요? - 편지를 부치려고 해요.
(4) 백화점에서 뭘 할 거예요? - 구두을 사려고 해요.
(5) 집에서 뭘 할 거예요? - 음악을 들으려고 해요.

5

(1) ① 드라마를 보고 있어요.
　　② 드라마를 보고 계세요.
　　③ 드라마를 보는 중이에요.
　　④ 드라마를 보고 싶어해요.

(2) ① 음악을 듣고 있어요.
　　② 음악을 듣고 계세요.
　　③ 음악을 듣는 중이에요.
　　④ 음악을 듣고 싶어해요.

(3) ① 편지를 쓰고 있어요.
　　② 편지를 쓰고 계세요.
　　③ 편지를 쓰는 중이에요.
　　④ 편지를 쓰고 싶어해요.

(4) ① 한국어를 배우고 있어요.
　　② 한국어를 배우고 계세요.
　　③ 한국어를 배우는 중이에요.
　　④ 한국어를 배우고 싶어해요.

(5) ① 목욕을 하고 있어요.
② 목욕을 하고 계세요.
③ 목욕을 하는 중이에요.
④ 목욕을 하고 싶어해요.

6

(1) ① 냉면을 먹으러 가요.
② 냉면을 먹으려고 해요.
③ 냉면을 먹을 거예요.
④ 냉면을 먹을 생각이에요.
⑤ 냉면을 먹은 적이 있어요.

(2) ① 옷을 갈아입으러 가요.
② 옷을 갈아입으려고 해요.
③ 옷을 갈아입을 거예요.
④ 옷을 갈아입을 생각이에요.
⑤ 옷을 갈아입은 적이 있어요.

(3) ① 술을 마시러 가요.
② 술을 마시려고 해요.
③ 술을 마실 거예요.
④ 술을 마실 생각이에요.
⑤ 술을 마신 적이 있어요.

(4) ① 책을 빌리러 가요.
② 책을 빌리려고 해요.
③ 책을 빌릴 거예요.
④ 책을 빌릴 생각이에요.
⑤ 책을 빌린 적이 있어요.

(5) ① 김치를 만들러 가요.
② 김치를 만들려고 해요.
③ 김치를 만들 거예요.
④ 김치를 만들 생각이에요.
⑤ 김치를 만든 적이 있어요.

練習問題 22   p.248 ～ p.251

1

(1) 무엇을 사시겠어요? - 시계를 사겠어요.
(2) 언제 전화하시겠어요? - 오늘 밤에 전화하겠어요.
(3) 몇 시에 만나시겠어요? - 다섯 시에 만나겠어요.
(4) 어디에 가시겠어요? - 노래방에 가겠어요.
(5) 뭘 드시겠어요? - 김밥을 먹겠어요.

2

(1) 몇 번 버스를 타면 됩니까? - 124번 버스를 타면 됩니다.
(2) 몇 시까지 가면 됩니까? - 오후 세 시까지 가면 됩니다.
(3) 얼마나 더 기다리면 됩니까? - 30분 더 가면 됩니다.

(4) 어디에 도장을 찍으면 됩니까? - 여기에 찍으면 됩니다.
(5) 이것은 어떻게 먹으면 됩니까? - 젓가락으로 먹으면 됩니다.

3

(1) 여기서 담배를 피워도 돼요? - 아뇨, 피우면 안 돼요.
(2) 노래를 불러도 돼요? - 아뇨, 부르면 안 돼요.
(3) 여기에 버려도 돼요? - 아뇨, 버리면 안 돼요.
(4) 연필로 써도 돼요? - 아뇨, 쓰면 안 돼요.
(5) 창문을 열어도 돼요? - 아뇨, 열면 안 돼요.

4

(1) 어디에서 타야 합니까? - 서울역에서 타야 합니다.
(2) 언제까지 끝내야 합니까? - 내일 아침까지 끝내야 합니다.
(3) 어디서 사야 합니까? - 편의점에서 사야 합니다.
(4) 무엇으로 써야 합니까? - 연필로 써야 합니다.
(5) 무엇을 만들어야 합니까? - 김치를 만들어야 합니다.

5

(1) ① 이렇게 하면 어때요?
    ② 이렇게 하면 돼요.
    ③ 이렇게 해도 돼요?
    ④ 이렇게 하면 안 돼요.
    ⑤ 이렇게 하시죠.

(2) ① 버스를 타면 어때요?
    ② 버스를 타면 돼요.
    ③ 버스를 타도 돼요?
    ④ 버스를 타면 안 돼요.
    ⑤ 버스를 타시죠.

(3) ① 사전을 보면 어때요?
    ② 사전을 보면 돼요.
    ③ 사전을 봐도 돼요?
    ④ 사전을 보면 안 돼요.
    ⑤ 사전을 보시죠.

(4) ① 여기에 앉으면 어때요?
    ② 여기에 앉으면 돼요.
    ③ 여기에 앉아도 돼요?
    ④ 여기에 앉으면 안 돼요.
    ⑤ 여기에 앉으시죠.

(5) ① 직접 질문하면 어때요?
    ② 직접 질문하면 돼요.
    ③ 직접 질문해도 돼요?
    ④ 직접 질문하면 안 돼요.
    ⑤ 직접 질문하시죠.

6

(1) ① 바지를 입어도 돼요.
② 바지를 입어도 괜찮아요.
③ 바지를 입어야 돼요.
④ 바지를 입어 봤어요.
⑤ 바지를 입어 보고 싶어요.

(2) ① 사진을 찍어도 돼요.
② 사진을 찍어도 괜찮아요.
③ 사진을 찍어야 돼요.
④ 사진을 찍어 봤어요.
⑤ 사진을 찍어 보고 싶어요.

(3) ① 술을 마셔도 돼요.
② 술을 마셔도 괜찮아요.
③ 술을 마셔야 돼요.
④ 술을 마셔 봤어요.
⑤ 술을 마셔 보고 싶어요.

(4) ① 연필로 써도 돼요.
② 연필로 써도 괜찮아요.
③ 연필로 써야 돼요.
④ 연필로 써 봤어요.
⑤ 연필로 써 보고 싶어요.

(5) ① 도장을 만들어도 돼요.
② 도장을 만들어도 괜찮아요.
③ 도장을 만들어야 돼요.
④ 도장을 만들어 봤어요.
⑤ 도장을 만들어 보고 싶어요.

練習問題 23　　p.260 ～ p.263

1

(1) 아들에게 과일을 깎아 주었습니다.
아들이 과일을 깎아 주었습니다.
(2) 친구에게 영어를 가르쳐 주었습니다.
친구가 영어를 가르쳐 주었습니다.
(3) 오빠에게 청바지를 사 주었습니다.
오빠가 청바지를 사 주었습니다.
(4) 아이에게 종이 비행기를 만들어 주었습니다.
아이가 종이 비행기를 만들어 주었습니다.
(5) 누나에게 사진을 찍어 주었습니다.
누나가 사진을 찍어 주었습니다.

2

(1) 사진을 찍어 드릴까요? - 네, 찍어 주세요.
(2) 숙제를 도와 드릴까요? - 네, 도와 주세요.
(3) 학교를 안내해 드릴까요? - 네, 안내해 주세요.

(4) 다른 것으로 바꾸어 드릴까요? - 네, 바꿔 주세요.
(5) 한자로 써 드릴까요? - 네, 써 주세요.

3

(1) 공부를 안 한 건 아니에요.
(2) 일기를 안 쓴 건 아니에요.
(3) 신문을 안 읽은 건 아니에요.
(4) 술을 안 마신 건 아니에요.
(5) 약속 시간에 안 늦은 건 아니에요.

4

(1) 여기서 기다릴까요? - 아뇨, 기다리지 마세요.
(2) 구두를 벗을까요? - 아뇨, 벗지 마세요.
(3) 택시를 탈까요? - 아뇨, 타지 마세요.
(4) 문을 닫을까요? - 아뇨, 닫지 마세요.
(5) 이것을 살까요? - 아뇨, 사지 마세요.

5

(1) ① 서울을 안내해 주세요.
 ② 서울을 안내해 줘요.
 ③ 서울을 안내해 드리겠어요.
 ④ 서울을 안내해 주면 좋겠어요.

(2) ① 문을 닫아 주세요.
 ② 문을 닫아 줘요.
 ③ 문을 닫아 드리겠어요.
 ④ 문을 닫아 주면 좋겠어요.

(3) ① 사진을 찍어 주세요.
 ② 사진을 찍어 줘요.
 ③ 사진을 찍어 드리겠어요.
 ④ 사진을 찍어 주면 좋겠어요.

(4) ① 다른 것으로 바꿔 주세요.
 ② 다른 것으로 바꿔 줘요.
 ③ 다른 것으로 바꿔 드리겠어요.
 ④ 다른 것으로 바꿔 주면 좋겠어요.

(5) ① 사전을 빌려 주세요.
 ② 사전을 빌려 줘요.
 ③ 사전을 빌려 드리겠어요.
 ④ 사전을 빌려 주면 좋겠어요.

6

(1) ① 춤을 추지 마세요.
 ② 춤을 추지 않으면 안 돼요.
 ③ 춤을 추지 않으시겠어요?

(2) ① 사진을 찍지 마세요.
 ② 사진을 찍지 않으면 안 돼요.
 ③ 사진을 찍지 않으시겠어요?

④ 춤을 추지 못해요.   ④ 사진을 찍지 못해요.

(3) ① 술을 마시지 마세요.   (4) ① 종이로 만들지 마세요.
　　② 술을 마시지 않으면 안 돼요.   　　② 종이로 만들지 않으면 안 돼요.
　　③ 술을 마시지 않으시겠어요?   　　③ 종이로 만들지 않으시겠어요?
　　④ 술을 마시지 못해요.   　　④ 종이로 만들지 못해요.

(5) ① 한자로 쓰지 마세요.
　　② 한자로 쓰지 않으면 안 돼요.
　　③ 한자로 쓰지 않으시겠어요?
　　④ 한자로 쓰지 못해요.

練習問題 24　　　　　　p.276〜p.277

1
(1) ③　(2) ①　(3) ④　(4) ③　(5) ①
(6) ④　(7) ①　(8) ②　(9) ②　(10) ④

2
(1) ④　(2) ②　(3) ①　(4) ③　(5) ③
(6) ①　(7) ②　(8) ①　(9) ①　(10) ③

メモ

付録

1. あいさつ・あいづちのことばリスト（1）　310
2. あいさつ・あいづちのことばリスト（2）　312
3. 基本連語リスト（1）　313
4. 基本連語リスト（2）　315
5. 基本語彙リスト（1）　319
6. 基本語彙リスト（2）　328

　文法項目索引1（韓国語）　340
　文法項目索引2（日本語）　344

❶ あいさつ・あいづちのことばリスト（1）（ハングル検定5級出題）

1	감사합니다	ありがとうございます ありがとうございました
2	고맙습니다 고마워요	ありがとうございます ありがとうございました
3	괜찮습니다 괜찮아요	構いません／大丈夫です／結構です
4	그렇습니까? 그래요?	そうですか
5	그렇습니다 그래요	そうです
6	또 만납시다 또 만나요	また会いましょう／ではまた…
7	또 봐요	また会いましょう／ではまた…
8	또 뵙겠습니다	それでは、また…
9	만나서 반갑습니다	お会いできてうれしいです
10	많이 드십시오 많이 드세요	たくさん召し上がってください
11	맞습니다 맞아요	そうです／その通りです
12	모릅니다 몰라요	知りません／分かりません
13	모르겠습니다 모르겠어요	知りません 分かりません
14	미안합니다 미안해요	すみません／ごめんなさい
15	반갑습니다 반가워요	（お会いできて）うれしいです
16	성함이 어떻게 되십니까? 성함이 어떻게 되세요?	お名前は何とおっしゃいますか
17	실례합니다	失礼します
18	실례합니다만…	失礼ですが…／すみませんが…

19	안녕하십니까? 안녕하세요?	お元気でいらっしゃいますか／おはようございます／こんにちは／こんばんは
20	안녕히 가십시오 안녕히 가세요	（去る人に対して）さようなら
21	안녕히 계십시오 안녕히 계세요	（その場に留まる人に対して）さようなら
22	알겠습니다 알겠어요	承知しました／分かりました
23	알았습니다/알았어요	分かりました
24	어떠세요?	いかがですか
25	어떻습니까? 어때요?	どうですか／いかがですか
26	어서 오십시오/어서 오세요	いらっしゃいませ
27	여기요 저기요	（人を呼びかけるとき）すみません
28	여보세요	もしもし／すみません
29	연세가 어떻게 되십니까? 연세가 어떻게 되세요?	おいくつでいらっしゃいますか
30	오래간만입니다 오래간만이에요	お久しぶりです
31	잘 부탁드리겠습니다 잘 부탁드리겠어요	よろしくお願いいたします
32	잘 부탁합니다 잘 부탁해요	よろしくお願いします
33	잠깐만요	少々お待ちください
34	저…	あの…
35	저기…	えーっと…
36	죄송합니다/죄송해요	申し訳ありません
37	처음 뵙겠습니다	はじめまして
38	천만에요	とんでもないです／どういたしまして
39	축하합니다/축하해요	おめでとうございます

❷ あいさつ・あいづちのことばリスト（2）(ハングル検定4級出題)

1	감사드립니다	ありがとうございます ありがとうございました
2	건배!	乾杯!
3	고마웠습니다/고마웠어요	ありがとうございました
4	그럼요	もちろんですとも
5	그렇지요	そうですよ
6	그렇지요?	そうですよね
7	글쎄요	さあ…
8	다녀오겠습니다	行ってきます
9	다녀오세요	行ってらっしゃい
10	됐습니까?/됐어요?	よろしいですか／いいですか
11	됐습니다/됐어요	結構です／いいです
12	맞다	あっ、そうだ／そうだった
13	무슨 말씀을요	とんでもないです
14	뭘요	いえいえ／とんでもないです
15	새해 복 많이 받으세요	明けましておめでとうございます
16	수고 많으셨습니다 수고 많으셨어요	ご苦労さまでした お疲れさまでした
17	수고하셨습니다/수고하셨어요	ご苦労さまでした／お疲れさまでした
18	수고하십니다	お疲れさまです
19	신세 많이 졌습니다	大変お世話になりました
20	안녕히 주무셨습니까? 안녕히 주무셨어요	よくおやすみになれましたか
21	안녕히 주무십시오 안녕히 주무세요	おやすみなさい
22	잘 먹겠습니다/잘 먹겠어요	いただきます
23	잘 먹었습니다/잘 먹었어요	ごちそうさまでした
24	잠시만요	お待ちください
25	참	そういえば／あっ、そうだ
26	축하드립니다/축하드려요	おめでとうございます

❸ 基本連語リスト（1）（ハングル検定5級出題）

ㄱ

- 가방에 넣다　　かばんに入れる
- 가을이 되다　　秋になる
- 가을이 오다　　秋が訪れる
- 감기에 걸리다　風邪を引く
- 값이 내리다　　値段が下がる
- 값이 비싸다　　値段が高い
- 같아요　　　　　同じです
- 같았어요　　　　同じでした
- 같이 하다　　　共にする
- 구두를 신다　　靴を履く
- 국을 먹다　　　スープを飲む
- 글을 쓰다　　　文章を書く
- 기분이 나쁘다　気持ち悪い
- 기차를 타다　　列車に乗る

ㄴㄷ

- 날씨가 나쁘다　天気が悪い
- 날씨가 좋다　　天気が良い
- 눈물이 나다　　涙が出る
- 눈이 내리다　　雪が降る
- 눈이 오다　　　雪が降る
- 다리가 길다　　脚が長い
- 다시는　　　　　二度と
- 더 많이　　　　もっと多く
- 더 잘　　　　　もっとうまく
- 돈을 쓰다　　　金を使う
- 돈을 찾다　　　金をおろす
- 두 번째　　　　二番目

ㅁ

- 마음속　　　　　心の中
- 마음이 아프다　胸が痛い
- 마음이 좋다　　人がいい、おもいやりがある
- 말소리　　　　　話し声
- 말을 안 듣다　　言うことを聞かない
- 맛을 보다　　　味見をする
- 매일 같이　　　毎日のように
- 무슨 요일　　　何曜日
- 문을 닫다　　　①ドアを閉める、②営業を終える
- 문을 열다　　　①ドアを開ける、②営業を始める
- 물을 마시다　　水を飲む

ㅂ

- 바지를 벗다　　ズボンを脱ぐ
- 바지를 입다　　ズボンを履く
- 배가 고프다　　お腹がすく
- 배가 나오다　　お腹が出てくる
- 버스를 타다　　バスに乗る
- 병에 걸리다　　病気になる
- 병이 나다　　　病気になる
- 불이 나다　　　火事になる
- 비가 내리다　　雨が降る
- 비가 오다　　　雨が降る

ㅅ
- 사진을 찍다   写真を撮る
- 생각을 하다   考える
- 소리가 나다   音がする
- 소리를 내다   音を出す
- 시간이 지나다   時間が過ぎる
- 시켜 먹다   出前をとる、注文して食べる
- 시험을 보다   試験を受ける
- 신발을 신다   靴を履く

ㅇ
- 아래위/위쪽/위층   上下／上の方／上の階
- 아이를 가지다   妊娠する
- 안경을 벗다   眼鏡をはずす
- 안경을 쓰다   眼鏡をかける
- 약을 먹다   薬を飲む
- 양말을 벗다   靴下を脱ぐ
- 양말을 신다   靴下を履く
- 어느 나라   どこの国、どの国
- 어떤 사람   どんな人
- 여행을 가다   旅行に行く
- 연필로 쓰다   鉛筆で書く
- 옷을 입다   服を着る
- 우리 나라   我が国
- 우산을 쓰다   傘をさす
- 음식을 만들다   料理を作る
- 음식을 하다   料理を作る
- 이름을 쓰다   名前を書く
- 이름이 나다   有名になる
- 이번에   今度
- 일을 보다   用を足す
- 일을 시작하다   仕事を始める

ㅈ ㅊ
- 잘 있다   元気だ
- 전화가 오다   電話がかかってくる
- 지하철을 타다   地下鉄に乗る
- 집에 오다   家に帰って来る
- 집을 찾다   家を探す
- 차를 세우다   車を止める
- 차를 타다   車に乗る
- 치마를 입다   スカートを履く

ㅋ ㅎ
- 키가 작다   背が低い
- 키가 크다   背が高い
- 학교에 다니다   学校に通う
- 한잔 마시다   一杯飲む（酒、お茶）

4 基本連語リスト（2）(ハングル検定4級出題)

ㄱ

- 가방을 들다　かばんをさげる
- 가슴이 아프다　胸が痛む
- 가슴속에 남다　胸に残る
- 가슴으로 느끼다　胸で感じる
- 가슴을 열다　心を開く
- 감기가 들다　風邪を引く
- 값을 깎다　値切る
- 건물을 세우다　建物を建てる
- 건물을 짓다　建物を建てる
- 결과가 나오다　結果が出る
- 결정을 내리다　決定を下す
- 결정을 짓다　決定する
- 결정이 나다　決まる
- 결혼식을 올리다　結婚式を挙げる
- 계단을 내리다　階段を下りる
- 계단을 오르다　階段を上る
- 계획을 세우다　計画を立てる
- 계획을 짜다　計画を立てる
- 고향을 떠나다　故郷を離れる
- 공을 치다　球を打つ
- 과일을 깎다　果物の皮をむく
- 관계를 끊다　関係を断つ
- 관심을 가지다　関心を持つ
- 귀가 밝다　耳がいい
- 귀가 어둡다　耳が遠い
- 그릇을 씻다　皿を洗う
- 그림을 그리다　絵を描く
- 글을 짓다　作文をする
- 기억이 나다　思い出す
- 길을 걷다　道を歩く
- 길을 잃다　道に迷う
- 꽃이 아름답다　花が美しい
- 꽃이 피다　花が咲く
- 꿈에서 깨다　夢から覚める
- 꿈을 꾸다　夢を見る

ㄴ

- 나이가 들다　年を取る
- 나이가 젊다　年が若い
- 나이를 먹다　年を取る
- 날씨가 흐리다　天気が曇っている
- 날짜를 잡다　日取りを決める
- 날짜를 정하다　日取りを決める
- 노래를 부르다　歌を歌う
- 눈물이 나다　涙が出る
- 눈물이 많다　涙もろい
- 눈물짓다　涙ぐむ
- 눈을 감다　目を閉じる
- 눈을 뜨다　目を開く
- 눈이 어둡다　目が悪い
- 늦잠을 자다　寝坊をする

ㄷ

- 다리를 놓다　橋を架ける
- 다시 말하면　言い替えれば
- 다시 말해서　言い替えれば
- 단어를 외우다　単語を覚える
- 담배를 끄다　タバコを消す
- 담배를 끊다　タバコをやめる
- 담배를 피우다　タバコを吸う
- 답이 안 나오다　答えが出ない

- ☐ 도장을 찍다　判子を押す
- ☐ 돈을 바꾸다　両替えする
- ☐ 돈을 잃어버리다　お金をなくす
- ☐ 땀이 나다　汗が出る
- ☐ 땀이 흐르다　汗が流れる
- ☐ 떡을 치다　餅をつく

ㅁ

- ☐ 마음(을) 먹다　決心する
- ☐ 마음에 들다　気に入る
- ☐ 마음을 잡다　心を入れかえる
- ☐ 마음이 가볍다　気持ちが軽やかだ
- ☐ 마음이 무겁다　気が重い
- ☐ 마음이 통하다　心が通じ合う
- ☐ 말로 하다　言葉で伝える
- ☐ 말을 걸다　言葉をかける
- ☐ 말을 시키다　話をさせる、言わせる
- ☐ 말이 안 되다　話にならない
- ☐ 머리를 감다　髪を洗う
- ☐ 머리를 깎다　髪を刈る
- ☐ 모자를 벗다　帽子を脱ぐ
- ☐ 모자를 쓰다　帽子をかぶる
- ☐ 목욕을 하다　風呂に入る
- ☐ 문이 열리다　ドアが開く
- ☐ 문제가 생기다　問題が生じる
- ☐ 문제를 풀다　問題を解く
- ☐ 물고기를 잡다　魚をとる

ㅂ

- ☐ 바람이 불다　風が吹く
- ☐ 밥을 짓다　ご飯を炊く
- ☐ 방법을 찾다　方法をさがす
- ☐ 방법이 없다　方法がない
- ☐ 방학을 하다　休みに入る(学校の)
- ☐ 방향을 잃다　方向を失う
- ☐ 배가 부르다　お腹がいっぱいだ
- ☐ 병이 낫다　病が治る
- ☐ 병이 들다　病気になる
- ☐ 보통이 아니다　普通ではない、なかなかだ
- ☐ 불(이) 나다　火事になる
- ☐ 불을 끄다　火を消す
- ☐ 불이 붙다　火がつく
- ☐ 비누로 씻다　石けんで洗う

ㅅ

- ☐ 사과를 깎다　リンゴの皮をむく
- ☐ 사무실을 두다　事務室を置く
- ☐ 사이가 좋다　仲が良い
- ☐ 사전을 찾다　辞書を調べる
- ☐ 색이 밝다　色が明るい
- ☐ 생각이 나다　思い出す、思いつく
- ☐ 생각이 들다　気がする
- ☐ 손을 씻다　手を洗う
- ☐ 수고가 많다　ご苦労だ
- ☐ 수를 맞추다　数を合わせる
- ☐ 수를 세다　数を数える
- ☐ 순서를 바꾸다　順序を変える
- ☐ 술이 깨다　酔いが覚める
- ☐ 시간을 잊어버리다　時間を忘れてしまう
- ☐ 신을 신다　履物(くつ)を履く
- ☐ 쌀을 씻다　米をとぐ

ㅇ

- [ ] 아무 문제도 없다　何の問題もない
- [ ] 아무것도 없다　何もない
- [ ] 아무나 괜찮다　誰でもいい
- [ ] 아무도 없다　誰もいない
- [ ] 아직 멀었다　まだまだだ
- [ ] 앞뒤가 안 맞다　つじつまが合わない
- [ ] 약속대로　約束通りに
- [ ] 약속을 지키다　約束を守る
- [ ] 약이 듣다　薬が効く
- [ ] 어깨가 무겁다　肩が重い
- [ ] 여행을 떠나다　旅行に出る
- [ ] 연락을 드리다　ご連絡する
- [ ] 연락을 받다　連絡を受ける
- [ ] 연락을 주다　連絡をくれる
- [ ] 연락처를 알리다　連絡先を知らせる
- [ ] 영향을 받다　影響を受ける
- [ ] 영향을 주다　影響を与える
- [ ] 예정대로　予定通り
- [ ] 예정을 바꾸다　予定を変える
- [ ] 옷이 어울리다　服が似合う
- [ ] 의견을 모으다　意見を集める
- [ ] 의미가 있다　意味がある
- [ ] 의미를 모르다　意味が分からない
- [ ] 이것저것 물어보다　あれこれ聞いてみる
- [ ] 이를 닦다　歯を磨く
- [ ] 이름을 부르다　名前を呼ぶ
- [ ] 이름을 붙이다　名前を付ける
- [ ] 이름을 짓다　名前を付ける
- [ ] 이름이 나다　有名になる
- [ ] 이마가 넓다　額が広い
- [ ] 이야기를 나누다　話を交わす
- [ ] 이유를 묻다　理由を問う
- [ ] 이해가 가다　理解できる
- [ ] 이해가 깊다　理解が深い
- [ ] 이해가 빠르다　呑み込みが早い
- [ ] 이해를 얻다　理解を得る
- [ ] 인기가 떨어지다　人気が落ちる
- [ ] 인기가 많다　人気が高い
- [ ] 인기가 없다　人気がない
- [ ] 인기가 있다　人気がある
- [ ] 인사를 나누다　挨拶を交わす
- [ ] 일찍 일어나다　早く起きる
- [ ] 입을 맞추다　口づけする

ㅈ ㅊ

- [ ] 자리를 잡다　席を取る
- [ ] 자리에 눕다　横になる、(病気で) 寝込む
- [ ] 잠을 자다　寝る
- [ ] 잠이 깨다　目が覚める
- [ ] 잠이 들다　寝付く
- [ ] 전부터　以前から
- [ ] 전화를 걸다　電話をかける
- [ ] 전화를 끊다　電話を切る
- [ ] 점을 찍다　点を打つ
- [ ] 젓가락을 놓다　箸をおく、食事を終える
- [ ] 젓가락을 들다　箸を持つ、食事を始める
- [ ] 주의를 받다　注意を受ける
- [ ] 지갑을 잃다　財布をなくす
- [ ] 지갑을 잃어버리다　財布をなくす
- [ ] 집을 짓다　家を建てる

☐ 차가 서다	車が止まる	☐ 허리를 펴다	腰を伸ばす
☐ 차를 세우다	車を止める	☐ 회의를 열다	会議を開く
☐ 차를 타다	車に乗る	☐ 횟수를 세다	回数を数える
☐ 차이가 나다	差が出る	☐ 휴가를 보내다	休暇を送る・過ごす
☐ 창문을 닦다	窓を拭く	☐ 휴가를 얻다	休暇をもらう・取る
☐ 책을 펴다	本を開く	☐ 힘을 빌리다	力を借りる、助力を得る

ㅋ ㅌ ㅍ ㅎ

☐ 칼을 넣다	切れ目を入れる	☐ 힘을 얻다	力を得る、勇気づけられる
☐ 코를 풀다	鼻をかむ		
☐ 콧물을 닦다	鼻水を拭く	☐ 힘이 없다	力がない、元気がない
☐ 콧물이 나오다	鼻水が出る		
☐ 택시를 잡다	タクシーを拾う	☐ 힘이 있다	力がある、元気だ
☐ 피아노를 치다	ピアノを弾く	☐ 힘을 주다	力を集中する、強調する
☐ 필요가 없다	必要がない		
☐ 하나 둘이 아니다	一つや二つではない	☐ 힘이 나다	力が出る、元気が出る
☐ 하나부터 열까지	一から十まで		
		☐ 힘이 들다	力が要る、困難だ

5 基本語彙リスト (1) (ハングル検定5級出題)

1 名詞リスト

□ 가게	店、商店	□ 귀	耳
□ 가방	かばん	□ 그것	①それ ②あれ
□ 가슴	胸	□ 그분	①その方 ②あの方
□ 가을	秋	□ 글	文、文章、文字
□ 가족	家族	□ 금요일	金曜日
□ 감기	風邪	□ 기분	気分
□ 값	値段、価値	□ 기차	汽車、列車
□ 강	川	□ 길	道
□ 강물	川の水	□ 김치	キムチ
□ 개	犬	□ 꽃	花
□ 거	것の縮約形	□ 끝	終わり、端、先
□ 거기	そこ、そこに	□ 나	僕、私
□ 것	①もの ②こと、〜の	□ 나라	国
□ 겨울	冬	□ 나무	木
□ 결혼	結婚	□ 나이	歳、年齢
□ 고기	肉、魚	□ 날씨	天気、天候
□ 고등학교	高校	□ 남동생	弟
□ 고등학생	高校生	□ 남자	男、男性
□ 고양이	猫	□ 남편	夫
□ 고추	唐辛子	□ 남학생	男子学生
□ 공부	勉強	□ 낮	昼
□ 공항	空港	□ 내	僕（が）、私（が）
□ 과일	果物	□ 내년	来年
□ 교과서	教科書	□ 내일	明日
□ 교실	教室	□ 냉면	冷麺
□ 구두	靴、革靴	□ 노래	歌
□ 구름	雲	□ 노랫소리	歌声
□ 구월	9月	□ 노트	ノート
□ 국	スープ、汁	□ 누가	①誰が ②誰かが
□ 국밥	クッパ	□ 누구	①誰 ②誰か

319

□ 누나	(弟から見た)姉、姉さん		□ 몸	体
□ 눈①	目		□ 무엇	①何 ②何か
□ 눈②	雪		□ 뭐	何（무엇の縮約形）
□ 눈사람	雪だるま		□ 문	ドア、戸、門、扉
□ 뉴스	ニュース		□ 문제	問題
□ 다리	脚、足		□ 물	水
□ 다음	次、次の		□ 밑	①下 ②底
□ 다음달	来月、翌月		□ 바다	海
□ 다음주	来週、翌週		□ 바닷물	海水
□ 단어	単語		□ 바지	ズボン
□ 달	①月 ②〜月（つき）、〜か月		□ 밖	外
			□ 반	半分、半
□ 닭	鶏		□ 발	足
□ 대학	①大学 ②学部		□ 밤	夜
□ 대학교	大学、総合大学		□ 밥	飯、ご飯
□ 대학생	大学生		□ 방	部屋
□ 도서관	図書館		□ 배	腹、おなか
□ 돈	お金		□ 버스	バス
□ 동생	弟、妹		□ 병	病気
□ 돼지	豚		□ 병원	病院
□ 뒤	①後ろ、後 ②裏		□ 볼펜	ボールペン
□ 드라마	ドラマ		□ 봄	春
□ 딸	娘		□ 부탁	依頼、お願い
□ 마음	心		□ 불	①火 ②明かり
□ 말	言葉、話、言語		□ 불고기	プルコギ、焼肉
□ 맛	味		□ 비	雨
□ 매일	毎日		□ 비디오	ビデオ
□ 머리	①頭 ②髪		□ 비빔밥	ビビンバ
□ 메일	メール		□ 비행기	飛行機
□ 모레	あさって		□ 빵	パン
□ 목요일	木曜日		□ 빵집	パン屋
			□ 사과	リンゴ

☐ 사람	人		☐ 시디	CD
☐ 사랑	愛、恋		☐ 시월	10月
☐ 사월	4月		☐ 시작	始め、始まり
☐ 사진	写真		☐ 시장	市場、マーケット
☐ 산	山		☐ 시험	試験、テスト
☐ 삼월	3月		☐ 식당	食堂
☐ 새	鳥		☐ 식사	食事
☐ 생각	考え、思い		☐ 신문	新聞
☐ 생선	（食物としての）魚		☐ 신발	履き物、靴
☐ 생일	誕生日		☐ 실례	失礼
☐ 선물	プレゼント、お土産		☐ 십이월	12月
☐ 선생님	①先生　②〜さん		☐ 십일월	11月
☐ 설탕	砂糖		☐ 아내	妻、家内
☐ 소	牛		☐ 아들	息子
☐ 소고기	牛肉 (쇠고기とも)		☐ 아래	下、下の方
☐ 소금	塩		☐ 아버지	父、お父さん
☐ 소리	声、音、話		☐ 아이	子供
☐ 속	①内、中		☐ 아저씨	おじさん
	②心中、胸中		☐ 아주머니	おばさん
☐ 속옷	下着、肌着		☐ 아침	①朝　②朝食
☐ 손	手		☐ 아파트	マンション
☐ 손님	お客さん		☐ 안	中、内
☐ 쇠고기	牛肉 (소고기とも)		☐ 안쪽	内側
☐ 수업	授業		☐ 안경	眼鏡
☐ 수요일	水曜日		☐ 안밖	内外
☐ 숙제	宿題		☐ 안약	目薬
☐ 술	酒		☐ 앞	前
☐ 숫자	数字		☐ 앞뒤	前後
☐ 스마트폰	スマートフォン		☐ 야구	野球
☐ 스포츠	スポーツ		☐ 약	薬
☐ 시간	時間、時刻		☐ 양말	靴下
☐ 시계	時計		☐ 얘기	이야기の縮約形

321

☐ 어느 것	どれ	☐ 요리	料理
☐ 어디	どこ	☐ 요일	曜日
☐ 어머니	母、お母さん	☐ 우리	①私たち ②私たちの ③うちの
☐ 어제	昨日		
☐ 어젯밤	昨晩	☐ 우리나라	わが国
☐ 언니	(妹から見た) 姉、姉さん	☐ 우산	傘、雨傘
		☐ 우유	牛乳
☐ 언제	いつ	☐ 우체국	郵便局
☐ 얼굴	顔	☐ 우표	切手
☐ 얼마	いくら (値段、量)	☐ 운동	運動
☐ 여기	ここ、ここに	☐ 월요일	月曜日
☐ 여동생	妹	☐ 위	上、上の方
☐ 여름	夏	☐ 유월	6月
☐ 여자	女、女性	☐ 은행	銀行
☐ 여학생	女子学生	☐ 음식	食べ物
☐ 여행	旅行	☐ 음식점	飲食店
☐ 역	駅	☐ 음악	音楽
☐ 연필	鉛筆	☐ 의사	医者、医師
☐ 영어	英語	☐ 의자	椅子
☐ 영화	映画	☐ 이것	これ
☐ 옆	横、そば、隣	☐ 이름	名前
☐ 옆집	隣の家	☐ 이번	今回
☐ 오늘	今日	☐ 이번주	今週
☐ 오빠	(妹から見た) 兄、兄さん	☐ 이분	この方
		☐ 이야기	話、物語
☐ 오월	5月	☐ 이월	2月
☐ 오전	午前	☐ 일	①仕事 ②こと
☐ 오후	午後	☐ 일본	日本
☐ 올해	今年	☐ 일본말	日本語
☐ 옷	服	☐ 일본사람	日本人
☐ 외국	外国	☐ 일본어	日本語
☐ 외국어	外国語	☐ 일요일	日曜日

□ 일월	1月	□ 초등학교	小学校
□ 입	口	□ 축구	サッカー
□ 자기	自己、自分	□ 축하	祝賀、祝い
□ 자리	①席、座席 ②場所	□ 취미	趣味
□ 작년	昨年、去年	□ 치마	チマ、スカート
□ 저	①わたくし ②自分	□ 친구	友達
□ 저것	あれ	□ 칠월	7月
□ 저기	あそこ	□ 커피	コーヒー
□ 저녁	①夕方 ②夕食	□ 컴퓨터	コンピューター
□ 저분	あの方、その方	□ 코	鼻
□ 저희	①私ども ②私どもの	□ 키	身長、背
□ 전철	電車	□ 택시	タクシー
□ 전화	電話	□ 텔레비전	テレビ
□ 조선	朝鮮	□ 토요일	土曜日
□ 조선말	朝鮮語	□ 티브이	テレビ
□ 조선사람	朝鮮人	□ 팔	腕
□ 조선어	朝鮮語	□ 팔월	8月
□ 종이	紙	□ 펜	ペン
□ 주	①週 ②〜週	□ 편지	手紙
□ 주말	週末	□ 표	切符、チケット
□ 주스	ジュース	□ 학교	学校
□ 지금	今、ただ今	□ 학생	学生、生徒
□ 지난달	先月	□ 한국	韓国
□ 지난주	先週	□ 한국말	韓国語
□ 지하철	地下鉄	□ 한국사람	韓国人
□ 집	①家 ②店	□ 한국어	韓国語
□ 차	車、自動車	□ 한글	ハングル
□ 차	お茶	□ 할머니	おばあさん、祖母
□ 책	本、書物	□ 할아버지	おじいさん、祖父
□ 책방	本屋	□ 핸드폰	携帯電話
□ 책상	机、デスク	□ 허리	腰
□ 처음	①最初 ②初めて	□ 형	(弟から見た)兄、兄

	さん	□화장실	化粧室、トイレ
□호텔	ホテル	□회사	会社
□화요일	火曜日	□휴대폰	携帯電話

2 動詞リスト

□가다	行く	□못하다	できない
□가르치다	教える	□문제	問題
□가지다	持つ	□받다	受け取る、もらう
□걸리다	かかる	□배우다	学ぶ、習う
□결혼하다	結婚	□벗다	脱ぐ
□계시다	いらっしゃる	□보내다	送る、届ける
□공부하다	勉強	□보다	見る
□기다리다	待つ	□부탁하다	頼む
□끝나다	終わる	□사다	買う
□나가다	出る、出て行く	□사랑하다	愛する
□나다	出る、起こる	□살다	住む、暮らす
□나오다	出てくる	□생각되다	考えられる、思われる
□내다	出す	□생각하다	考える、思う
□내리다	おりる、降る	□선물하다	プレゼントする
□넣다	入れる	□세우다	①立てる ②建てる
□노래하다	歌		③（車を）止める
□노트하다	ノート	□수업하다	授業
□놀다	遊ぶ	□숙제하다	宿題
□놓다	置く	□시작되다	始まる
□다니다	通う	□시작하다	始める
□닫다	閉める	□시키다	①させる ②注文する
□마시다	飲む	□시험하다	試験、テスト
□만나다	会う、出会う	□식사하다	食事
□만들다	作る	□신다	履く
□말하다	言う、話す	□실례하다	失礼
□먹다	食べる	□싫어하다	嫌う、いやがる
□모르다	知らない、分からない	□쓰다①	書く

□쓰다②	かぶる、かける	□잊다	忘れる
□쓰다③	使う	□자다	寝る、眠る
□안되다	だめだ、うまく行かない	□잘되다	①よくできる
□앉다	座る		②うまくいく
□알다	知る、分かる	□잘하다	上手だ、うまくやる
□열다	①開ける　②始める	□전화하다	電話する
□오다	①来る　②降る	□주다	①あげる、やる
□요리하다	料理する		②くれる　③与える
□운동하다	運動する	□지나다	①過ぎる　②通る
□울다	泣く	□찍다	(写真を) 撮る
□웃다	笑う	□찾다	①探す
□이야기하다	話す、語る		②見つける、見つかる
□일어나다	起きる	□축하하다	祝う
□일하다	働く、仕事をする	□타다	乗る
□읽다	読む	□팔다	売る
□입다	着る	□편지하다	手紙を出す
□있다	①ある　②いる	□하다	①する、②〜と言う

3　形容詞リスト

□가깝다	①近い　②親しい	□많다	多い、たくさんある
□감사하다	ありがたい	□맛없다	まずい
□같다	①同じだ	□맛있다	おいしい
	②〜のようだ	□멀다	遠い
□고맙다	ありがたい	□미안하다	すまない
□고프다	(腹が) 空いている	□반갑다	懐かしい、嬉しい
□괜찮다	構わない、大丈夫だ	□비싸다	(値段が) 高い
□길다	長い	□쉽다	容易だ、易しい
□나쁘다	悪い	□싫다	いやだ、嫌いだ
□낮다	低い	□싸다	安い
□높다	高い	□아니다	①違う
□늦다	遅い		②（〜では）ない
□덥다	暑い	□아프다	痛い、(体の) 具合

325

	が悪い	□죄송하다	申し訳ない
□안녕하다	元気だ、無事だ	□짧다	①短い　②足りない
□어렵다	難しい	□차다①	冷たい
□없다	ない、いない	□춥다	寒い
□작다	①小さい	□크다	①大きい
	②（背が）低い		②（背が）高い
□좋다	良い、好きだ		

4　副詞リスト

□같이	①一緒に　②同様に	□빨리	はやく
□곧	①すぐに　②まもなく	□아주	とても、非常に
□그러면	それでは	□안	〜（し）ない、
□그런데	ところで、だけど	□어떻게	どのように
□그럼	그러면の縮約形	□언제나	いつも
□그리고	そして	□왜	なぜ、どうして
□너무	とても、あまりにも	□잘	①上手に　②十分に
□다	全て、全部、皆		③よく　④よろしく
□다시	再び	□정말	①本当　②本当に
□더	もっと、さらに	□제일	①一番　②最も
□또	また、さらに	□좀	少し、ちょっと
□많이	多く、たくさん	□좋아하다	①好む、好きだ
□먼저	先に、まず		②喜ぶ
□모두	①すべて、全部	□천천히	ゆっくり（と）
	②全部で	□하지만	しかし、けれども
□못	〜できない		

5　連体詞リスト

□그	①その　②あの	□어떤	どんな
□내	僕の、私の	□이	この
□몇	いくつの、何〜	□저	あの
□무슨	何の	□제	わたくし（の）
□어느	どの		

6 数詞リスト

☐공	0（ゼロ）	☐십	10
☐구	9	☐아홉	九つ
☐네	四つの	☐여덟	八つ
☐넷	四つ、四人	☐여섯	六つ
☐다섯	五つ	☐열	10
☐두	二つの	☐오	5
☐둘	二つ	☐육	6
☐만	万	☐이	2
☐백	百	☐일	1
☐사	4	☐일곱	七つ
☐삼	3	☐천	千
☐세	三つの	☐칠	7
☐셋	三つ	☐팔	8
☐스무	20の	☐하나	一つ
☐스물	20	☐한	一つの

7 単位名詞・接辞リスト

☐개	～個	☐엔	円
☐권	①～冊　②～巻	☐원	～ウォン
☐년	～年	☐일	～日（にち）
☐마리	～匹、～頭、～羽、～尾	☐장	～枚、～張
		☐주일	～週間
☐명	～人、～名	☐쪽	～(の)方、～(の)側
☐번	①～番	☐층	～階
	②～回、～度	☐이다	～だ、～である
☐번째	～番目、～度目		
☐분①	～分	☐제-	第一
☐분②	～方（かた）	☐-어	－語
☐살	歳	☐-째	－番目、－目
☐시	時（じ）	☐-쯤	－くらい、－ころ、－あたり
☐씨	～さん、～氏		

6 基本語彙リスト (2) (ハングル検定4級出題)

1 名詞リスト

□ 가수	歌手	□ 귤	ミカン
□ 가운데	中、真ん中	□ 그	彼・彼女・その人
□ 갈비	カルビ、肋骨	□ 그날	その日
□ 갈비탕	カルビスープ	□ 그들	彼ら、彼女ら
□ 거리	街、通り	□ 그때	その時
□ 거울	鏡	□ 그룹	グループ
□ 걱정	心配	□ 그릇	器、入れ物
□ 건강	健康	□ 그림	絵
□ 건물	建物	□ 그저께	おととい
□ 건배	乾杯	□ 그제	おととい
□ 검은색	黒色	□ 그중	その中
□ 게임	ゲーム	□ 그쪽	そっち、そちら側
□ 결과	結果	□ 극장	劇場、映画館
□ 결정	決定	□ 근처	近所
□ 계단	階段	□ 글자	字、文字
□ 계산	計算	□ 급	級、クラス
□ 계속	継続	□ 기억	記憶
□ 계획	計画	□ 김	海苔
□ 고급	高級、上級	□ 김밥	海苔巻き
□ 고추장	コチュジャン、唐辛子味噌	□ 꿈	夢
□ 고춧가루	唐辛子粉	□ 꿈속	夢の中
□ 고향	故郷	□ 날	日
□ 공	ボール	□ 날짜	日取り、日付
□ 공원	公園	□ 남북	南北
□ 과자	菓子	□ 남성	男性
□ 관심	関心	□ 남쪽	南、南方
□ 교사	教師	□ 내	～内、～中、～以内
□ 교수	教授	□ 냄새	匂い、臭い
□ 구	区	□ 노래방	カラオケ（ルーム）
		□ 노력	努力

농구	バスケットボール
눈물	涙
늦잠	朝寝坊
다리	橋
다음날	次の日、翌日
다음해	翌年
달걀	たまご（鶏の）
달력	カレンダー
담배	タバコ
답(하)	答え
대답	返事、答え
대학원	大学院
댁	お宅
더운물	湯
데	～所、～場所、～場合、～際
도	道（韓国の行政区域）
도시	都市
도시락	弁当
도장	はんこ、印鑑
도착	到着
독서	読書
돌	石
동	洞（行政区域の一つ）
동물	動物
동쪽	東、東の方、東側
된장국	味噌汁
두부	豆腐
등①	背中
디브이디	DVD
땀	汗
때	時
때문	～せいで、～ために
떡	餅
떡국	トック、餅入りのスープ
떡볶이	トッポギ
뜻	意味、意志
라디오	ラジオ
라면	ラーメン
마지막	最後、終わり
마찬가지	同様
만화	漫画
말씀	お言葉、お話し
맞은편	向かい側
매년	毎年
매달	毎月
매번	毎回
매주	毎週
맥주	ビール
며칠	何日
몇 월	何月
모양	形、様子、格好
모자	帽子
목	首、喉
목소리	声
목욕	風呂、入浴
목적	目的
무	大根
문장	文章、文
문화	文化
물건	物、品物
물고기	魚
미국	アメリカ、米国

329

□바람	風
□반년	半年
□반달	半月（はんつき、はんげつ）
□반찬	おかず
□발음	発音
□발전	発展
□발표	発表
□밤하늘	夜空
□방법	方法
□방학	（学校の）長期休暇
□방향	方向
□배	船、舟
□배구	バレーボール
□배추	白菜
□배추김치	白菜キムチ
□백화점	デパート
□번역	翻訳
□번호	番号
□별	星
□병	瓶
□보통	普通
□부모	父母、親
□부모님	ご両親、親
□부부	夫婦
□부엌	台所
□부엌일	台所仕事
□부인	夫人、奥様
□부장	部長
□북쪽	北、北側、北の方
□비누	石鹸
□사실	事実

□사이	間、仲
□사이사이	合間、合間合間
□사장	社長
□사장님	社長
□사전	辞典、辞書
□사회	社会
□새차	新車
□새해	新年
□색	色
□색깔	色彩、色
□생활	生活
□서쪽	西、西側、西の方
□선수	選手
□설명	説明
□섬	島
□성함	お名前
□세수	洗面、洗顔
□세숫비누	洗顔石鹸
□소개	紹介
□소설	小説
□소설가	小説家
□소설책	小説
□손가락	（手の）指
□손수건	ハンカチ
□쇼핑	ショッピング
□수	数
□수건	タオル、手ぬぐい
□수고(하)	苦労（する）
□수도	首都
□순서	順序
□숟가락	スプーン
□스타	スター

☐ 시	市	☐ 여러분	皆さん、皆様
☐ 시내	市内	☐ 여성	女性
☐ 시청	市庁	☐ 역사	歴史
☐ 시합	試合	☐ 역사가	歴史家
☐ 신	履物、靴	☐ 역사적	歴史的
☐ 신호등	信号	☐ 연극	演劇、芝居
☐ 쌀	米	☐ 연락	連絡
☐ 아가씨	お嬢さん	☐ 연락처	連絡先
☐ 아르바이트	アルバイト	☐ 연세	お年
☐ 아무것	何、何（も~ない）	☐ 연습	練習
☐ 아무나	誰でも	☐ 영국	イギリス、英国
☐ 아무도	誰も	☐ 영향	影響
☐ 아버님	お父さま	☐ 예	例
☐ 아빠	パパ、お父ちゃん	☐ 예문	例文
☐ 아줌마	おばさん、おばちゃん	☐ 예정	予定
☐ 앞뒤	前後	☐ 옛날	昔
☐ 야채	野菜	☐ 오래간만	久しぶり
☐ 약	約、おおよそ	☐ 오른쪽	右、右側
☐ 약국	薬局、薬屋	☐ 오이	キュウリ
☐ 약속	約束	☐ 외국어	外国語
☐ 양복	スーツ、背広	☐ 외국인	外国人
☐ 양쪽	両方、両側、双方	☐ 왼발	左足
☐ 어깨	肩	☐ 왼손	左手
☐ 어른	大人、目上の人	☐ 왼쪽	左、左側
☐ 어린이	子供、児童	☐ 요즘	最近、近頃
☐ 어린이날	子供の日	☐ 유학	留学
☐ 어린이집	保育園	☐ 유학생	留学生
☐ 어머님	お母さま	☐ 음료수	飲み水、飲み物
☐ 어저께	昨日	☐ 음반	CD
☐ 엄마	ママ、お母ちゃん	☐ 음악회	音楽会
☐ 여기저기	あっちこっち	☐ 의견	意見
☐ 여러 가지	いろいろ（な）、各種	☐ 의미	意味

□ 이	歯	□ 점심	昼食
□ 이날	この日	□ 점심 시간	お昼の時間
□ 이달	今月、この月	□ 점심때	昼時
□ 이때	この時、今	□ 접시	皿
□ 이마	額	□ 젓가락	箸
□ 이상	以上	□ 정도	程度、くらい、ほど
□ 이상	異常	□ 제목	タイトル、題目、表題
□ 이용	利用	□ 졸업	卒業
□ 이유	理由	□ 졸업생	卒業生
□ 이전	以前	□ 주부	主婦
□ 이쪽	こっち、こちら側	□ 주소	住所
□ 이하	以下	□ 주의	注意
□ 이해	理解	□ 준비	準備
□ 이후	以後、以降	□ 준비물	準備物
□ 인기	人気	□ 중	中、中間
□ 인사	あいさつ	□ 중국	中国
□ 인사말	あいさつの言葉	□ 중급	中級
□ 인터넷	インターネット	□ 중요	重要
□ 입구	入口	□ 중학교	中学校
□ 입학	入学	□ 지각	遅刻
□ 자동차	自動車	□ 지갑	財布
□ 자전거	自転車	□ 지난번	前回、この間
□ 잘못	過ち、間違い、誤り、	□ 지난해	昨年
□ 잠	眠り	□ 지도	地図
□ 잡지	雑誌	□ 지도	指導
□ 장보기	ショッピング	□ 지방	地方
□ 저고리	チョゴリ	□ 지식	知識
□ 저쪽	あっち、あちら側	□ 직업	職業
□ 전	前	□ 진짜	本物、本当
□ 전화번호	電話番号	□ 질문	質問
□ 전화번호부	電話帳	□ 차례	順序、順番
□ 점	点	□ 차이	差異、差、違い

☐ 차이점	違い、差異点	☐ 필요	必要
☐ 찬물	冷や水、冷たい水	☐ 하늘	天、空
☐ 창문	窓	☐ 하늘나라	天国
☐ 책방	本屋、書店	☐ 하루	一日
☐ 초급	初級	☐ 하룻밤	一晩
☐ 초등학교	小学校	☐ 학기	学期
☐ 출구	出口	☐ 학년	学年
☐ 출발	出発	☐ 한자	漢字
☐ 출신	出身、〜生まれ	☐ 해	太陽、年、〜年
☐ 카메라	カメラ	☐ 해외	海外
☐ 카페	カフェ	☐ 해외 여행	海外旅行
☐ 칼	ナイフ、刃物	☐ 형제	兄弟
☐ 커피숍	コーヒーショップ	☐ 홈페이지	ホームページ
☐ 콘서트	コンサート	☐ 홍차	紅茶
☐ 콜라	コーラ	☐ 회사원	会社員
☐ 콧물	鼻水	☐ 회의	会議
☐ 큰길	大通り	☐ 회화	会話
☐ 타월	タオル	☐ 횟수	回数
☐ 토마토	トマト	☐ 후	後、のち
☐ 티켓	チケット	☐ 휴가	休暇、休み
☐ 파	ねぎ	☐ 흰머리	白髪
☐ 팩스	ファックス	☐ 흰색	白色
☐ 편의점	コンビニエンスストア	☐ 힘	力
☐ 프린트	プリント	☐ 이것저것	あれこれ
☐ 피	血、血液		

2 動詞リスト

☐ 감다①	(髪を)洗う	☐ 걷다	歩く
☐ 감다②	(目を)閉じる	☐ 걸다	かける
☐ 걱정되다	心配になる	☐ 결정되다	決定される
☐ 걱정하다	心配する	☐ 결정하다	決定する
☐ 건배하다	乾杯する	☐ 계산되다	計算される

□계산하다	計算する		□닦다	磨く、拭く
□계속되다	続く		□달라지다	変化する
□계속하다	継続する、続ける		□달리다	走る
□계획되다	計画される		□담다	入れる、込める、
□계획하다	計画する		□답하다	答える
□그리다	描く		□대답하다	答える
□기억되다	記憶される		□도와주다	助けてやる、手伝う
□기억하다	記憶する		□도착하다	到着する
□깎다	削る、刈る、値引きする、(果物の皮を) むく		□독서하다	読書する
			□돌다	回る、巡る、くる、曲がる
□깨다	覚める、覚ます			
□꾸다	(夢を) 見る		□돌려주다	返す
□끄다	消す		□돌아가다	帰る、戻る
□끊다	切る、断つ		□돌아오다	帰ってくる、戻ってくる
□끝내다	終える			
□나누다	分ける、交わす		□되다	なる、できる、よい
□나타나다	現れる		□두다	置く、設ける
□나타내다	表す		□드리다	差し上げる
□남기다	残す		□듣다	聞く、聴く、効く
□남다	残る		□들다①	入る
□낫다	治る		□들다②	上げる、持つ、食べる
□넘다	越える		□들리다	聞こえる
□노력하다	努力する		□들어가다	入る
□놀라다	驚く		□들어오다	入ってくる
□눕다	横になる		□떠나다	出発する、離れる
□느끼다	感じる		□떨어지다	落ちる、離れる、なくなる
□늘다	伸びる、増える、上達する			
			□뛰다	走る、はねる
□늦다	遅れる		□뜨다	(目を) 開く
□다녀오다	行って来る		□뜻하다	意味する
□다르다	違う、異なる、別だ		□마치다	終える
□다치다	怪我をする		□말씀드리다	申し上げる、お話し

334

	する	□생활하다	生活する
□말씀하시다	おっしゃる	□서다	立つ、とまる
□맞다	合う、正しい	□설명되다	説明される
□맞추다	当てる、合わせる、あつらえる	□설명하다	説明する
		□세다	数える
□모으다	集める、ためる	□세수하다	洗面する、顔を洗う
□모이다	集まる、たまる	□소개되다	紹介される
□모자라다	足りない	□소개하다	紹介する
□목욕하다	風呂に入る	□쉬다	休む
□묻다	尋ねる、問う	□싸우다	争う、けんかする
□믿다	信じる	□씻다	洗う
□바꾸다	変える、交換する	□알리다	知らせる
□발음되다	発音される	□알아듣다	理解する、聞き取る
□발음하다	発音する	□약속되다	約束される
□발전되다	発展される	□약속하다	約束する
□발전하다	発展する	□어울리다	似合う、交わる
□발표되다	発表される	□얻다	得る、もらう
□발표하다	発表する	□연락하다	連絡する
□방학하다	(学校の) 休みに入る	□연습하다	練習する
□버리다	捨てる	□열리다	開かれる、開く
□번역되다	翻訳される	□예정되다	予定される
□번역하다	翻訳する	□오르다	登る、上がる、乗る
□보이다①	見える	□올라가다	登る、上がる、昇る
□보이다②	見せる	□올라오다	上がって来る、昇る
□뵙다	お目にかかる	□올리다	上げる
□부르다①	呼ぶ、歌う	□외우다	覚える、暗記する
□불다	吹く	□유학하다	留学する
□붙다	付く、引っ付く	□의미하다	意味する
□붙이다	付ける、貼る	□이기다	勝つ
□비다	空く、空いている	□이용되다	利用される
□빌리다	借りる、貸す	□이용하다	利用する
□생기다	生じる、できる	□이해되다	理解できる、わかる

335

□이해하다	理解する		き合う
□인사하다	挨拶する	□지다	負ける、敗れる
□일어서다	立ち上がる、立つ	□지도하다	指導する
□잃다	失う、なくす	□지키다	守る、保つ
□잃어버리다	なくす、失う	□질문하다	質問する
□입학하다	入学する	□짓다	作る、建てる
□잊어버리다	忘れてしまう	□찾아가다	尋ねていく
□자라다	育つ、成長する、伸びる	□찾아오다	尋ねてくる
		□출발하다	出発する
□잘못하다	間違う、誤りを犯す	□치다	打つ、たたく、なぐる
□잡다	つかむ、握る、捕まえる	□켜다	(火等を)つける、弾く
		□통하다	通じる
□잡수시다	召し上がる	□틀리다	違う、間違える、誤る
□정하다	決める、定める	□펴다	広げる、伸ばす、敷く
□졸업하다	卒業する	□풀다	解く、ほどく、ほぐす
□주무시다	お休みになる	□피다	咲く
□주의하다	注意する	□피우다	(煙草を)吸う、咲かせる
□죽다	死ぬ		
□준비되다	準備される	□함께하다	共にする
□준비하다	準備する	□회의하다	会議する
□지각하다	遅刻する	□흐르다	流れる
□지내다	過ごす、暮らす、付	□흐리다①	濁す、曇らす

3 形容詞リスト

□가능하다	可能だ	□달다	甘い
□가볍다	軽い	□따뜻하다	暖かい
□강하다	強い	□맵다	辛い
□건강하다	健康だ	□멋있다	素敵だ、かっこいい
□검다	黒い	□무겁다	重い
□기쁘다	嬉しい	□바쁘다	忙しい
□깊다	深い	□밝다	明るい、(夜、年が)明ける
□넓다	広い		

☐ 부르다②	(お腹が) いっぱいだ	☐ 재미없다	面白くない
☐ 비슷하다	似ている	☐ 재미있다	面白い
☐ 빠르다	速い、早い	☐ 적다	少ない
☐ 슬프다	悲しい、かわいそうだ	☐ 젊다	若い
☐ 아름답다	美しい	☐ 좁다	狭い
☐ 약하다	弱い	☐ 중요하다	重要だ、大事だ
☐ 어둡다	暗い、(視力、聴力) 弱い	☐ 짜다	塩辛い
		☐ 편안하다	安らかだ
☐ 어리다	幼い、足りない	☐ 편하다	気楽だ、楽だ、便利だ
☐ 예쁘다	きれいだ、かわいい、美しい	☐ 필요하다	必要だ
		☐ 흐리다②	曇っている
☐ 옳다	正しい、もっともだ	☐ 희다	白い
☐ 이상하다	異常だ、変だ	☐ 힘들다	大変だ、骨が折れる

4 副詞リスト

☐ 가끔	たまに、時たま	☐ 또는	または
☐ 가장	最も	☐ 만일	万一、もし
☐ 갑자기	突然、急に	☐ 매우	とても、非常に
☐ 거의	ほとんど	☐ 무척	とても、非常に
☐ 겨우	やっと、ようやく	☐ 바로	真っ直ぐに、すぐ、まさに
☐ 계속	引き続き、ずっと		
☐ 그냥	そのまま、ただ	☐ 반드시	必ず、きっと
☐ 그대로	そのまま	☐ 벌써	もう、既に
☐ 그래서	それで、だから	☐ 서로	互い、互いに
☐ 그러나	しかし	☐ 아까	さっき
☐ 그러니까	だから	☐ 아마	恐らく、多分
☐ 그렇게	そのように、それほど	☐ 아마도	恐らく、多分
☐ 그렇지만	だが、でも、しかしながら	☐ 아직	まだ、いまだに
		☐ 아직까지	いまだに、まだ、今まで
☐ 꼭	必ず、きっと		
☐ 늘	いつも、常に	☐ 아직도	いまだに、今なお
☐ 더욱	もっと、さらに、一層	☐ 어서	はやく、どうぞ、さあ

□얼마나	どれぐらい、いくらぐらい	□잠시	しばらく、しばらくの間
□역시	やはり	□잠시후	しばらくして
□열심히	熱心に、一所懸命に	□저렇게	あのように、あんなに
□우선	まず、ともかく	□전혀	まったく、全然
□이렇게	このように、こんなに	□절대로	絶対（に）
□이제	今、もうすぐ、もう、すでに	□정말로	本当に、誠に
□이처럼	このように	□조금	少し、ちょっと、やや
□일찍	早く	□조금도	少しも
□자꾸	しきりに、何度も	□좀더	もう少し
□자주	しょっちゅう、しばしば	□진짜로	本当に
□잘못	間違って誤って、間違って	□참	本当に、とても
□잠깐	しばらく、しばらくの間	□참으로	本当に
		□함께	一緒に、共に、同時に
		□혹시	もしも、万一、ひょっとして
□잠깐만	ちょっと、しばらく	□혼자	一人、単独で

5 連体詞リスト

□그런	そんな、あんな	□여러	いろいろな、いくつもの
□모든	あらゆる、すべての		
□새	新しい	□이런	このような
□아무	なんの、いかなる	□저런	あのような

6 感動詞リスト

□아니	いや、いいえ		あれ
□자	さあ、いざ、さて、	□저	あのう、ええと

7 数詞リスト

□마흔	四十、四十の	□쉰	五十、五十の
□서른	三十、三十の	□아흔	九十、九十の
□석	三〜、三つの〜	□여든	八十、八十の

□ 영	零、ゼロ	□ 이틀	二日（間）
□ 예순	六十、六十の	□ 일흔	七十、七十の

8 単位名詞リスト

□ 그램	グラム	□ 잔	杯、〜杯
□ 급	〜級	□ 점	〜点
□ 도	〜度（温度、緯度、角度など）	□ 중	〜中、〜間、〜途中
□ 등②	〜等（順位・等級）	□ 초	〜秒
□ 등③	〜など	□ 킬로그램	〜キログラム（kg）
□ 미터	〜メートル（m）	□ 킬로미터	〜キロメートル（km）
□ 벌	着（服）	□ 퍼센트	〜パーセント
□ 벌	〜着（衣服）	□ 페이지	〜ページ
□ 세	〜歳	□ 학기	〜学期
□ 센티미터	〜センチメートル（cm）	□ 학년	〜年生
□ 인	〜人（にん）	□ 해	〜年
		□ 회	〜回

9 接辞リスト

□ 대-	大〜	□ -비	〜費
□ 매-	毎〜	□ -사	〜社
□ 미-	未〜	□ -생	〜生まれ、〜育ち（樹齢）
□ 소-	小〜		
□ 수-	数〜、幾〜、何〜	□ -시키다	（するように）させる
□ 초-	初〜	□ -원	〜員
□ -가	〜家	□ -인	〜人（じん）
□ -간	間（対象、関係）	□ -장	〜長
□ -관	〜館	□ -적	〜的
□ -기①	〜機	□ -초	〜初め、〜初期
□ -기②	〜器	□ -학	〜学
□ -기③	〜期	□ -행	〜行き
□ -님	〜様、〜さん、〜殿	□ -회	〜会
□ -말	〜末		

文法項目索引 1〈韓国語〉

ㄱ

가① 66
가② 184
가 아니에요 98
가운데(서) 218
같이 67
-거든요 198
-겠-① 42, 85, 90
-겠-② 199
-고 108
-고 가다 116
-고 계시다 232
-고 싶다 116
-고 싶어하다 117, 233
-고 오다 116
-고 있다 233
과 74
-군요 198
-기 때문에 219
-기 전(에) 219

ㄲ

까지 68
께 184
께서 185
께서는 185
께서도 185
께서만 185

ㄴ

ㄴ 189

-네요 198
는 68
-는 가운데 220
-는 것 221
-는 것처럼 221
-는군요 198
-는 데 223
-는 사이(에) 224
-는 중이다 235

ㄷ

ㄷ (ティグッ) 不規則活用 166
도 69
도 아닌데 225
때문에 218

ㄹ ㅁ

ㄹ 189
ㄹ (リウル) 脱落 46
-라고 110
라도 188
로 77
르不規則活用 170
를 75
만 69
말고 227
「못」否定 56

ㅂ

ㅂ (ピウプ) 不規則活用 168
-ㅂ니까 93

-ㅂ니다	92
-ㅂ니다만	109
밖에	185
밖에 없다	232
보다	70
부터	70

ㅅ

ㅅ(シオッ)不規則活用	167
서	73
-습니까	93
-습니다	92
-습니다만	109
-시-	85

ㅇ

-아 있다	247
-아 주면 좋겠다	254
-아/어 가다	244
-아/어 계시다	244
-아/어 드리다	252
-아/어 보고 싶다	246
-아/어 보다	246
-아/어 오다	244
-아/어 주다	252
-아/어 주세요	253
-아/어 줘요	253
-아/어도 괜찮다	245
-아/어도 되다	245
-아/어도 좋다	245
-아/어야 되다	247
-아/어야 하다	247

-아/어하다	254
「아니다」否定	52
-아도	211
-아도 되다	245
-아서	212
-아서요	197
-아요①	33, 94
-아요②	197
안 -(으)ㄴ 건 아니다	255
「안」否定	54
-았-	38, 84, 91
-았겠-	200
-어 있다	247
-어 주면 좋겠다	254
-어도	211
-어도 되다	245
-어서	212
-어서요	197
-어요①	34, 94
-어요②	197
-었-	38, 84, 91
-었겠-	200
에①	71
에②	186
에게	73
에게서	186
에서	72
여不規則活用	172
-여요	34
-였-	38, 91
-였습니다	41
-였어요	41, 98

-예요	97
와	74
-와/과 같다	117
-와/과 같은	118
-와/과 같이	118
와/과 달리	226
와/과 마찬가지로	227
요	78
-(으)ㄴ 가운데	220
-(으)ㄴ 것	221
-(이)라고 하면	226
-(으)ㄴ 것처럼	221
-(으)ㄴ 결과	222
-(으)ㄴ 끝에	222
-(으)ㄴ 다음(에)	222
-(으)ㄴ 데	223
-(으)ㄴ 뒤(에)	223
-(으)ㄴ 사이(에)	224
-(으)ㄴ 이상(은)	224
-(으)ㄴ 일이다	234
-(으)ㄴ 후(에)	224
-(으)ㄴ적이 있다(없다)	234
-(으)니까	208
-(으)ㄹ 거예요	235
-(으)ㄹ 것이 아니라	225
-(으)ㄹ 때(에)	226
-(으)ㄹ 생각이다	236
-(으)ㄹ게요	194
-(으)ㄹ까요①	95
-(으)ㄹ까요②	194
-(으)러	209
-(으)러 가다/오다	236
-(으)려고	209
-(으)려고 하다	237
-(으)려고요	195
-(으)면	210
-(으)면 되다	242
-(으)면 안 되다	242
-(으)면 어때요?	243
-(으)ㅂ시다	195
-(으)세요①	96
-(으)세요②	97
-(으)시겠어요?	243
-(으)시죠	243
-(으)시지요	243
-(으)십시오	196
으脫落	48
으로	77
은	68
을	75
의	77
-(이)라고	110
-(이)라고 하다	119
-(이)라도	210
-(이)라서	211
-(이)라서요	196
-(이)지만	213
이①	66
이②	184
이 아니에요	98
-이/가 되다	255
-이/가 아니다	119
-이/가 아니라	119
-이/가 어떻게 되세요?	256

-이고	108
이다	62
이라도	188
-이었습니다	41
-이었어요	98
-이에요	97
이요	78
-이죠	100
-이지요	99

ㅈ ㅊ

-잖아요	199, 256
-죠	100
중(에서)	219
-지 마세요	257
-지 마십시오	257
-지 마요	257
-지 말고	227
「지 말다」 否定	151
-지 말아 주다	258
-지 말아야 하다	257
-지 못하다	56, 258
「-지 못하다」 否定	149
-지 않다	55, 148, 258
「지 않다」 否定	148
-지 않습니다	148
-지 않아요	148
-지 않으면 안 되다	259
-지 않으시겠어요?	259
-지만	213
-지요	99
처럼	187

ㅎ

ㅎ（ヒウッ）の弱化	131
ㅎ（ヒウッ）の脱落	130
ㅎ（ヒウッ）不規則活用	171
하고	75
한테	74
한테서	187
합니다体	35
해体	35
해라体	35
해요体	35
한다体	35

343

文法項目索引 2 〈日本語〉

あ

1 人称	18
1 文字パッチム	126
陰性母音	29
詠嘆形終結語尾	87
遠称	19

か

格式体	30
格助詞	62
過去時制	38
活用	27
冠形格助詞	63
漢数詞	20
勧誘形終結語尾	87
規則活用	166
基本形	26
疑問形終結語尾	86
疑問代名詞	19
近称	19
敬語動詞	143
敬語表現	142
形容詞	26
激音化	266
現在時制	43
謙譲語	144
口蓋音化	271
呼格助詞	63
語幹	26
語尾	26
固有語の数詞	21

さ

3 人称	18
子音語幹	28
子音体言	28, 32
指示代名詞	19
辞書形	26
時制	38
指定詞	62
終結語尾	86, 90
従属的連結語尾	88
主格助詞	62
助詞	62
助詞の結合	65
叙述格助詞	62
助数詞	23
数詞	20
絶音化	272
接続助詞	64
絶対敬語	145
先語末語尾	38, 41, 84
相対敬語	145
尊敬形の作り方	142
尊敬語	144

た

待遇表現	35
対等的連結語尾	88
代表音	126
代名詞	18
代名詞の縮約	178
脱落	46

単位名詞	23	補助詞	64
中称	19	補助的連結語尾	88
転成語尾	89	補助動詞	163
動詞	26	補助用言	160

な

2人称	18
2文字パッチム	127
人称代名詞	18
濃音化	132, 274

は

ハムニダ体	30
ハンダ体	35
ヒウッの弱化	131
ヒウッの脱落	130
ヒウッ不規則活用	171
ピウプ不規則活用	168
鼻音化	134, 268
非格式体	32
否定表現	52, 148
不規則活用	166
不規則用言	173
副詞格助詞	63
副詞形語尾	89
不定称	18
平叙形終結語尾	86
ヘヨ体	30
母音語幹	28
母音体言	28, 32
補格助詞	63
補助形容詞	163

ま

未来時制	42
名詞形語尾	89
命令形終結語尾	87
目的格助詞	63

や

用言	26
用言の過去形	38
陽性母音	29
陽母音	29

ら

リウル脱落	46
流音化	270
連音化	128
連結語尾	88
連体形	154
連体形語尾	89
連体詞	19

わ

分かち書き	120

345

著者紹介

李　昌圭（イ・チャンギュ）
武蔵野大学教養教育部教授

著書（朝日出版社刊行分）

『ハングル能力検定試験準2級対策問題集 聞き取り編』（近刊）
『ハングル能力検定試験準2級対策問題集 筆記編』2013
『ハングル能力検定試験3級実戦問題集』共著 2008
『ハングル能力検定試験4級実戦問題集』共著 2007
『ハングル能力検定試験5級実戦問題集』共著 2007
『韓国語へ旅しよう 中級』2013
『韓国語へ旅しよう 初級』2012
『韓国語をはじめよう 中級』2011
『韓国語をはじめよう 初級』2009
『韓国語を学ぼう 中級 別冊練習帳』2009
『韓国語を学ぼう 中級』2007
『韓国語を学ぼう 初級 別冊練習帳』2006
『韓国語を学ぼう 初級』2006

✎以上のほか著書多数。市販中のものは Amazon、e-hon、
楽天ブックス等のネット書店にて著者名で検索できます。

やさしい Basic 韓国語文法

検印廃止	ⓒ 2015年6月30日　初版発行

著　　者	李　昌圭
発行者	原　雅久
発行所	株式会社 朝日出版社
	101-0065 東京都千代田区西神田 3 - 3 - 5
	電話 (03) 3263-3321
	振替口座　東京　00140-2-46008
	http://www.asahipress.com/
	組版：倉敷印刷／印刷：図書印刷

乱丁，落丁本はお取り替えいたします
ISBN978-4-255-00850-9 C0087

朝日出版社 ハングル能力検定試験問題集のご案内

ハングル能力検定試験5級実戦問題集

李昌圭／尹男淑 共著

- 問題を類型別に分けたので、実際の試験問題の出題順に始められる
- 類型別問題の対策と解答のポイントを詳しく解説
- 5級出題の文法と語彙などを合格ポイント資料として提示
- ハングル検定対策本のなかで最多の問題数
- リスニング問題が CD2 枚でまとめて学習できる
- CD で出題語彙も集中的に学習できる
- 模擬テストで実戦練習ができる
- 筆記と聞き取りの問題の解説を巻末にまとめて収録している

● A5 判 ● 208p. ● 特色刷 ● CD2 枚付　本体価格 2,700 円（403）

ハングル能力検定試験4級実戦問題集

李昌圭／安國煥 共著

- 問題を類型別に分けたので、実際の試験問題の出題順に始められる
- 類型別問題の対策と解答のポイントを詳しく解説
- 4級出題の文法と語彙などを合格ポイント資料として提示
- ハングル検定対策本のなかで最多の問題数
- リスニング問題が CD2 枚でまとめて学習できる
- 模擬テストで実戦練習ができる
- 筆記と聞き取りの問題の解説を巻末にまとめて収録している

● A5 判 ● 224p. ● 特色刷 ● CD2 枚付　本体価格 2,700 円（402）

ハングル能力検定試験3級実戦問題集

李昌圭／尹男淑 共著

- 問題を類型別に分けたので、実際の試験問題の出題順に始められる
- 類型別問題の対策と解答のポイントを詳しく解説
- 3級出題の文法と語彙などを合格ポイント資料として提示
- ハングル検定対策本のなかで最多の問題数
- リスニング問題が CD2 枚でまとめて学習できる
- 模擬テストで実戦練習ができる
- 筆記と聞き取りの問題の解説を巻末にまとめて収録している

● A5 判 ● 272p. ● 特色刷 ● CD2 枚付　本体価格 2,700 円（431）

ハングル能力検定試験準2級対策問題集 -筆記編-

李昌圭 著

- 出題内容が体系的に把握でき、試験準備が効率よくできる
- 準2級に出題される語彙や文法事項、発音、漢字等が一目瞭然でわかる
- 本書収録の 520 題（本試験の 11 回分相当）の豊富な問題を通して
  すべての出題形式の問題が実戦的に練習できる
- 間違えた問題や不得意な問題は印をつけ、繰り返し練習ができる

● A5 判 ● 360p. ● 特色刷　本体価格 2,400 円（743）

（株）朝日出版社

〒 101-0065　東京都千代田区西神田 3－3－5
TEL：03－3263－3321　FAX：03－5226－9599
E-mail：info@asahipress.com
http://www.asahipress.com/